周縁文化の視座

民族関係のダイナミックス

丸山孝一
Koichi Maruyama

九州大学出版会

目次

序章　周縁文化のダイナミックス　1

第1部　異文化関係論

第1章　文化相対論再考　13
1　文化の関係に関する二元論的思考　13
2　比較文化の視点　14
3　文化と個人　16
4　文化体系の外延関係　19
5　イデオロギーの階層性　21
6　文化相対論の功罪　25

第2章　民族共生の可能性——文化力学的試論——33
1　国際政治の集約化と多極化　33
2　「共生」概念の再検討　36
3　共生の要因分析　40
4　異文化共生の力学——結びに代えて——　49

第2部　民族関係の緊張と共生

第1章　南タイ・イスラム社会の民族教育と労働倫理——55
1　問題の所在　55
2　南タイにおける社会的文化的対峙の構図　60
3　イスラム村落社会における宗教教育の実態　66
4　イスラム的労働倫理の再生産　77
第2章　文化的多元主義と日系アメリカ人のメリトクラシー——85
1　はじめに　85

2　文化的多元主義の台頭　87
3　日系アメリカ人にとっての学校教育　90
4　日系アメリカ人の業績指向的労働倫理　96
5　文化的多元主義とメリトクラシー　101

第3部　中国少数民族文化の持続と変容

第1章　中国の民族政策と中華民族の概念――113
1　はじめに　113
2　中国の民族概念　113
3　「中華」概念の変遷　121
4　中華民族と文化力学　123
5　中華民族概念のダイナミックス　127
6　結　語　131

第2章　中国少数民族の文化と教育の諸問題――137
1　民族と国家　137
2　少数民族の優遇政策　138
3　国民教育と民族教育　142
4　新疆ウィグル自治区の民族学校　146
5　ナショナリズムと民族文化　150

第3章　文化の境界領域に立つシボ族の文化過程――153
1　はじめに　153
2　中国の少数民族政策　154
3　新疆の民族事情　158
4　シボ族の文化変化　164
5　変貌する少数民族言語　170
6　結　語　173

第4部　韓国周縁社会の文化力学

第1章　周縁文化の持続性――韓国島嶼社会の事例研究――　181
1　はじめに　181
2　問題の所在　182
3　四象限の文化配列　183
4　韓国の教育史に見る中心文化の展開　187
5　離島における教育の文化的求心性と遠心性　191
第2章　文化動態論から見た地方文化のベクトル――　197
1　問題のありか　197
2　陜川と巨文島　198
3　韓国社会の分節的構造　203
4　「中央」文化と「地方」文化　208
5　地方文化のダイナミックス　211

第3章　巨文島の英雄づくり運動とアイデンティティの再形成―― 219
1　文化の相対性に関する論議　219
2　中央文化と周縁文化――境界文化の概念をめぐって――　220
3　巨文島の地理的社会文化的位置づけ　223
4　郷土の英雄づくり運動　229
5　地方文化の視点　234
あとがき―― 241

序　章　周縁文化のダイナミックス

　はじめに、本書のタイトルにいう周縁文化という用語について述べてみたい。周縁文化とは比較的新しい用語であると考えていたが、最近では各人各様に使われ始めている。新しい用語が一般化する場合常にそうであるように、そこにはかなりの混乱があり、この混乱を整理する本格的な試みも今のところ見当たらないようであるので、この用語を書物のタイトルとして用い、キーワードとするからには、一応の概念規定をしておかなければならないであろう。

　本来、筆者の意図するところは、少数民族の教育システムについて考察することであった。その意味は、「有力《ドミナント》」な文化と少数民族の文化とが接するところでは、大なり小なり文化摩擦が生じるものであり、特にマイノリティとしての少数民族文化がしばしば存亡の危機に立たされることが珍しくないことから、少数民族側で次世代への文化の伝達と継承を可能とし、超世代的に民族的アイデンティティを確保するための民族教育が最重要課題になる状況を把握することである。ここでいう有力な文化とは価値概念としてのそれではなく、政治的経済的に実効的勢力をもつドミナントな社会集団が、相対的にこれと比して劣位にある集団に対して圧倒的な文化的影響を及ぼす場合のことを指している。つまり、少数民族とは、権力構造の中での相対的概念であり、ドミナントな社会集団との対比において、よりマイナーな社会勢力にある民族集団のことであって、それ自体独自の自足的文化体系や信念体系をもつと共に、政治的力学関係の中に位置づけられているものと考えられる。

しかしながら、政治的経済的に劣位に立たされた民族集団も、本来は独自の歴史的存在であり、自らを他集団と区別する自覚を有する。これがいわゆる民族的アイデンティティであり、この「われわれ意識」が集団的統合を促進するのに機能する。これを時系列的に考えれば、伝統文化の継承、維持、発展となり、これを教育、真の意味での民族教育によって可能とすることができる。これはたとえ政治的にマイナーな位置づけであっても、民族の誇りとして、次世代に力強いメッセージとして伝達すべきものとされる。それは言語、宗教、建築、衣装、神話、民謡、舞踊、音楽等のさまざまな分野において超世代的に展開されるし、それらは具体的な物質文化を伴うが、同時にほとんど常にシンボルの体系を伴って次の世代に伝達される。

これらマイノリティの文化は実際の生産や消費体系と不可分に結びついているものであるが、これが直接に隣接する、あるいは圧倒的勢力として押し迫っているドミナントな社会勢力から凌駕される関係であっても、マイノリティの文化は、本来、こうした政治的優位劣位とは無関係に存在しうるものである。しかし、ドミナント集団に有利に規制された政治・経済的諸制度が、マイノリティ集団の文化に直接間接の規制を与えるのを完全に防ぐことは困難である。加えてそこでは、少数民族に対する偏見や差別が生じる可能性がある。

マイノリティ文化はドミナントな文化からみて周縁的である。これを構造的に表現すれば、中心部に対する周辺部であり周縁である。実体概念として表現すれば、たとえば都会に対する田舎であり、レッドフィールドのフォーク社会である。[1] 周縁社会は中心社会に対して政治的支配を受け、経済的に依存するところが大きい。中心と周縁との関係は、必ずしも地理的な位置関係であるとは限らない。地理的中心部に政治的中心があり、中央集権的政府機関があって、島嶼や辺地に地方政体があることは多いが、文化の中心性とか周縁性と言う場合には、地理的な位置関係は本質的なことではない。

むしろここで重要なことは、たとえ地理上周縁的と見られる社会でも、人類学者たちがこれまでに自ら獲得した知見によれば、それ自体がかなり自律性をもつということである。かなりという意味は、かつてのアンダマン島民や今はすでに滅亡したタスマニア原住民などの場合を除けば、外部社会から完全に孤立した社会は現実的には考えにくいからである。したがって、部分的にせよ中心社会に依存する社会であっても、その社会には独自の内的統合と自治制、生産と消費の体系、死生観、婚姻規制など、自律的な社会文化的統合のシステムがあり、そこには文化の相対的自律性、独自性が認められるという仮説が成り立つ。

文化的同質性を共有する社会集団を民族と称する一般的理解に対して、E・R・リーチはカチン族の事例をもとに、より慎重な取り扱いを提唱する（Leach 1954）。彼によれば、カチン族と呼ばれる人びとは、共通語を話すわけではなく、その民族名さえ自称ではなく、低地のビルマ族からの他称である。しかし、祖霊観念の共有、婚姻規制など共通の価値観や社会システムを有することが、単一の民族集団として扱われる根拠となっている。

このように、民族集団はそれぞれにある程度の自己完結的自律性をもつといえるが、対外的な異民族との関係性を抜きにしては自民族としてのアイデンティティも成立しがたく、そこには対外関係における文化的緊張関係が生じることになる。そこでは文化の境界線をはさんで、彼我の区分が顕在化する。文化の境界線の向こう側には異文化、異民族が位置し、こちら側には「われわれ」文化が存在する。他者の存在があって初めて自文化のアイデンティティが確認可能であり、それが強化されうるであろう。

しかしながら、このような自他の二分法は必ずしも絶対的なものではない。ことに文化の異同によって民族の区分をしようとする場合、その文化は重層的であり、また分節的であるのが普通であることから、截然と区分することは、現実的に無理がある。言語による分類と宗教による分類が一致しないように、異文化の中に共通の文化要素を見出したり、自民族が有する文化の中に異質の文化要素の混在を発見することはむしろ普通である。そこに異文化／自文化の区分を相対化させる柔軟な操作的視点が必要となる。

G・P・マードックらによる諸文化の比較研究（Murdock 1958）は、個々の文化を多様な要素によって分析することにより、個別文化の多様性と共に、異文化との同質性、異質性を明らかにすることに成功した。それは個別文化の一体性を分解してみると同時に、その文化の独自性（個別性）と普遍性を明らかにするものであった。

このように考えると、ひとつの文化が自文化としてまとまりをもつとはどういうことかということを改めて考えなければならない。自文化がそれ自体、完結した同質的存在ではないとしても、そこにはまったく異なる文化要素が雑然と共存するわけではない。仮に操作的であるにせよ、一応の文化体系が存在することを想定するとすれば、これを構成する文化要素群は何らかの整序関係にあると考えなければならない。少なくとも、基本的（とされる）文化要素の関係様式は、これに関係する構成員個々人の大方の合意に支えられたもので、これが婚姻規制や生産様式のあり方を規定することになる。そこに価値観、技術体系、言語様式、信念体系等を包含する文化体系の存立基盤がある。つまり、「文化体系」と言うとき、そこには政治的、経済的利害関係を含んだ一定の合意と秩序関係が当事者間に確立されていることを前提とすると考えなければならない。

もちろん、完全調和的社会は存在しない。カリスマ的指導者とか全体主義的独裁者による社会秩序の維持が完璧であるように見える社会でも、いつか、どこからかひずみが生じることは、歴史上の諸事実が証明している。完全調和的社会の存続を静的にとらえた構造機能主義的解釈が批判されたのは当然であろう。統合化された社会秩序を時系列的に見直す時、中心的価値観を批判する要因が、その社会の一部に生じるもので、それはしばしばその社会的価値体系の周縁部から発せられると考えられる。なぜなら、その社会の中で文化的周縁部に位置するところには、往々にして中心部とは相反する価値観があり、それゆえにこそ彼らはマイナーな立場に位置づけられていたのである。たとえ一時的に平静に社会秩序を維持することができたとしても、「一枚岩」に見える社会体系の内面には、互いに矛盾する文化の諸要因が含まれているのが普通であり、むしろ安定しているように見える文化の体系や社会秩序であっても、何らかの異分子によって揺さぶられ、矛盾を突き動かされることが避けられないと言うべきであろう。これも歴史的事実が証明している。それ故に、一見マイナーと見える周縁部にこそ、文化変化を引き起こすエネルギーの源泉は内在していると言えよう。これはドミナントな主要民族と少数民族との関係についてのみ言えることではなく、一つの政党や企業体や行政団体などの集団内部においてさえ妥当するものである。

ドミナントな勢力は自らの権力構造を維持してゆくために、構造のゆがみやほころびを修復する努力をするが、そのために時として物理的力やソフトの力を行使することもある。一九九一年、旧ソ連が崩壊し、これに含まれていた多くの共和国が無血革命とも言える劇的な独立を果たしたのは、旧ソ連の内部矛盾からマイナーな、文字通り周縁部に位置していた少数民族の永年の主張が通った画期的出来事であった。筆者は、独立直後のカザフスタンへ行き、マイノリティであったカザフ族がカザフスタンという国家の主人公になり、永年の夢であったカザフ族自身の国造りをする過程の一部を観察する機会があった。ロシア語に代えてカザフ語を国語とするほか、国立博物館では民族遺産や伝統を強調する展示をし、教育面でも民族教育に力を入れ、民族意識＝ナショナリズムの形成を図る政策を強力に進めている。内政面では、旧ソ連時代にドミナントであったロシア人やロシア語に一定の配慮をしてはいるものの、かなり強力にカザフ民族文化の優遇政策を遂行しており、マイナーからドミナント勢力への劇的展開を実行しつつある（丸山　一九九七）。

ある文化体系における中心と周縁の関係は、極めて政治的力学関係であるといえる。中心部は政治的権力の機関を有し、これによって周縁部を支配する。周縁部はこれに反発したくても、これから完全に離反することはできない。なぜなら、中心部と周縁部とを包含する社会システムが存在するとき、中心部は周縁部に対して求心力を作用させて引きつけようとするし、周縁部はこれに対抗して遠心力を発揮し離反しようとするからである。求心力とは、社会的統合を強化する力であり、これを正当化するために法制度を整備し、場合によっては警察力や軍事力によって物理的権力を行使する。中心部は経済的にも通貨体系を普及させることによって周縁部を市場経済圏に包含し、地方独自の経済システムを相対化したり弱体化したりして、結果的には周縁部を自己経済圏の中に包括し支配することになる。

政治的、経済的に従属的な立場に立ちつつ、他方では歴史的、精神的、そして場合によっては民族的にも独自性を主張し、これが全面的に中心部に向かって吸引されることを潔しとしない反対勢力を生む。これは求心力・吸引力に対して反対のベクトルを持った遠心力として作用する。ここに中央政権の政治的経済的権益を追求する統合的求心力と、これに反発して遠心力を発揮する地方の部分社会における民族的アイデンティティとが相克し、葛藤状態が表れることがある。地方文化が中央文化からの離反を指向し、中央との異質性を強調するとき、その文化は中央の支配的文化に対して抗《あらが》いの文化を主張するものと言えよう。

もしも中央部からの求心力に対して周縁部からの反発、つまり遠心力がまったく作用しないと考えるとすれば、そこではもはや周縁部が周縁部であることすら出来ず、中央と地方を包括した同質的な社会的文化的体系が出現することになろう。しかしこれは周縁文化の中央文化への同化であって、周縁文化の消滅を意味する。周縁文化の消滅にまでは至らなくても、たとえば中国における満族などのように、儀礼慣行などにおいて一応の民族的個性とアイデンティティをもっているものの、自らの民族言語を喪失し、漢文化に同化するものは多い。回族の場合も、イスラム教を信じており、帽子や服装などに一定の独自性をもってはいるものの、固有の言語を喪失しており、また民族としての集住地域は一部分に形成されてはいるけれども、彼らの多くは全国に分散居住しており、特に漢族との混在が多い。この意味でも、回族は民族としての求心力がやや希薄であり、漢族とは宗教行事や食慣習以外においては文化的にも社会経済的にも整合性が強い。

周縁社会はある程度の自律性自主性をもつとはいえ、相対的に部分社会である。しかもそれは権力的に被支配的立場にある。中心部を与党というならば、周縁部は野党であり、いわゆるマイノリティの地位に立つものである。マイノリティの語幹をなすマイナーとは、本来二次的、副次的または比較的重要でない、というような消極的な意味を持つ。マイノリティは少数派と訳されることが多いが、厳密には正確な訳ではない。かつての南アフリカ共和国がそうであったように（そして今でもかなりな程度そうであるが）、少数派の白人たちが支配権を確立していたが、この白人集団をマイノリティと呼ぶことはない。つまり、マイノリティとは、本来権力構造の中で被抑圧的地位に立たされている集団を意味する政治力学的概念である。

今日の議会制民主主義における議決方法としては、確かに多数決を原則としており、そこでは少数派が多数派に負けることになっているものの、少数派とは所詮相対的判断であり、多数決によって議事の決定をするということは、複数存在する決定方法の一つであるに過ぎない。たとえ議事の運営方法としては、多数決の結果、少数派は仮に沈静化し、多数派に従属することがあったとしても、少数意見の尊厳性は多数派の主張とは無関係に、本質的に失われることはないはずである。複数の意見の中から一つの結論を出さなければならないとき、多数決によって決定することが一つの有力な方法であるが、その際否決された他の少数意見（単数または複数）はそれ自体、本質的に「間違っていた」とか「正義に反するもの」とは限らない。それどころか、多数決で得られた結論というものは、これに同意する人が多かったというだけであり、それが本質的に正義であるとか批判されることがないとは限らない。権力構造の中における社会的正義とは相対的なものであって、後世、歴史的批判を受けることが珍しくない。第二次世界大戦中におけるわが国の軍国主義やドイツのナチスの例を持ち出すまでもなく、一時主流派をなす中心的文化が時代の変遷によって根底から批判され、抑圧されていた少数意見や周縁的文化が再評価される例は実に多い。多数派による「正統派」が、歴史的批判に耐えて、質的正当性を確保できる場合とできない場合があるということである。中心的なドミナント文化は自己肯定をして永続することを前提としているが、変容しない文化はない。一見華やかな文化が永続すると夢想する人は多いが、もしも現状を維持しようとする文化があったとしても、それは技術革新や外来文化の刺激から取り残されて枯渇し、淀んで腐敗するものでしかない。

夏目漱石は「草枕」の冒頭で、流れに抗して生きることの難しさを述べた。ここで流れとはドミナント文化の主流派のことであり、流れに抗するとは主流派に抗ってでも主体性を主張しようとするマイノリティの生き方のことであると考えることも出来る。主流派に身を任せて生きるのもよいかもしれないが、そこではしばしば個の主体性が流れに飲み込まれ、埋没する危険性がある。かたやマイノリティでは、一刻でも油断すると、波間に飲み込まれ、主体性を奪われてあらぬ方向へ流される危険性がある。だから、少数民族は政府任せでない自前の民族教育をする。そこには自民族文化への強烈な愛着があり、これを子孫へ残そうとする民族教育への主体的取り組みがあり得るのである。

このような周縁文化の持続を願うマイノリティの人びとの生き方に文化人類学的な関心を持ち、いくつかの民族を訪ねて考えた。本書には、そのような調査研究の結果のいくつかを選んで収めた。

第1部では、通文化的に複数の異文化を対比した場合に生じるいくつかの問題点を取り上げた。異文化が平和的に共存するために相互間で生活様式を認め合い、尊重する考え方を文化相対主義として、その効用と共に問題点を指摘する。そこでは、特に文化の力学的関係を現実社会の中で避けられないものとして指摘する。

第2部では、民族間関係のあり方を考えるため、南タイのイスラム社会とシカゴにおける日系米人社会の事例をモノグラフとし、これを分析する。タイは周知の通り仏教国であるが、南部の国境付近ではマレー族が多く、イスラム教徒が多い。そこで南タイのイスラム教徒は、当地では多数派でありつつも、国レベルでは少数民族としての特徴と問題を持つことになる。そこにタイ・ナショナリズムとマレー・イスラム民族主義との相克が起こり、第1部において見た文化相対主義を考えるための素材が提供されていると言える。一方、シカゴはアメリカの多民族社会としての特質をよく示しているが、ここでは特に日系人コミュニティに焦点をおき、マイノリティ文化の持続を可能とする民族教育を取り上げた。

第3部では、中国の少数民族政策を論じ、特に近年話題となっている中華民族の概念について考察する。その具体的な展開としての民族教育の実態を報告する。民族教育とは、要するに国民国家の枠組みとは別に、民族固有の生活様式を超世代的に持続するために、自発的に行われる教育のことである。新疆ウィグル自治区における少数民族の場合を事例として取り上げる。

第4部では、韓国の事例を取り上げる。韓国においては少数民族ではないが、離島という文字通りの周縁部社会の問題を中央部との対比において考えることにする。

本論で取り扱う資料は、大部分筆者が現地調査で収集したものであるが、一部に少し古い資料が含まれている。「民族誌学的現在」としてご諒解をいただきたい。

[注]

(1) レッドフィールドはここで言う周縁的な社会を、民俗社会(folk society)、農民社会(peasant society)、あるいは小規模地域社会(little community)などと呼んでいるが、それらは実態概念としての農村であるとともに、操作概念としての、より広義の非都市的社会を指しており、都市・農村の連続体上の一類型と考えている。（Redfield, R. 1953. *Primitive World and its Transformations*. Cornell University Press.）

［参考文献］

丸山孝一　一九九七「変革期におけるカザフスタンの教育民族誌」『九州大学教育学部附属比較教育文化研究施設紀要』第五〇号、五五～六九頁。

Leach, E. R. 1954, *Political Systems of Highland Burma : a study of Kachin social structure*. Harvard University Press.

Murdock, George P. 1958, *Outline of World Cultures*. New Haven : HRAF Press.

第 1 部

異文化関係論

村のイスラム塾バラゾで学ぶ子どもたち（南タイ・パタニー県ナコンヌア村）

第1章　文化相対論再考

1　文化の関係に関する二元論的思考

論理を明快にする手段として、われわれは二元論（ダイコトミー）的思考方式をしばしば用いる。明暗、上下、陰陽等々。これは場合によっては、極めて有効な表現様式である。しかし、時にはこの明快さのために、われわれの思考様式があまりにも単純化されすぎ、比喩の単純さのために、論理そのものが麻痺してしまうことがある。従って、それは時として危険でさえある。冷戦構造における「東西関係」、「自由陣営対社会主義陣営」、あるいは国際関係における「南北問題」など、単純明快ではあるが、余りにも巨視的すぎて、そこには生きた人間の顔がほとんど埋没して見えない。単純な二元論の中には、中間項がなく、敵か味方か、善か悪かの二者択一の危うい関係しかない。

異文化というとき、このような二元論的単純化の危険性はないか。異文化とは、自文化の対概念であると言えようが、(1)もしそうだとすれば、やはりそこには「我と彼」、つまり彼我の二元論的思考様式の可能性が秘められていると考えられる。しかも、それが個人的な彼我関係ではなく、文化における彼我ということになれば、それは「われわれ対かれら」関係であり、われわれ仲間の内においては同質性を強調し、集団的結束を固め、その結束力の強さに比例して、対外的には排他性が強くなるという論理が成り立つ。そして事実、小は運動会における団体競技から、大は国家間、民族間における内的団結と対外的反発という関係として、二項対立の思考論理が、しばしば現実のものとなって責任の所在を問い求めてくる。

そして今、異文化理解が、異質な社会の共生というフレーズと共に、現代において望ましきものとして喧伝され、一種のはやり言葉になっている。異文化と言ったとたん、それは自分たちとは異質の文化をもつものの存在を前提としている。しかもそこでは、集団的彼我の境界線を明らかにした上で、なおかつその相異を超えて他者を「理解」することが期待されているのである。それは一体どういうことを意味するのか。つまり、彼我の間を一旦引き離して違いを明らかにした上で、これを再び引き付けるがごとく、「相手を理解する」と言うことが、どのような論理構造によって成り立ち、またそれはいかにして可能になるのか。異文化がアプリオリに彼岸のものであり、しかもこれを理解することが当然の至上命題となっているかに見える現代の思潮を、今ここで再吟味することは、諸国家間、諸民族間関係が錯綜し、その間の調整が求められている今日、最も必要とされる基本的な課題であるように思われる。

2　比較文化の視点

異文化を理解することが如何なる作業であり、いかにして可能になるかを考察する前に、われわれはまず、「異文化」と「自文化」の関係について認識をすることを求められる。そこには三つの前提がある。一つは、社会的集団をなす自分たち自身の行動様式や価値観を、一つのまとまりある文化の実体として認識することであり、第二に、そのような自らの文化に対比すべき別種の、少なくとも二つ以上の文化が存在することを認めることである。

後者の認識は、当然、複数の文化が併存し、これらを比較することが避けられないということを意味する。これが第三の前提である。

自文化と他文化を比較するとはどういうことか。二つ以上の文化が比較可能であるためには、それらの文化間に何らかの関連性があると想定される。それは実体として、両文化間に、これを媒介する具体的な人や情報の交流があるということである。それは異文化間のコミュニケーションとも言える。

プロッサーによれば、異文化の間のコミュニケーションには、次の六つの原理が作用するという（プロッサー 一九八二）。

① 類似と相異
② 対立
③ 統御
④ 科学技術
⑤ 文化の安定と変化
⑥ 文化の支配と依存

ここで詳細な紹介は控えるが、異文化間コミュニケーションは異文化理解の前提であり、それには当然、自他の文化の相互関係についての比較が課題となる。プロッサーの指摘する六つの項目のうち、第一の「類似と相異」は、比較文化の専門家でなくでも、素朴な一般人がごく日常的感覚においても容易に自覚するところである。たとえば、古代エジプト人たちは壁画に赤、白、黒、黄色の四種類の人間の姿を描き、それぞれエジプト人自身、ヨーロッパ人、アフリカ人、アジア人を区別したという。

文化の比較における類似と相異の指摘は、比較文化論において重要な示唆を意味していると言える。つまり、「異」文化であれば、「相異点」が指摘されて当然であるが、そこに「類似性」が認められるということは、実は彼我の二項対立の機械論な適用が論理的に意味をなさないことを意味しているからである。人類学的には、ホモサピエンスとしての人類の生物学的共通要素をヒトはもっていると言える。その上さらに、行動面においても、「異文化」の人びとが何らかの「類似点」をもっているとは、どういうことか。それは、彼我を区分する境界線が絶対的なものではなく、状況によっては共通性を持ち得ることを示しているのではないか。それは硬直化した文化の二元論的思考の矛盾を指摘することになる。

ところで、自文化と異文化に関する前述の三つの前提のうち、第一項は、異文化を措定した場合、自文化が内的一体性、同質性を有するということであった。しかし、これもまた吟味を要する事柄である。そもそも特定社会における文化的同質性とはいかなることか。「異文化」に関する多くの言説が飛び交う中、異文化ではない、自文化の内的統一性とか文化的同質性、整合性、あるいは主体性というような議論が十分なされているであろうか。異文化とは、単なる外国あるいは外国文化と同義語か、せいぜい異民族の生活習慣や思考様式を意味する程度に止まっていて、これに対応する自文化の実体にまで深く踏み込んだ議論がなされていると言えるであろうか。そこに問題があると考えられる。

3　文化と個人

そもそも、文化的同質性を議論するとき、われわれは「文化」を支える一定の個々人の集合体、社会単位を想定している。ここでいう文化とは、特定の範囲内の個々人が共有する行動様式で、その中には生活習慣や価値観を含み、これをシステムとして永続化する意欲が集団的合意として成立している場合をいう[2]。このような集団内の合意は、集団自体の維持、存続に責任を有すると自覚する人びとの間で相互に情報交換をすることにより確認され、この継続的秩序に合意する人に対しては、たとえその人が新しい外来の人であっても、集団への参加を許す場合がある。新しい世代の成員に対しては、その資格が十分であるか否かが問われ、既存の行動様式の十分な体得が認められない個人に対しては各種の教育作用がなされる。これを行動様式や価値観の内面化に関して言えば、個人の文化化（enculturation）ということになるし、それによって社会的成員としての資格が認められる過程について言えば、それは社会化（socialization）ということになる。

しかし、このような文化化や社会化の過程に関する説明は静的な規定であり、現実を説明するには十分でない。なぜなら、既存の秩序とか価値観と言っても、それは確固として万人が了解する不動のものではあり得ないし、社会化をする側に立つ人間の間にも、既存の秩序、価値観を完全に共有している場合はむしろ稀だからである。特に現代社会におけるように、外来の情報が飛び交い、新しい情報や価値観が既存の秩序体系を撹乱することが多くなれば、若い世代に限らず、大人もまた混迷することがむしろ普通である。

従って、一つの文化が体系をなし、これを支える個々人の集団があり、新しい社会成員に対して技術の習得や価値観の内在化を迫る、という文化化の図式は一面的であり、現実には、複合的な文化の諸要素を徐々に、かつ慎重に吸収するよう方向づけるというのが文化化の動的な過程であろう。慎重にという意味は、あたかも小骨が含まれているかもしれない魚肉を子どもに与える、注意して嚥下させる場合に似ている。もしも、小骨が含まれている場合、これを取り除く注意を本人に与えること、それは与えられた者の与える者に対する主張の一つとなりうるし、それはまた、これを食しようとする者の主体性である。つまり、与えられるべき食物は与えられる者の血肉となり、活力源になるはずのものであるが、このエネルギー獲得の主体は、自分自身にあるというのが規範であるというより、現実であると解すべきであろう。青年期における既存価値に対する反抗は、その端的な表現である。

さりとて、全ての価値規範が新しい世代によって破棄されるわけではない。そこには、大きな秩序、小さな規範というような価値の序列があると考えられる。基層価値と表層価値と言い換えてもよい。基層価値は比較的安定していて、容易に変化することがない。しかし、表層価値は一時の流行のように、頻繁に変動する。基層価値は伝統の重みを加えられて、民族文化のエトスとして超世代的に伝承される。表層価値の中には、メディアに乗って、遠くから突然飛来してくることもあり、当該社会の価値観に混乱を巻き起こす場合もある。このように考えれば、いわゆる文化化は、比較的基層に近い固有文化が伝達されることになり、この価値指向性に矛盾することもあり得る多様な表層文化は、個々の社会成員によってさまざまに支持され、また反発されつつ移行している。従って、文化体系とわれわれが言う場合、それは確固不動の一枚岩であるというより、基盤に一応の安定性を持つ基層文化と言うべきものがあるものの、その上には相矛盾する一連のサブカルチャーが存在すると考えられる。でなければ、文化は固定化して、生成発展することはなかろう。文化体系とは、このように、内的矛盾を抱えたダイナミックなプロセスであると言えよう。

但し、上述した基層価値と表層価値という「二元論」的表現は、マルクス主義で言う上部構造・下部構造というようなものではなく、それらはあくまでも相対的操作的概念である。両者の間に絶対的境界線を引くことは不可能で、それは善悪、左右というような絶対的両極ではなく、アナロジーとして言えば、明暗の間に灰色の中間部があるように、基層と表層の間には中間層の曖昧な連続性が見られると言うべきであろう。

4　文化体系の外延関係

以上述べたところは、ある文化体系の内的構造についてであった。一方、われわれは文化に境界があるという発想をする。それは、文化が一定の社会集団の成員に共通の行動様式及びその固有の価値体系であるという文化の概念規定からの当然の帰結であって、この定義からすれば、当該社会単位が固有の文化単位を有することになり、社会単位の限界が文化の範囲の限界であると言える。つまり、社会的広がりの限界の外に別の社会単位が隣接しているように、一定の社会単位に対応した文化には、隣接する社会の固有な文化が対応していると考えることができる。

隣接する社会の隣接する文化、そこに初めて自文化、異文化の概念が成立する構造的基盤があると言えるが、この場合においてさえも、自他の相異は必ずしも絶対的なものではなく、自他を区切る境界線は移動して、「きのうの敵は今日の友」（またはその逆）のような状況が生まれることがある。そこには真の意味での文化の相対性がある。

筆者はかつてアメリカの学生寮に韓国人のルームメイトと住んでいたことがある。そのため、この友人を介して多くの韓国人と知り合いになったが、彼らと親しくなるにつれて、彼らは筆者を日本人と知った上で、アメリカ人に共通の行動様式について批判を訴え、当然のように筆者に同意を求めるようになった。インド人のトイレの習慣についても同じような共感を求められた。こんなとき、従来から感じていた日本と韓国の違いは止揚されて、日韓文化の親近性が相互に意識された。また、韓国の農家に滞在していたときに観察した親子間における相互の行動様式は、かつて日本で理想とされた型を、より徹底した原型を見るように感じたものであった。さらに、国際サッ

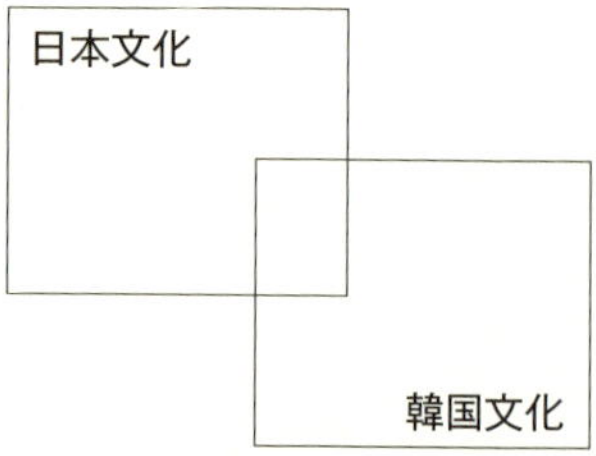

図1　文化体系の重層関係

カー競技のアジア代表権を競うとき、既に代表権を確保した韓国チームが、隣国日本も共に世界選手権のためフランスへ行こうと言ったと伝えられたが、これは日頃からとかく緊張関係が目立つ両国間で、あながち韓国側からの皮肉な呼び掛けと言うより、日韓両チームを一丸とする韓国側からの対外意識の表れと解釈することができよう。

以上の事例は、日本文化と韓国文化がそれぞれ領域を有し、その接触状況に関する議論である。日本文化を一つのまとまりある体系と考えた場合、その外延に隣接する韓国文化体系との接触があり、そこには「接点」ではなく、両体系が重複する領域が生じることを想定しなければならない。図1は日韓両文化が相互に独自性を保持しながらも、両者は重複する部分を持つことを示している。ここで、両文化の外延部は接触点でも線でもなく、重複した領域（テリトリー）をなしている。筆者は、韓国半島の南部に位置する巨文島では、韓国文化のエトスに対する求心性と、これに反する外国文化（特に日本文化）に対する遠心性という二つの相反する文化指向性のベクトルを持つところがあると指摘した（丸山　一九八五、一九八六、一九九七、本書第4部第1、2章参照）。

同様の文化の重複性に関する状況は南タイのイスラム社会でも観察できる（丸山　一九八九）。そこでは、小学生は午前中、タイ国民としての公民教育、すなわち義務教育としての国民教育を受ける。しかし、子どもたちは、午後には小学校の制服を脱ぎ捨てて民族服に着替え、バラゾと呼ばれるイスラム学校に通う。バラゾは小学校レベルで、その卒業生の半数近くは中等教育レベルのポンドックへと進学する。バラゾもポンドックも純粋な私立の塾で、政府からは全く独立の教育内容、方法を持っている。タイではドミナントな仏教文化から見れば、南部のイスラム社会におけるこのような民営学校とも言うべきイスラム学校は反主流の文化的指向性をもつもので、文字通りマイナーな文化を維持する装置に過ぎない。しかし、タイ仏教文化に反する南タイ社会の文化的指向性の行方は、南の国境を越えたマレーシアへ連なっており、さらにその延長上には、広大なイスラム世界へと連動しているのである。つまり、タイ国でこそマイノリティの地位に甘んじている南タイ・イスラム教徒たちの文化は、広く世界のイスラム文化圏へと連帯しているのであり、そこに国家の枠を超越した世界観が見られる（本書第2部第1章）。それは、わが国における鎖国時代のキリシタンが迫害を受けつつも、徳川幕藩体制の時代と空間を超越したカトリック[(3)]の普遍性への確信と共通するものがあるようである（丸山 一九八〇）。

このような事例は、いずれも民族間関係、国際関係、「異文化間」関係などが、単純なあちらかこちらかという彼我関係では収まらず、彼我の間に、重複した重層的文化領域が存在することを論証するものである。

5　イデオロギーの階層性

ところで、「文化」には、以上述べてきたような記述的説明概念としての意味の他、価値概念としての用法がある。規範の学としてではなく、経験科学としての「文化」人類学では、自らが依って立つ基盤に価値指向性を持ち込むことを拒むが、研究の対象としては生々しい価値葛藤の状況を好んで選択するのを当然とする。そこに、マックス・ウェーバーの言う学問における没価値性（Wertfreiheit）の意味があると思われる（一九三六）。

さきに、文化を人間集団が共有する行動様式であると規定した。ここで言う行動様式には日常的生活習慣の他、集団内で共有される価値観も含まれる。そしてその価値観には、自らの社会集団と他の社会集団との比較に関するものもある。その結果、たとえば民族の自尊心とか国民的英雄に対する誇りのような集団意識も表れる場合がある。

このような自らの集団に関する意識ないしアイデンティティは、他集団との比較、対照があって初めて意味を有することになる。なぜなら、集団的アイデンティティは、集団の各レベルにおける同等の集団単位との相対的比較においてのみ意味を持つことができるからであり、自己を中心に累積する同心円的諸集団の重層性の中で、対外関係に応じて拡大もし、縮小もするからである。この場合、集団の縮小過程においては、局限された成員に対して一層の親密性と共有するアイデンティティの濃密さを重視する一方、縮小に伴って排斥される一部の元の仲間集団に対しては、疎遠さないし対抗心が顕著となる。他方、集団の拡大過程においては、包含される新しい成員に対し、寛大さや友好的な態度で臨み、かつての旧集団に対しては、ますますアイデンティティが強化されることになる。そこに、所属する集団の上位単位と下位単位の違いが内外に対する意識の違いを生むことになる。

このように集団規模の拡大、縮小は、その各段階において、集団成員に対して集団に対するアイデンティティの変更を要求することになる。そのことは、集団成員相互間においても新たな成員としての依存関係、地位と役割体系の修正・確認を必要とすることになる。このような集団内における地位と役割体系の再編成によって、個人は相互に新たな権利義務関係を再強化することになり、社会学ではこれを社会的凝集性の強化と呼んでいる。

集団への忠誠心は、具体的な集団の象徴を設定することによって、より明確になる。これを一層強化するために、さまざまな儀礼が行われる。たとえば、韓国全羅南道の離島巨文島の東島には、韓末の頃、橘隠という儒学者が出て、巨文島事件[4]という国際的軋轢があったとき、その弟子たちによる活動によって、巨文島（当時、三島と呼ばれていた）の名を国際的に高めたことで、橘隠は、その生家がある柚村里、そしてひいては巨文島全体の名誉とされている。現在、東島には橘隠を祀る斉閣がある。元来、祖霊祭祀の盛んな韓国ではあるが、橘隠の命日には、子孫による祭祀ばかりでなく、儒林と言われる彼の弟子たちの子孫らの組織、そして橘隠を郷土の誇りと考える東島住民による祭祀が盛大に行われている。面長はじめ、巨文島の名士たちが招待され、西島里、巨文里その他の東島の巨文島住民も、やや遠巻きながら橘隠を郷土の誇りと考えている（本書第4部第2章）。

英雄崇拝は、所属集団へのアイデンティティを強化、再確認するのに有効な手段であるが、これに関する別の例として、最近筆者が観察したカザフスタンの事例を簡単に紹介しよう。周知の通り、カザフスタンは一九九一年十二月、旧ソ連から独立した中央アジアの新生国家である。総人口の四〇％しかいないカザフ人[5]が主権を握るに至ったが、ロシア人、ドイツ人などを含んだ多民族国家としての統合を図るため、カザフスタン政府は昔の英雄を引き出して、これを賛美し、民族国家の統合の象徴とした。その一人であるアバイはカザフの民族詩人で、一九九五年が生誕一五〇周年であったし、翌一九九六年は同じくカザフ民族詩人のジャンブルの生誕一五〇周年に当たった。たまたま、両年とも現地に居合わせた筆者は、国家的祝典として盛大に行われた記念行事に参加する機会があったが、多民族国家におけるカザフ人の「英雄」を国家行事として賛美することによる他の有力民族（ロシア人、ウィグル人、ドイツ人など）の反応が気がかりであった。見聞した限りでは、カザフ人としてのこれら詩人の国家的祝典行事に対する国内に居住するロシア人の反応は冷静で、民族的と言うより、国家的英雄であるという政府の解釈、主張に妥協している風で、少なくとも表面上は別段の積極的な反応をも窺うことはできなかった。

一九九一年までは少数民族であったカザフ人が今や新興国家の主力となったが、カザフスタン国家はカザフ人のみのカザフスタン国家を造ろうとしているわけではなく、領土内の多民族を包含した国家を建設しようとしているのであり、特に人口の約三分の一を占めるロシア人に対してはカザフ語とロシア語の二言語政策を用意するなど、細やかな気配りをしている[6]。それは、隣国ロシアが、今日でもカザフスタンに対して依然として大きな意味を持ち続けているからである。

巨文島東島からカザフスタンに至るまで、規模は異なるが、集団の累積性とこれに伴う集団への忠誠心やアイデンティティは一貫して考察することができる。巨文島では柚村里、東島、巨文島、全羅南道、韓国という社会単位の拡大があり、カザフスタンでも、カザフ人社会、カザフスタン国家という社会単位の重層性がある。[7] それぞれの社会単位のレベルにおける成員のアイデンティティは自己を中心とする求心性と、より広範な社会単位への遠心性を合わせ持つダイナミックな流動性を持つ。従って、東島島民としてのアイデンティティは、「巨文島」が生んだ橘隠という英雄の関連では、柚村里の住民のアイデンティティは、隣の竹村里や対岸の西島里の住民を包含する巨文島レベルへ容易に拡大する可能性をもっていると言える。つまり、集団的アイデンティティは、拡大、縮小の両方向への流動性を常にもっていると言えよう。

積極的な集団的アイデンティティが成立する所以は、そこに強烈な誇りとこれへの求心的愛着があるからである。誇りと愛着には、その拠り所としての象徴的な核が必要である。この核にふさわしいものとして、民族英雄がしばしば選ばれるのである。巨文島では、「郷土」の概念が解釈の仕方により、同心円的にある程度拡大可能であるが、それにも限界があり、韓国では教科書に巨文島事件の記述があって、国民は誰でもこれを知っているが、橘隠のことは、巨文島以外では余り知られていない。彼は儒学者として全国的に知られていたわけではなかったので、そこに「英雄」としての知名度の限界があったであろう。それは象徴としての限界でもあった。[8]

このような英雄崇拝は、集団的価値観の表明である（エジソンやアインシュタインを世界的英雄と考えるのとは違った意味での、地域個別的支持基盤をもった集団的価値観の表明である）。そこには累積的集団の各段階における価値基準の階層性がある。現在のところ、カザフスタンのロシア人も、カザフ人であるアバイやジャンブルの英雄崇拝運動を政府が主張するように、「国民的英雄」として解釈しているようであるから、差し当たって穏便に収まっているが、もしも「民族的英雄」として、過度にカザフの民族色を出し過ぎれば、ロシア人、その他の各民族の「民族意識」を覚醒させ、国内における民族抗争の種になるかもしれない。そこには民族的アイデンティティと国民としてのアイデンティティの違いがあるからである。個人の所属集団に家族、地域社会、親族、民族などの集団的累積性と階層性があるように、各単位における主義主張、イデオロギーにも階層性があると考えられる。

6　文化相対論の功罪

近年、「共生」という言葉が頻繁に使われている。この用語は、本来生物界における異種の生き物が相互に依存し、相手に利を与えつつ自分も益するような関係を意味している。この関係を人間社会に援用し、国際社会の中で、例えば異文化あるいは複数の国民国家が相互に依存しつつ共存するという意味で使われることが多いようである。しかし、それは生物界におけるように、可能であろうか。もし可能ならば、如何なる条件のもとに可能となるのであろうか。

異文化・異民族との共生を説く人びとは、たとえば難民や密航者を生むような社会との共生をどのように考えるのか。単なるヒューマニズムだけでは解けない問題がそこにはある。相手側がどろんこ状態にあるとき、こちらも泥をかぶる覚悟があるのだろうか。あるいは、相手の窮状には同情するだけで、こちらの手を汚すところまでは関与しないのだろうか。共生とは、相手側と安易な合体や妥協をすることではなく、一定の距離を保ちつつ、相互依存関係を維持することであろうと解釈するが、文化的、経済的にへだたりが大きい相手とどのように共生することが可能であろうか。たとえば、経済的に落差のある相手に対し、どこまで援助するのか。格差がなくなるまでか、それとも一定の限度があるのか。共生という言葉が持つニュアンスからすれば、両者間には互酬性の原理が働いていると解釈されるが、経済力の劣る側からの共生の呼びかけは意味を持ち得るのか。このような諸問題の検討が今、切実に求められている。

太平洋戦争の頃、共存共栄という言葉があった。大東亜共栄圏という言葉とともに、日本帝国主義を想起させるものであるが、言葉そのものの意味としては、共生と同義であると考えられる。共存共栄はよいけれども、相手（またはこちら）側が「栄え」ておらず、困窮しているときに、共存共栄の提唱者たちはどう行動しようとしたのか。そのとき、初めて共存共栄、または共生の真の意味が問われることになる。陽の当たる側だけでなく、影の部分も配慮してこそ、ダイナミックな全体像が見えてくると言えよう。

「共生」概念の理論的怪しさは、関係すべき相手側とのコミットの在り方が中途半端であることに因る。相手が繁栄しているとき、相手と握手することは快適であるかもしれないが、相手が困窮している場合、どこまで手をさしのべ、共に泥をかぶる覚悟があるのか。また、困窮状態にある側から、果たして共生を呼びかけることができるのか。折しもアジア諸国は日本を含めて経済的に困難な状態に陥っており、それ故にこそ、共生を提唱することの真意が問われていると言えよう。

相手社会の文化の独自性を尊重するというのが、文化相対主義の立場である。文化相対主義は、自民族中心主義（エスノセントリズム）の対概念として理想化され、文化人類学における基本的立場とされているが、果たしてそれでよいのか。さまざまな社会の多様な行動様式の在り方を観察、記述することを使命とする文化人類学ではあるが、この際、先入観を排し、あるがままを「客観的」に理解しようとすることは諦めた方が賢明であろう。虚心坦懐に、というけれども、免れがたい「先入観」を「仮説」に置き換えて観察をすることの方がより現実的である。そして、その仮説を多面的に検討することによって、仮説の正当性や誤謬を明らかにすることができる。

第4節で、ある文化Aと他の文化Bとの関連を見る場合、両者の境界線の在り方を問題とした。そこでは、AとBとが相互作用を通じて重複する共通領域を有する考え方を紹介した。また、同一文化といっても、その中には比較的安定して変わりにくい基層文化、あるいは基層価値とでも称されるべき部分と、比較的うつろいやすい表層的なサブカルチャーがあると述べた。さらに基層／表層の対比は絶対的なものであるというより、相対的なもので、その間には中間的連続体を成していると考えた。そのような二つの文化体系の関わり方を単純化して図示すると図2のようになろう。

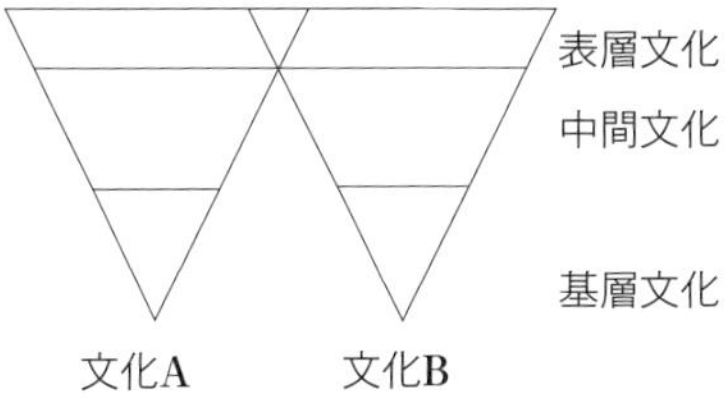

図2　文化の重複と重層性

逆三角形に示す表層部で、両文化は重複し、その部分では両者は文化要素を共有していると言える。しかし、AとBそれぞれにおいて、基層部分では相互に最も遠く離れており、個々の部分では相互に干渉するところが少ない。従って、基層においては相互に理解するところも困難であると考えられる。表層部分においては、たとえばある種のテクノロジーのごとく、相互に伝統的価値体系から中立的で、導入に抵抗がないため、経済的効果を求めて文化変化が生起する。

さて、このような二つの文化の関わりの中で、一方の文化を担うものが他方の文化を理解するとは、どのようなことだろうか。図2から言えば、相互に重複した表層文化の部分については理解がより容易であろうが、逆に基層部分では相互の干渉もない分、理解を得るにはいくつかの条件が必要である。たとえば、ウィグル族とカザフ族のように、宗教、言語、居住地、歴史、食生活など、深い関わりをもつ場合、比較的「近い」関係という実感を相互にもつ。しかし、タイ族と南タイのイスラム系住民の間では、数百年にわたる相互不信とマイノリティの側からの独立運動が絶えずなされている。

文化相対主義は、相手の文化の独自性を承認し、自らの文化も相手から認められる互酬的関係に立つ。この限りにおいて文化相対主義（または文化相対論）は平和的で、誠に望ましい。これに異を唱える理由を探すことは困難であろう。しかしながら、前述したとおり、相手の文化の独自性を承認するといっても、その仕方はさまざまであろう。たとえば、中国の料理は歓迎だが、密航者はお断りだという。中国料理は美味しくて、日本人には食物禁忌がないため、容易にこれを受容する。しかし、密航者を輩出するほどの複雑で取り扱い困難な中国の経済構造や人口問題については「われわれの領域ではないから」と言って干渉しない。そのための理由づけは、国民国家の権益擁護のためのナショナリズムとして、数多くが用意されている。前に述べた「共生」概念の欺瞞性が、対象に近づくポーズを示しつつ、結局はどこまでも運命共同体として行くのではなく、適当に相手を選択しつつ、自国の利益中心に進むのに対し、文化相対主義は相手に積極的に近づくこともせず、距離を保ったまま、相手側の現状を尊重するといって、実は相手がたとえ困窮していても、共に泥をかぶるほどの全面的にコミットする救助活動はしない。本来、自民族中心主義の対語であったはずの文化相対主義であるが、実は相手の文化を尊重するというのは、理念としてのみで、経済的利害対立は存続しており、その意味で自文化あるいは自経済中心主義であることに変わりはない。相手文化を尊重するという言説は立派で、反対する理由はなかろう。しかし、他者としての複数の文化をそれぞれに尊重すると言っているとき、これら諸文化が相互に対立、抗争している状況下において、こちら側の主体性はどこにあるのか。それが相手から必ず問われるであろう。その意味で、文化相対主義は理念としても弱い。本来なら、文化相対「主義」ならば、イズムらしく主張を貫けばよい。そうすれば、相手を論破したり、相手の無理な主張にストップをかけることもできよう。しかし、そのとき、「相手の立場を尊重する」という前提はどうなるのか。そこは慎重でなければなるまい。

われわれは、文化相対主義、あるいは文化相対論においては、その主張をただの一本槍で通す代わりに、複数の文化のそれぞれの固有の主張や要求が相互に対立する場合に、より上位のレベルの価値を創造し、そのレベルにおける合意形成の道を模索しなければならないであろう。上位の価値とは、狭い従来の伝統的価値とは異なる方向性を持つものかもしれない。つまり、単直な文化相対論をさらに相対化するという考え方である。しかし、図2における表層文化の新たな形成によって、伝統的価値観が変容する場合があっても、弁証法的に止揚された新たな上位価値が他の文化と共有されるとき、既存の価値の擁護者たちにとって、新たな文化の形成を黙認ないし承認することが課題となろう。たとえば、経済的繁栄が一部の民族や階層にのみ独占されたとき、他の民族（しばしばそれは少数民族である場合が多いが）、あるいは取り残されたその他の者たちは、本来、経済的あるいは経済政策上の問題なのに、これを解決することができないとき、経済問題を民族問題にすり替えて、容易に民族団結し、これを「民族問題」と化してしまう。

文化相対主義とは、本来、他の文化の存在を尊重するという理念のみの問題ではなく、「尊重」することを具体的に政策として実践するところがなければならない。たとえば、経済開発、社会福祉、民族教育、医療制度の確立等である。これら、人間の基本的生活保障が民族や居住地のいかんを問わず実施されたとき、民族性が際だって顕在化することはなく、結果として、民族間関係は相対化され、比較的平等な位置関係が保たれることになろう。これが諸民族や諸外国の文化に対する相対的政策であり、文化相対主義の一つの在り方であろう。「異文化理解」は、そこから始まると言える。

［注］

（1）自文化という用語は、本論では異文化の対概念としてのみ用いる。

（2）文化の定義は多様であるが、大きく分けて価値概念としての定義と記述概念としてのそれがある。社会通念としては前者に傾斜しているが、ここでは、もちろん後者の定義を採る。

（3）「カトリック」には、本来、広いとか寛大なという意味がある。カトリックは地域や国家や民族の枠を超越した信仰の普遍性をもつと考えられていたからである。

（4）一九世紀後半、英露関係が険悪であった頃、アフガニスタンその他での両国の対立を受けて、英艦隊はウラジオストックから南進しようとする露海軍の進路を阻止すべく、その通路に当たる巨文島を一八八五年、突如不法占拠した。これが巨文島事件といわれるもので、調停役の清国人李鴻章らが現地調査に来たとき、島人たちが漢文による筆談で対話をし、漢詩の交換などをしたということから、李鴻章らはいたく感激し、三島という当時の島名を改め、巨文島とするよう、李朝政府に進言し、それが実現した、と現地では伝承されている。このとき、橘隠は既に亡くなっていたが、その弟子たちが李鴻章らと交わりを持ったとされる。

（5）　隣国中国などでは、「哈薩克（カザフ）族」という呼び名が普通で、日本でも社会的通念としてはこれで通じるが、ロシア族、ドイツ族と言う表現が人口に膾炙していないので、ここではカザフ族と言わず、カザフ人と表記する。一九九七年秋、筆者が再訪したとき、カザフ人の比率がやっと五一パーセントに達したというセンセーショナルな記事が現地紙に出ていた。ロシア人やドイツ人がそれぞれの祖国へ帰還したことに加え、カザフ人が周辺諸国からカザフスタンへ帰国したことが主な原因であるらしい。

（6）　カザフスタン政府の見解では、カザフ語が「国語」で、ロシア語は「共通語」とされている。英語教育が小学校から始められているが、ロシア語が今日でも、事実上、国際語としての地位を占めている。学校では、基本的にカザフ語を教授用語とする学校とロシア語による学校とがある。しかし、共に相手側の言語を学習させている。

（7）　カザフ人（またはカザフ族）は、カザフスタン以外にも、東隣の中国新疆ウィグル自治区に約一〇〇万人が住んでいるが、ここではカザフスタン国内のみに限定してカザフ人社会の重層性を考察する。

（8）　巨文島における橘隠の業績と「巨文島」という島名の由来に関する伝承は、韓国史全体で取り扱われることはほとんどない。しかし、筆者はこの離島におけるこのような伝承を、一種のフォーク・ヒストリーとして着目している。

［参考文献］

費孝通　一九九七　「エスニシティの研究――中国の民族に関する私の研究と見解――」国立民族学博物館研究報告、二二巻二号、四六一～四七九頁。
丸山孝一　一九八〇　『カトリック土着：キリシタンの末裔たち』日本放送出版協会、NHKブックス373。
――　一九八五　「教育における中央文化の遠心性と求心性――韓国全羅南道巨文島の事例研究から」科研総合A報告書（No. 5730040）九～一八頁。

——　一九八六「周縁文化の持続性について——特に、韓国離島社会を事例として——」『九州大学教育学部附属比較教育文化研究施設紀要』第三七号、一五〜二三頁。

——　一九八九「南タイ・イスラム社会における労働倫理の形成基盤」『九州大学教育学部附属比較教育文化研究施設紀要』第四〇号、一〜一六頁。

——　一九九七「文化動態論からみた地方文化のベクトル——韓国の事例を中心に」『九州大学教育学部附属比較教育文化研究施設紀要』第四九号、一〜一五頁。

プロッサー、マイケル・H、一九八二『異文化とコミュニケーション』岡部朗一訳、東海大学出版会（Michael H. Prosser, *The Cultural Dialogue : an introduction to international communication*, 1978, Hougton Mifflin : Boston）。

Goldberg, David Theo (Ed.), 1996, *Multiculturalism, a critical reader*. Cambridge, Massachusetts : Blackwell.

ウェーバー、マックス　一九三六『職業としての学問』尾高邦雄訳、岩波文庫（Max Weber, *Wissenschaft als Beruf*, 1919）。

第2章　民族共生の可能性
——文化力学的試論——(1)

1　国際政治の集約化と多極化

二〇世紀には多くの国民国家が形成され、既存の国家は自己目的的ナショナリズムを追求した。そのため、植民地支配に走る諸国家は武力と権力にまかせて国境線を引き、これが既存の民族集団を分断し、あるいは異民族を同一テリトリー内に囲い込む結果を招いた。第二次世界大戦後、ほとんどの植民地は独立国家となったが、多くの場合、国境線は植民地時代のそれを踏襲せざるを得なかったため、その後のナショナリズムと民族主義の葛藤は計り知れない深刻な状況となった。一例を挙げれば、インド、パキスタン、バングラデシュの諸関係であり、あるいは戦前に遡れば、マレーシアとタイとの国境問題がある。この国境は現地に住むマレー系住民の頭越しに、タイと英国との間の条約（一九〇九年）によって定められたため、今日見るように、北部マレー人の一部はタイに編入され、同一民族としてのマレー人が国境によって南北に分断される結果となった（丸山　一九七二）。すなわち、今日の南タイ四県（チャングワット）住民の大部分はマレー人であり、彼らは文化圏としては南部のマレーシアと連動し、タイ国民でありながら、いわゆるタイ・モスレムとして、大多数のタイ国民が属する仏教文化圏では、少数民族となっているのが現状である（本書第2部第1章参照）。このような事例は枚挙にいとまがない。

一方、二〇世紀も末期となってみられたソビエト連邦の崩壊とそこからの民族国家[2]の独立は、民族問題の国際舞台への台頭を象徴するものであったと言える。すなわち、旧ソビエト連邦の周縁部に位置していた東端のカザフスタンから西端のバルト三国に至る一五ヵ国がほとんど時を同じくして独立したのはまさに画期的な出来事であった。しかも、一九一七年に血の革命によって成立したソ連から、無血革命と言うより、平和的合意によって従来の少数民族「共和国」が瞬く間に成立し得たのは二〇世紀末の奇跡とさえ言えよう。ただし、この独立劇に乗り遅れた現ロシア内のチェチェンが、その後いかに努力して独立しようとしても、ロシアは頑強にそれを認めず、かえってチェチェンに侵攻（一九九四〜九六年）し、過酷な武力弾圧でこれを抑圧したのは周知のとおりである。

国内の少数民族が、このように円満に独立することは例外中の例外である。今日のいわゆる民族問題の多くは、少数民族の独立運動に対する国家権力の弾圧によるものと言えよう。前述のロシアにおけるチェチェン問題の他、中国のウィグル人やチベット人、インドネシアの東チモール問題[3]、スペインのバスク人、南タイのイスラム教徒、トルコ、イラン、イラク等にまたがるクルド人など、少数民族の独立運動は常に国家権力による強烈な弾圧の対象であった。国家はその一部をなす少数民族の分離独立を常に嫌悪し、その実現をあらゆる手段で阻止しようとするもののようである。それ故にこそ、旧ソ連からロシアを含む一五ヵ国の分離独立が平和裏に行われたことは、実に画期的なことであった。

ところが、このようにして国際舞台に登場した民族国家ではあったが、反ソビエト運動の強かったウズベキスタンをはじめ、カザフスタン、キルギスタン、タジキスタン、トルクメニスタン（いわゆる独立国家共同体）は経済的、軍事的に完全に旧ソ連の影響を払拭することはできず、ロシアと密接な関係を継続せざるを得ないのが実情である。カザフスタンの場合、独立後、ウズベキスタンなど外国から帰国したカザフ人を迎えた結果、カザフ人が辛うじて全人口の五〇％を超えた状態であり、ロシア人は、その一部がロシアに帰国したとはいえ、依然としてカザフ人に次ぐ第二の多数派構成民族集団であって、カザフ対ロシアの逆転した民族構成をなしている（丸山 一九九七）。

二〇世紀末葉から顕在化したこのような民族集団の動向は、従来からの国民国家の関係性に対して大きなインパクトを与えている。ベルリンの壁の崩壊（一九八九年）は、既存の米ソ二極構造を変革する象徴的事件であったが、ソ連が崩壊すると共に、これが内的に分化し、同時にヨーロッパ諸国はＥＣへ統合するなど、既存の国家が内的細分化と外的統合という相反する方向への国家の再編成が行われたのが二〇世紀末の国際関係の特色であった。そして、このような画期的な国際関係図式の再編成は、国家の枠を超えたグローバリゼーションへの新しい秩序の創造を要請するかにみえた。

ところが、パックス・アメリカーナとしての一極集中的単一価値体系への危惧が叫ばれており、仮に英語・米語がもっとも使用頻度の高い言語になったとしても、またグローバルな情報ネットワークが張り巡らされたとしても、単一の価値体系に対抗する異文化の台頭を阻止することはできない。たとえばイスラム的秩序はますます勢力を拡大しようとしているし、ＥＣや中国をはじめとするアジア諸国の国際舞台への台頭は今日もっとも注目すべき現象となっている。ここに、国際関係の単一化、統合化、標準化へと一気に流れようとする傾向に対して、これと逆行する価値観の多元化運動が抵抗勢力として、今後いっそう進行することが予測される。このような現象は本質的には価値体系と生活様式を異にする文化の問題に起因すると言うべきであり、異文化間関係論として捉えるべきである。ここに筆者は文化力学再考を提唱するものである。

2 「共生」概念の再検討

第1章6節で述べたように、社会通念としての共生という言葉は、生物学におけるような異種の生物の相互依存的共存関係というような記述概念であるというより、むしろ国際関係の中で諸外国あるいは異文化の体系が平和的に共存することを理想とする、いわば「かくあらまほし」という願いを込めた価値概念というべきものである。ここでいう共生は、複数の異文化が文化相対主義に依拠して共存す「べき」ものとして、アプリオリに前提されており、これに反することは世界平和への挑戦であり、許されないものであるとの思い込みがあるようである。

確かにイスラム文化とユダヤ文化が共存し、パレスチナ人とユダヤ人とが平和的に共生できることは人類の大きな願いであろう。これを否定する理論的根拠はどこにもない。しかし、現実には文化相対論の無力さはどうだろう。今や、国際政治の舞台の実状は価値体系の衝突と勢力争いの状態である。子どもたちに対する平和教育として「文化相対主義」を教えるのはいい。それは人間社会における理想でなければならないからである。しかるに、異文化の共生という願いの中には、脆弱な文化相対論の問題点が露呈しているのが現実ではないだろうか。

文化相対論に内在する最大の理論的問題点は、それ自身が自民族中心主義（エスノセントリズム）に対峙する二元論の一極をなすという事実そのものに起因している。エスノセントリズムは異文化の尊厳を認めず、自らの社会的文化的優越性をのみ主張するため、そこからは国際的協調や異文化の平和的共存は望むべくもない。従って、独善的なエスノセントリズムは、それ自体としてはいかなる理由においても国際的存在理由をもつことが許されない。そこにエスノセントリズムを否定する主張の正当性があるとの認識が生まれ、「それゆえに」エスノセントリズムを否定して直線的に文化相対論に走ろうとする。そこに一種の陥穽がある。

図3

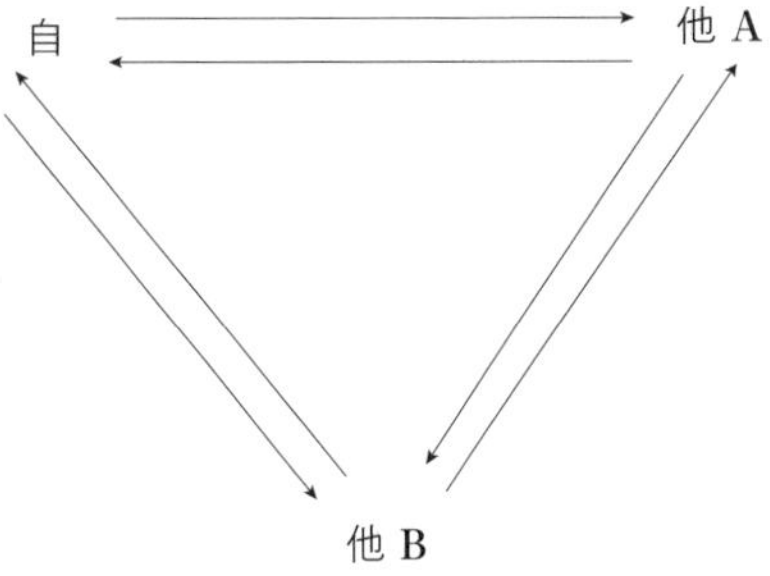

図4

文化相対論は異文化の相異を相対化し、相異する両者間に共通性のあることを予想して、これを見いだそうと努力する。この際、異文化とは自文化から見た他の文化（単数または複数）という場合と、他の文化（複数）相互間の場合とがある。前者の場合、①自他の二者関係の場合と、②複数の他者（たとえばＡ、Ｂ）相互間およびそれらと自らとの関係（自とＡ、自とＢ）とがある。後者の場合、自とＡ、自とＢとはそれぞれ①の二者関係の複数の延長であると同時に、ＡとＢの直接関係を加えて、三組の二者関係の組み合わせによる三者関係をなす（図3、図4参照）。

図3において、自他のいずれかが自己主張のみして他者の主張と尊厳を認めなければ、そこには「自」を中心とするエスノセントリズムが成立するし、自他が相互に自己主張しつつも相手の主張に耳を傾ける寛容さがあれば、そこには文化相対論が成立する基盤ができる。しかし、図4において、仮に自と他Ａ、自と他Ｂの間にそれぞれ文化相対論的互恵関係が成り立ったとしても、もしもＡとＢとの間で相互不信または険悪な関係性があった場合には、自の立場が不安定になるばかりでなく、三者関係それ自体に亀裂の危険性が生じることになる。なぜなら、ＡとＢとが緊張関係にあるとき、自はＡとＢの双方から協調を求められるか、または双方から疎んぜられるか反発されるからである。

そのような実例は多い。と言うより、国際的対立のあるところにはどこにでもあると言うべきであろう。中国・台湾とわが国、大韓民国・朝鮮民主主義人民共和国（北朝鮮）とわが国などはその例である。中国と台湾とは国際政治の中で国家としての正当性を互いに主張しあっている。このような二国対立の構図の中で、第三国は国家としての正当性として一ヵ国を選択せざるを得ず、その意味では文化相対論は止揚され、選択されなかった方の国との共生は放棄されたかのように見える。国家としての正当性を原理とすれば、現実には二者択一しかなく、多角的外交関係は不可能であるように見えるが、国家としての正当性の様式を維持したまま、経済的学術的交流などは、一定の制約の範囲内ではあるが、現実にはかなり頻繁に行われていることは周知の通りである。しかも、このような「非公式」の交流はペアとなる国家との公式の外交関係を犠牲にしないで、いっそう実施されるべきであるという潜在的要請がある。その根底には、多国間の国際的貿易や流通を通じていっそうの利潤を追求したいという動機があるであろうし、あるいは単なる愛他主義に因るものであったかもしれない。一見、頼りにならないような国際世論の動向は、時には国際政治の場で国家の権威を窺いつつ、その面子を重んじながら、時には経済的利潤の追求には速やかな対応に理解を示す。国家的に非承認の社会とは、たとえば学術交流を盛んにしながらも、非合法非公式の訪問者（たとえば難民など）の来訪（つまり侵入）には厳格な基準を適用しようとする。

われわれが普通に「共生」と言うとき、それは異文化とか外国との共存を意味しているようであるが、そこでは外国人、異民族の具体的な個々人をイメージしているのであろうか。難民や密航者の不法入国を拒否していることは、その動機はともあれ、この人びととの共生を拒絶していることになる。それは明らかに不法行為であるから、との理由で拒絶するのであるが、出入国に関する国際協定に違反する行為であるため、出国した側でも当然、これを不法行為として取り締まることになる。わが国の場合、不法侵入や不法滞在は経済的な目的を理由にする場合が多いが、内外の生活水準の格差が大きければ、そのような不法侵入はしばしば起こりうることである。侵入者の意図や国籍のいかんを問わず、拒否する側の論理としては、あくまでも「国家として」違法行為を取り締まるのであり、違法者を許し、彼らに同情して共生せしめるという思想は、国家権力の側には原則としてないはずである。

現今、わが国では難民の取り扱いが問題となっている。そこには突発性による動機判断の困難さ、仮に政治的難民とした場合の関係国との政治的緊張と調和のとり方の問題、人道主義的判断の難しさなど、従来わが国では未経験ないし未解決の諸問題が介在していることが政策決定を複雑かつ困難にしている。難民を共生との関連で考えた場合、前述の通り、共生が望ましい人道主義的な人間関係のあり方として捉えている限り、難民は即、受け容れられる「べきもの」となるであろう。たとえ非合法的入国であったとしても、ある種の「難民」として認定されるべき資格と条件を備えていれば、この人びとを拒絶するべき他の理由は見いだし難いであろう。しかし、この人びとを受け容れるためには、いくつかの可能性が前提となろう。たとえば、未熟練労働者の大量移入による全般的雇用状況の悪化と低賃金化、なじみのない行動様式をもつ人びとと隣人になり、行動としての異文化を受け容れるということなどである。好況の頃、ヨーロッパ諸国では低賃金労働者を国外から大量に受け容れた。その結果は、今日英、独、仏、ベルギー、オランダ等において深刻な政治問題、経済問題、そして民族問題となっていることは周知のとおりである。

このような西欧諸国における実情をみて、異民族を安易に受け容れるべきではないとこれを教訓的に受け取る人びとは保守的となり、これに乗じて極右勢力は勢いづくが、異文化、異民族共生の立場に立つ限り、基本的には異民族としての難民を拒否することは困難であるし、それ故に難民を隣人として受け容れ、そこに生じるかも知れない共生の苦痛も受容しなければならないだろう。この苦痛は母国で生活してゆくことの困難であった人びとを救済したという自信と自負の代償であるとも言えよう。

3　共生の要因分析

このように考えると、異文化、異民族との共生は、これを促進する要因と、反対に共生を阻害する要因とに分けて考えられる。各要因の内容を分析すれば、次のとおりである。

(1)　共生の促進要因

①　ヒューマニズム

文化相対論は今日、一つの世論となり、正当な社会通念としてある程度広く是認されている感がある。少数意見に耳を傾けよ、という声に誰が正面から反論することができようか。たとえば政治的イデオロギーゆえに生命の危険を負う人は、とりあえず保護してやらなければならないというヒューマニズムは民族や国籍の違いを超えて人びとに訴えるところがある。少数民族や異文化をもつものをむやみに排斥すべきでないという考え方は、民族の共生という方向に向かう基本的な要件であるといえよう。これは普遍主義（ユニバーサリズム）としての方向性をもった異民族共生の基本原理の一つである。

しかし、現実には共生することの許認可を求めようとする少数民族や異文化をもつ人びとの身辺には、場合によっては生命の危険をかけた確執があり、第三者の安易な介入や妥協を許さない厳しい状況があって、いわゆるヒューマニズムが無力とならざるを得ない場合も少なくない。民族共生の課題は、普遍的ヒューマニズムの観点から今後さらに検討され続けるであろう。その際、ヒューマニズムの内容と方法について議論が集中するはずである。

② マスメディアを通しての異文化交流

好むと好まざるとに関わりなく、異文化は滔々と行き来している。特にインターネットによる情報は国境や文化の壁を越えて直接個々人に到達する。雑多な情報は個人によって選択され、選択の基準はマスメディアによる方向付けにより左右されるところが大きい。つまり、ある種の情報は選択され、その他の情報は拒絶される。選択された情報の一部は既存の文化の中へ受容され、その意味で異文化は既存の文化と共生することになる。

異文化の導入と言えば、かつては直接的な人の接触を介して行われることが多かった時代もある。たとえば、商人や巡礼者、その他の旅人が異国の情報を伝達する媒介者となった。そこでは紀行文や旅日記が興味をもって読まれたが、情報そのものがきわめて限られていたので希少価値があり、文化伝播の役割としては無視できなかったが、同時に個人的な情報は独断と偏見に左右される危険性もあった。しかし、交通機関やマスメディアが発達するにつれて情報の量が増大するばかりでなく、それとともに情報の質が問題とされ、選択されるようになった。それは社会的分化と関係があり、個人の社会的地位や興味関心によって情報のもつ意味が異なってきた。社会的分化ということは、当該社会がトータルにもつ文化の総体が分化し、下位文化（サブカルチャー）が意味をもつようになるということである。

異文化の流入と同時に、自文化のある要素は境界を越えて異文化の中へ混入してゆく。これもまた個人的な次元から社会的次元にまで及ぶ。もちろん、今日でも個人的直接経験による異文化接触はあるし、それもかなり頻繁になされる場合もあるが、旅そのものが大衆化し、観光産業として個人の経験を左右することが多い。膨大な量の観光情報はインターネットやマスメディアによって媒介され、異文化選択の内容と方法をコントロールする。したがって、個々人の異文化接触も航空会社、旅行業界、ホテル業界、小売商業界、現地の治安状況などによって左右されるし、もちろんメディアから流される情報に対する個々人の反応も無視できない。旅は一時的体験である。旅先での一時的感想や感慨から覚めて自文化へ戻った後、異文化接触の体験がどのような意味をもつかについては改めて吟味しなくてはならないであろう。異文化接触をしたために、異文化理解が進む場合もあろうが、その逆の場合もありうるからである。後者の場合、異文化との共生はいまだ程遠いと言わなければならない。

③　多国籍企業と多文化主義

今日の異文化接触とその結果としての異文化共生の問題は、市場経済、産業構造、金融市場、流通機構等の国際化に起因するところが大きい。すなわち、原材料の調達から製造、販売過程は国境を容易に越えて行われ、いわゆる人、物、金、そして情報の国際流通が容易かつ頻繁になるにつれて、異文化は個々人のレベルにまで押し迫ってきた。そして異文化との共生をするかしないかの選択を求められているのである。

人は商品を選ぶ際、その機能、利便性、価格、安全性、社会的評価やブランド等を基準にする。商品生産の技術が高度化し、それが標準化されると、商品の生産地へのこだわりが減少し、機能や価格での競争が激しくなる。しかし、他方ではこのような標準化に対抗して個別商品のブランド化がいっそう進み、他との差別化を主張する商品が現れる。特定の国名、地方名、企業名のもとに商品の付加価値が強調されるのであるが、この過程はもはや従来のトータルな〇〇文化、〇〇民族というものへの評価とは異質のものであろう。たとえば、スコッチ・ウイスキー、ボルドー・ワイン、パリの香水、イタリアのネクタイ……などと言えば、地名、国名自体がすでにブランド化している感がある。もちろん、それらの間にも優劣の差が大きいとしても、異国の庶民にも、事実上、これらの商品の一部が手に入るようになったと言えるであろう。その結果が満足を与えるようなものであれば、異文化は受容され、少なくともその商品文化との共生は歓迎されることになったと言えようが、他方では、もちろん逆の結果もある。

異文化間の接触があって、その結果、一方または双方の文化の体系に大きな変化が生じたとき、この文化変化をアカルチュレーション（文化変容）と呼ぶが、今日の文化接触はあまりにも日常化し徹底しており、文化変化を与えた要因の分析が複雑で同定しがたいところから、ある文化変化の現象を捉えて文化変容であるか否かの判定をすることは実際上困難となっている。生産、物流、消費、金融等のすべての現象が通文化的に行われている現実を考えると、「異文化との共生は可能か」という問い自体が現実を遊離したものであるとの印象がないであろうか。したがって、アカルチュレーションの概念は今日、文化人類学でもほとんど使われなくなっており、文化分析の概念としての有効性を疑わせるものがあると言えるのではなかろうか。

④　異文化間交流促進政策

このように、われわれの生産、消費行動は既に国際化し、通文化的になっているが、それでもなお意識的に国際交流を促進しようとの政策が実施されつつある。たとえば、留学生の増員計画とか国際映画祭の開催、オリンピックをはじめ各種国際スポーツ行事の開催などがその一例であり、これらをソフト面で支えるための外国語学習の勧めがある。

これらの催し物は多種多様である。その名も国際親善を標榜するものが多く、正面から異文化、異民族、外国人との共生を目指したものである。たとえば、韓国ではかつて厳しい反共政策と共に反日、排日政策が行われていた。しかし、次第に日本の歌謡曲や大衆文芸など、一部の日本文化が解禁されるようになった。これらは韓国の大衆に十分な需要があることが事前に知られていた分野であり、市民の要望を政府が追認したようなものであった。

この種の異文化間交流促進政策は国、地方自治体、各教育機関等のそれぞれのレベルにおいて盛んである。中でも特筆すべきことは、学校教育における異文化共生教育の実践についてであろう。戦後すぐからユネスコを中心に行われた平和教育はそのはしりであり、その後も平和教育、国際理解の教育と、その名は変わっても、一種の異文化共生教育がわが国の初等中等教育段階において行われたことは意義あることであったが、一方、その内容と方法は吟味してみる必要がある。平和教育、異文化理解の教育とはいっても、その責任者としての教師に果たして十分な準備ができていたかどうか。たとえば、戦争の惨禍を記述することはできたとしても、戦争の悲劇から平和な未来社会の実現を祈るばかりでなく、冷静な社会科学的判断に基づく平和教育を実践することは容易なことではなかろう。そこに教師教育から始まる国際理解の教育、異文化共生教育の重要性と困難さがある。

こうした異文化への構えの背景には、文化相対論に依拠しつつ、異文化、異民族との共生を目指すという目標がある。しかし、そこで問題なのは、異文化間交流を実施するだけでなく、これを通していかなる相互理解が実現したかという点に関する評価であり、このような評価を通じて初めて異文化間交流政策の効果を知ることができる。

⑤　外国人労働者動員政策

③に述べた企業の多国籍化と関連が深いが、現在、外国人労働者の移動が著しい。このことが異文化接触の直接の契機になることもあれば、労働市場の緊張や文化摩擦を引き起こす場合も少なくない。もちろん、外国人労働者を引きつける要因と海外から押し出されてくる要因とがあり、この二つのベクトルが合致したとき、労働力は円滑に移行し、外国人労働者は国内労働市場の中において安定することになろう。

ここで、外国人労働者を便宜上、二種類に分けて考えてみよう。

A　知的労働者導入（企業の多国籍化に伴う専門職労働者の導入）

わが国においてその数を正確に把握することは困難であるが、たとえば中国人留学生が日本の大学を卒業後（あるいは学位を取得後）、帰国しないで日本の企業に就職し、家族とともに日本に滞在するという事例はかなり多いはずである。この場合、職種がかなり専門的であるという事情で、一般の日本人との就職口の奪い合いなどの葛藤はあまり見られないようである。しかし、今後はこのような傾向がいっそう増大することが予想されており、日本の大学を卒業した外国人ばかりでなく、外国から直接応募してくる事例が既に一部では始まっている。この場合、必ずしも日本語能力が要求されないで専門職としてのみの競争となる場合もありうるので、その場合は知的産業においても、国際レベルでの労働市場は厳しい競争にさらされることになる。たとえば、ＩＴ産業におけるインド人専門家の導入は、そのような先駆けとなるのかもしれない。

Ｂ　未熟練労働者導入（全般的労働力不足と外国人労働者の導入）

外国人未熟練労働者の導入は、今日のわが国の労働市場で既に重要な位置を占めている。「出入国管理および難民認定法」により、「単純労働者」は法的に認められないことになっている。しかし、現実には一九八〇年代以降、不法入国者、不法滞在者、資格外就労者などが多い。八〇年代前半までは女性が多く、主に風俗関係の仕事に従事していたが、その後は男性が増え、いわゆる３Ｋといわれるような仕事でもこなすようになったという（森田 一九九四）。

未熟練労働者の導入に関しては、ヨーロッパの場合については第2節で触れたように、ホスト社会の経済的事情によって導入しながら、不景気になって人員が不要になると邪魔者扱いしたり差別したりするというので、これが民族差別問題に発展している。わが国においても、ヨーロッパほどではないが、すでに一部では同様の問題を抱えるまでになっている。

（2）共生阻害要因

他方、異文化、異民族との共生を阻む要因がある。これにも異文化にほとんど無関心という程度のものから、異文化を蔑視または敵視するような積極的な阻害要因まである。

①　異文化への無知、無関心または「誤解」

異文化との共生が問題になるのも、地理的近接性が重要な要因の一つであろう。異文化が地理的に隣接することは、相互に相手側の文化に関する情報を得やすくするための基本条件でもある。その情報が受け手の側にとって好意的なものとなっていれば、異文化との共生はプラスに働き、共生が実現しやすくなるであろうが、反対の場合は、近いが故の反発、反感が起こることになる。いわゆる近親憎悪に似た感情が隣接する民族、国民の間にしばしば見られるのはこの例である。

このような情報の質とは別に、異文化に関する情報そのものの絶対量が不足している場合、異文化との共生は実現の可能性が少ない。わが国の場合、二〇世紀末期以降、異文化に関する情報の量は著しく増えたが、それまでは外国に関する情報はきわめて限られたものでしかなかった。たとえば、隣接する朝鮮民族に関する情報は質量ともに、ごく一部しか一般の日本人には伝達されなかった。隣接どころか、植民地として併合しながら、じつは日本人と朝鮮民族とが共生していたと言うことは出来ない。なぜなら、日本人と朝鮮民族とは支配服従関係にあって、日本人が朝鮮民族を正当に理解していたとはとうてい言えないからである。朝鮮民族が自ら誇りとすることを尊重するという異文化への視点が日本側には欠けていたし、これを可能とするような情報や配慮が学校教育においてもマスメディアによっても与えられていなかった。たとえ異文化をことさらに賛美するものではなくても、異文化に暮らす異民族の普通の暮らしをそのまま記述、説明するような情報が欠けていた。

もちろん純粋客観的な報道というものは、とくに植民地に関しては難しいであろうが、異民族の普段着の生活のスタイル（つまり、それが異民族の「文化」というものであるが）、それを戦前、戦中の日本人が得られなかったことは不幸なことであった。それというのも、政治的、軍事的支配そのものが、異文化を相対的に見る視点を根本から奪っていたからである。

② 自民族中心主義

このような民族関係において、支配的な側における異民族観は、自民族中心主義（エスノセントリズム）にならざるを得ない。自民族中心主義とは、自分の民族の生き方について、あまりにも大きな誇りを持ちすぎるため、他を顧みることなく、自らの生き方のみを主張する考え方、生き方である。そのため、これが他民族に及ぶとき、他民族はこれを恐れるか反発するので、両者間には安定した関係を確立することができない。その尊大さと野心とに軍事力が伴い、過大な民族的自尊心を他に強制しようとする場合、そこには不幸な軍事的、政治的、文化的軋轢が生じることになる。

民族的誇りは、大なり小なりいずれの民族にもあり得るし、それがあるからこそ、他の民族はこれを認識し、これを承認も尊重もすることになる。そもそも、一民族として存在するということ自体、民族としての自意識、アイデンティティをもつことであり、人類一般とは異なる個別主義（パティキュラリズム）に裏打ちされたものである。その意味において、民族的誇りは諸民族の平和的安定的関係維持のために必要不可欠のことと言えよう。しかし、自らの主張する民族的価値観を他に強制的に押しつけたり、他民族の価値観を否定したりするとき、これはまさに自民族中心主義として、他の諸民族からひんしゅくを買い、疎んぜられるか非難されることになる。これは民族的共生という考えから最も遠い考え方である。

③　外国文化排斥主義（ゼノフォビア）

自民族中心主義が多く集団間においてみられるのに対し、いわゆる外人嫌い、または他民族排斥主義ともいうべきゼノフォビア（Xenophobia）は個人のレベルで問題になることがしばしばある。個人レベルとはいえ、その原因は、基本的には幼児期からの家庭教育や学校教育の影響と考えられる。また、次項に述べる政治的経済的な対外関係の悪化によってゼノフォビアが形成される場合もきわめて多い。今日の世界各地における相互的ゼノフォビアの氾濫を見ればわかるように、それらは政治的、宗教的、そして軍事的要因によって悪循環的に増大する面がある。

④　政治的経済的対立戦争による排外主義

今日のように、国際的貿易が多国間にわたり、企業の多国籍化が進むと、生産に従事する労働者も諸外国に住む消費者も企業の国籍がわかりにくくなって、経済摩擦から排外主義へ簡単に走ることはないが、ある種の企業名やその製品名、商標は、依然として（あるいはますます）特定の国名と密接に結びついているため、貿易摩擦が起こると、当該企業の経営者や従業員ばかりでなく、消費者や一般的国民まで巻き込んだ反発感情が起こることがある。特に、政府が保護貿易的な特別関税を課すような場合には、いっそうそのような対立感情を助長することになりやすい。ある種の清涼飲料水がアメリカの象徴と見なされているとき、反米運動の一環として、その清涼飲料水の不買運動を起こした場合、実際にはそれは輸入品ではなく国産品であっても、これを排斥して、反米運動を盛り上げようとするのである。

⑤　メディアによる排外主義の拡大再生産

さて、このような政治的、経済的対立や摩擦を伝えるマスメディアが、しばしば双方向のゼノフォビアをいっそう増幅し、偏見を拡大再生産することがある。筆者は戦時中の国民学校低学年で、「鬼畜米英」の歌を歌わされた。韓国では七〇年代まで、反共、反日が教育の根幹にあった。七〇年代、デトロイトの自動車工場従業員は、日本製自動車の進出によって職を奪われると言って、トヨタ製の自動車をハンマーでたたき壊すパフォーマンスをテレビに放映させた。このような事例は挙げればきりがない。今日、スポーツ競技の報道を通じて国際親善は促進されたが、他面、戦争や犯罪などの報道によって国際間の離反が増大することも多い。

今、グローバリゼーションの合い言葉のもと、国際的価値体系の単一化が進行しつつあるような印象がある。冒頭にも書いたこの傾向に対する是と非の流れは、マスメディアが情報を流すことなく進行することは出来ない。メディアの功罪は実に大きいと言わざるを得ない。異民族との共生を容易にするか否かについては、メディアの出方が大きく関わっていると言える。

4　異文化共生の力学——結びに代えて——

個人が共同体からの規制を受け、生き方に一定の共通のスタイルを維持し続けているとき、このような生活様式をわれわれは文化と呼んでいる。(4) 人は文化を変えることが出来るが、それ以上に人は文化によって形成され、集団の成員としてのアイデンティティをもつことになる。文化と呼ぶべき生き方のスタイルの中には集団としての生活信条も含まれている。したがって、これは不変とは言えないまでも、これを変えるにはかなりの抵抗がある。

文化は個人が生まれた後に身につけるものであり、死ぬ前に次の世代に受け渡しておかなければならないものであると多くの人びとは考えている。その中には、その集団固有の価値観が含まれる。集団で共有される価値観は、価値体系と呼んだほうがいいであろうが、これは個人的な好き嫌いとかの趣味の問題ばかりではなく、当該社会の政治制度、経済組織、宗教、世界観など、多様な人間生活の諸側面に関連している。したがって、そのような価値体系を含む文化は、これを支える社会的集団が一定の凝集性を持ち、安定している限り、それ自体が一定の自己維持装置を持ち、これを変革しようとする勢力に対しては反発、抵抗力を発揮する。これが社会的統合に関する機能主義的な解釈である。(5)

一方、社会体系が自己目的的完結性を持つとするならば、その社会変化を内的要因から説明することはできない。自己完結的安定性を破るものがあるとすれば、それは内的完結性が不十分であったか、あるいはなんらかの外的要因でなければならない。そこに、異文化との関連性を考慮すべき理由がある。

今日、異文化との関連なしには、いかなる社会も文化も存在し得ない。ゆえに、外的影響をまったく受けていない社会も文化もありえない。その意味で、外来文化とは一種の外圧である。場合によっては自ら外来文化を引き付け、これを内在化する場合もあるが、取り入れた外的要素をいかに内的調和の中に収めるかは、内外のエネルギーの均衡いかんによる。外来の要因（外圧）が強ければ、内部はより大きく変革し、場合によっては従来の内部構造は変質し、復元能力以上の外圧を受ければ、内部は崩壊するであろう。逆に、内的結束と統合が十分であれば、外圧を撥ね返し、既存の伝統を保持するか、あるいは外的要因を十分コントロールした形で取り入れ、自らの内容を豊かにすることができる。

これらの現象は、実は毎日われわれの身辺で生起しているものであり、文化と文化の力関係を示している。外国語学習塾の繁栄は、外来文化吸収過程の表れであり、貿易黒字の累積は自文化産品が輸出過剰であることを示している。内外文化の押しと引きとの力関係は、物理現象にも似て、文化接触、文化衝突、文化摩擦などの文化におけるダイナミックな現象を起こす。そこで、異民族、異文化との関連のあり方、たとえば異文化との共生のあり方を問題とするとき、われわれはこれを文化の力学として整理、考察することができる。

前節において共生を促進する要因として列挙したヒューマニズム、メディアによる異文化情報交流、多国籍企業による多文化主義、異文化交流政策、外国人労働者の導入などは、共生の可能性のためのプラスのベクトルをもつのに対し、情報の欠如とこれに基づく異文化への無知・無理解・誤解、自民族中心主義、「外人嫌い」、政治的経済的排他主義、あるいはメディアによる意図的・無意図的排外主義などは異文化、異民族との共生を阻むマイナスのベクトルをもつ。これら諸要因はそれぞれに一定量の力と方向性とを持っており、それぞれの要因が相互に規制しあいつつ、全体としての総合的ベクトルをもつことになる。

しかも、これらの諸要素の相互関係は、単なる押しと引きのシーソーゲームではない。これには時間的要素があり、時系列の中でこれらの力関係を観る必要がある。これは家族内における文化伝達過程にも見られるように、外来文化の刺激に対する受け止め方にも世代間の違いが明らかである。この温度差が文化変化の契機となる。

たとえば、中国西域のウィグル人はイスラム教徒として世界のイスラム教文化圏の人びとに対し共生と連帯の意識を有している。なかんずく、トルコ系言語圏のカザフ人、キルギス人、ウズベク人などには特別に親近感を持つ。一方、政治的権力を持つ漢民族中心の中国政府に対しては、経済的開発には一定の理解を示しつつも、言語や宗教に対する干渉に対しては反発をする人びとも少なくない。ここに異なる文化ベクトルを持つ少数民族の苦悩があり、特に世代間における文化ベクトルの違いにより、民族的アイデンティティが引き裂かれる場合もある。

物理学における力学と違って、文化力学においては、その力量を数字で明示することは必ずしも容易ではない。力量とその方向性についてもほぼ同様である。しかし、社会科学としての文化力学を構築するためには、具体的事例に基づいて多くの力学的要因分析とその相互作用を時系列の中で観察・分析してゆく必要があろう。これが文化力学研究の今後の課題である。

［注］

（1）本章における筆者の構想は、財団法人アジア太平洋センター主催国際研究交流会議において行った基調講演「民族の共生は可能か――文化力学の視点から」（二〇〇一年十二月三日）に依拠しているが、内容自体は全面的に組み立てを変え、執筆したものである。

（2）ここで民族国家とは、単一の、または優越した特定民族が主体をなす国家組織を意味する操作概念で、国民国家に対比して用いることにする。

（3）東チモールは内戦やインドネシアの武力支配などの末、国連の暫定統治下にあったが、二〇〇二年五月、独立国家となることになった。

(4) もちろん文化という概念は多義多様で、混乱していると言ったほうがいい。大きく分けて価値概念としての文化と記述（または説明）概念としての文化とがある。法律用語としても、またジャーナリストの文章にも、これらのまったく違った二つの用法が何の脈絡もなく、並行して不用意に使われている。本章では、もちろん「文化」を記述概念として使う。

(5) ラドクリフ＝ブラウン（Radcliffe-Brown）によると、社会システムは部分によって支えられ、統合するという。つまり、部分は全体と統合のために機能し、全体は安定することになる。しかし、これでは社会変化や文化のダイナミックスを説明することはできない（一九七五）。

[参考文献]

松岡正毅他編　一九九五『世界民族問題事典』平凡社。

丸山孝一　一九七二「南タイの宗教と政治」『西日本宗教学雑誌』第二号、一一五～一一八頁。

――　一九八九「南タイ・イスラム社会における労働倫理の形成基盤」『九州大学教育学部附属比較教育文化研究施設紀要』第四〇号、三～一四頁。

――　一九九七「変革期におけるカザフスタンの教育民族誌」『九州大学教育学部附属比較教育文化研究施設紀要』第五〇号、五五～六九頁。

――　一九九八「文化相対論再考」『アジア太平洋研究』第二号、三～一〇頁。

森田桐朗編著　一九九四『国際労働移動と外国人労働者』同文舘出版。

ラドクリフ＝ブラウン、A・R　一九七五『未開社会における構造と機能』青柳まちこ訳　新泉社（Radcliffe-Brown, A. R. 1952, *Structure and Function in Primitive Society*. Cohen & West）

第２部

民族関係の緊張と共生

南タイのイスラム村では子どもたちもマレー族の民族衣装が普段着
（パタニー県ナコンヌア村）

第1章　南タイ・イスラム社会の民族教育と労働倫理(1)

1　問題の所在

タイ国南部にタイ国民として生まれたマレー族イスラム教徒の人びとは、方やタイ国民としての権利義務をもちつつ、他方ではタイに住むマレー民族としてのアイデンティティをもつ。前者はタイ・ナショナリズムの指向性であり、後者はマレー・イスラム教徒としての民族性への指向性である。このような二重の立場に立たなければならない人びとは、個人の次元を超え、また今日という時間を超えた歴史的岐路に立たされている。

このような国民性と民族性との間《はざま》に立つ民族は珍しくはないが、南タイの事例はこの問題を鋭角的に表している。ここでは、早くも一四世紀からパターニ土侯国が成立してタイ王国と確執状態になった。そこへポルトガル、イギリスなどの利害が絡んで、住民は各国のナショナリズムに翻弄された。特に、一九〇九年、タイとイギリスとの合意によって今日のタイ・マレーシア間の国境線が引かれたため、マレー族の一部がタイに編入され、タイ国民にされてしまい、そこにタイ人・マレー族という二重のアイデンティティをもたざるを得ない状況となった。

本章では、タイ南部に住むマレー族イスラム教徒の生活ぶりを現地調査に基づいて明らかにしようとするものである。国民性と民族性の問題といえば、とかく民族政策や法規定などが問題になるが、ここでは、現地で得られた資料を基に、伝統的民族文化がどのように伝承され、あるいは変容を余儀なくされているかについての文化過程を述べてみたいと思う。そこは、国民教育と民族教育とのせめぎ合いの場である。教育の対象となっている子どもたちは、マレー・イスラム文化とタイ国文化の両方を引き受けるよう、両陣営から強く働きかけられている。教育がなければ、国家としての存続はあり得ないし、同様に民族文化も、良き後継者がいなければ、消滅してゆく他はないからである。国民文化も民族文化もそれぞれに自己の永続性を図るため、強力な持続作用を行う。それは一種の引力、つまりそれぞれの求心力を伴っている。両者の間に挟まれた次世代の後継者とされる子どもたちは、両陣営から強力に引っ張られることになる。こういう国家と民族との両文化の引っ張り合いの状況を見てみたい。

もう一つ、本章におけるキーワードは労働倫理である。労働倫理の意味は、狭義には勤勉に働いて他者のために貢献し、これに応じた報酬と昇進を得ることを意味するが、広義には働くこと自体に価値を見いだし、賃金はほどほどに獲得できればよくて、自分の労働が、結果として他人に何らかの貢献ができればなおさらよいとしか考えないことである。前者は、労働倫理自体がよいことであり、従ってこれは価値概念である。しかし、後者においては、他からの評価より、自己による評価と満足度が重要である。欧米で一般に使われるwork ethicsという用語に比べれば、日本語の労働倫理という用語は、まだ十分に一般的に使われているとはいえないかも知れない。本書では、労働という言葉をもっと広い意味で使用したい。それは英語のlaborというより、workという意味に近い。だから、work ethicsを「労働倫理」と訳するのは、意味するところが少し狭すぎると思われるが、便宜上、これを使用しておく。もし意訳すれば、なすべきことをなす時の心意気、すなわち「やる気」とでも表現できよう。

人間の行動の中における仕事を社会的期待に対する役割演技の一つと考えるならば、子どもの勉強も、また祈りでさえも、広義の仕事の一環と言うことになる。気侭な個人的な遊びは別としても、子どもにとって遊びは社会的相互作用の過程において重要な意味をもっており、その意味で、遊びも子どもにとっては「仕事」のうちに含まれると言える。社会的役割体系のネットワークの在り方がその社会に特有な文化様式によって規定され、そこでの個人的な役割＝仕事行動もまた、社会的、経済的、政治的に不可欠にして十分な要因となっていると考えるならば、労働倫理という概念は、当該文化を分析する場合の重要な視点を提供することになろう。何故ならば、労働倫理と言う概念の中には、マルクスが言うような単なる労働者対資本家というような生産関係だけを指すのではなく、狭義の「労働」以外の社会関係を含み、更に「倫理」ということによって、仕事行為の意味や価値付けをも含むことになるからである。マックス・ウェーバーがプロテスタントの倫理というとき、そこにはキリスト教への信仰と共に、労働に対する「やる気」も意味されていたと言える[2]。

南タイのイスラム系住民の場合、なぜ労働倫理か。彼らはマレー系イスラム教徒で、タイ人としても、多数派のタイ人（タイ族）とはかなりかけ離れた生活様式をもって生きている。つまり、南タイのイスラム系マレー人は、多数派のタイ人から見ればマイノリティであり、まさに異文化の人びとである。しかし、彼らが隣人であり同国人であることは確かである。かつて日本のある有名な経済学者がインドネシアのイスラム教徒を怠惰な人びとであると批判してひんしゅくを買ったことがあった。また、日本の商社マンが東南アジアのある国に出向した際に、直ぐに休みを取る現地の社員に業を煮やして、自ら模範を示すべく、日中休憩もあまり取らずに働いた結果、過労で倒れ、現地の人びとに批判されたという。これもしばしば聞くような話である。そこには労働倫理に関する考え方のすれ違いがあったようである。

筆者の関心は、イスラム系の子どもの「やる気」にあった。子どもたちの労働倫理である。それは子どもたちの働きぶりだけを特に取り出して見るというのではなく、彼らの日常生活を観察、分析したいということであった。従って、観察の対象としたのは、彼らの学校生活はもちろん、イスラム教徒としての学習態度、家事手伝い、そして遊びである。これらの活動に関する子どもたちのやる気が、彼らの労働倫理である。労働倫理というからには、そこに進むべき価値指向性があるはずである。それは聖典コーランの朗読・暗唱から、イスラム聖人たちの業績の理解、さらにタイ語の学習から仲間との鳳上げ競争などに及ぶ。これらの活動を通して、子どもたちは何を期待されているのかが判る。それはタイ政府の役人やマレー族の親たちを含めた大人たちの価値指向性を見ることでもある。

一般に、民族的アイデンティティの形成は、意図的な教育や無意図的な学習によって可能となる。これが民族教育であり、これによって民族文化の基盤が形成され、存続が可能となる。民族教育は、その本質において伝統文化の維持を指向しており、それゆえに、しばしば保守的因習の保持を基本的特徴とする。従って、民族教育においては、教師は自らの教育理念の正当性を前例の中に求め、特に過去における権威体系を拠り所とすることが多い。このように、民族文化の中に価値の焦点を置くという意味において、民族教育は求心的であり、過去指向的であると言うことが出来よう。南タイのイスラム系マレー族社会においては、よって立つ民族のアイデンティティの基盤をイスラム教に置いているから、コーランと日々の祈り、年中行事、割礼、食物禁忌など、一連の厳格な行為規範体系の実践によって、彼らの労働倫理は日々、年々再強化される。

もちろん、かれらはタイ仏教社会に隣接しており、そこからの直接、間接の影響が強い。ここではタイ族対マレー族、仏教文化対イスラム文化という異民族、異文化の間の直接接触が日々、絶えることなく行われている。このような異文化接触の状況の中でマレー族の労働倫理も観察しなければならないだろう。

また、南タイのイスラム教社会は、南に国境を持ち、これを越えてマレーシアに隣接している。このことは、この住民が国家的にはタイ国に属してマイノリティの立場にありながら、他面、文化的には南接するマレーシアとの直接的連続性を持っているということである。つまり、南タイ社会は、国家的には北方のバンコクに象徴されるタイの政治体系の中に吸収されているが、宗教や言語を含んだマレー文化の面では強くマレーシアを志向していると言わなければならない。さらに、イスラム文化という点では、南タイのイスラム系社会は、南のマレーシアばかりでなく、さらにインドネシア、中近東、アフリカなど、広く世界の一〇億人以上のイスラム教社会に連続している。その意味で、南タイ社会は北にタイ国文化、南にイスラム文化という二重の拘束性、つまりダブル・バウンドの状況に置かれていると言うべきである。

このような状況下で、

① 南タイのマイノリティ文化はいかにして存続を図ろうとしているのか

② それはいかに変容を余儀なくされているのであろうか

③ 変貌しつつある現代の南タイ農村社会において、外来の資本主義的価値観は住民の伝統的な労働倫理に対してどのような影響を及ぼしつつあるのか

などという問題を考察することが、本章における基本的課題である。比較的短期間の調査で、これら全てを解明することはもちろん不可能に近いが、問題解明への手掛かりを得ることを目指したいと考える。

筆者が初めて南タイに行ったのは一九七〇年のことであった。この時はまとまった調査は出来なかったが、仏教とイスラム教の二重文化の構造を強く印象づけられ、これが後日の本調査（一九八七〜八八年）への動機付けとなった。南タイのイスラム教徒に関する研究は、フレーザー（Frazer 1960, 1966）やナンタワン（Nantawan 1976, 1977）、また日本人では矢野（一九六七、一九七〇、一九七二）、丸山（一九七二、一九八九）、小野沢（一九八七）、橋本（一九八七）などの研究がある。しかし、村落社会における宗教教育の現状に関しては、まだ十分な研究がなされたとは言えないというのが今日の状況である。

2　南タイにおける社会的文化的対峙の構図

ここで言う南タイとは、マレーシアに隣接するタイ国最南端の四つのチャングワット（Changwat　県）、即ちパタニー、ヤラー、ナラティワート、サトゥーンを指している。タイ国の総人口六〇六〇万人のうち、九四・六パーセントが仏教徒で、イスラム教徒はわずか四・六パーセントという中で、この四県を含む「南部地方」の住民八〇七万人の二九パーセントがイスラム教徒であり、全イスラム人口の八三・三パーセントが南部地方に住んでいる。(3)南部地方の中でも、これら四県に特に集中してイスラム教徒が住んでいる。これが当地域における宗教人口の構成として際立った特徴である。

タイ全土は、中央部、北部、東北部、南部の四区画に分けられることがある。この場合、南部と言えば、上記四県のほか、ソンクラー、パタルン、ナコンシタマラートなど一〇県を包括し、合計一四県から構成されることになる。これら一〇県におけるモスレムの構成比は約一〇パーセント前後にまで下がるのであるが、それでもなおこの地方は、歴史的に見て、イスラム信仰を特色としていると言うことが出来よう。と言うのは、この地域は伝統的に、独自のマレー系イスラムの土侯国であり、中央タイの仏教的政治勢力に対抗していたからである。以下、本章に関係する範囲内で、南タイの歴史を中央タイとの関連で簡単に見てみよう。

既に一四世紀には、パタニー土侯国がマレー半島全体の中の土侯国の中で最も有力であったが、この世紀の半ばにはタイのラマ・ティボディ（Rama Thibodi）王の軍隊が南下してケダ州(4)にまで及び、生まれて間もないマラッカ王国を征服してしまった。一五世紀になると、マラッカの勢力は再び盛り返してタイの軍を北方に押し返したので、パタニーは一四六〇年頃には、マラッカの属国になった。この時、マラッカはパタニー宮殿に大使の他、イスラム布教師たちを多数送りこんだので、パタニー地方にイスラム教が本格的に浸透し始めることになった。

ところが、一五一一年になると、ポルトガルがマラッカを占領することになり、そのためパタニーはマラッカの勢力を離れたが、今度は再びタイの支配を受けることになった。この時、ポルトガル大使はタイのラマ・ティボディ二世と協定を結び、ポルトガルは、パタニーにおける中国、日本との貿易権を獲得することになった(5)。

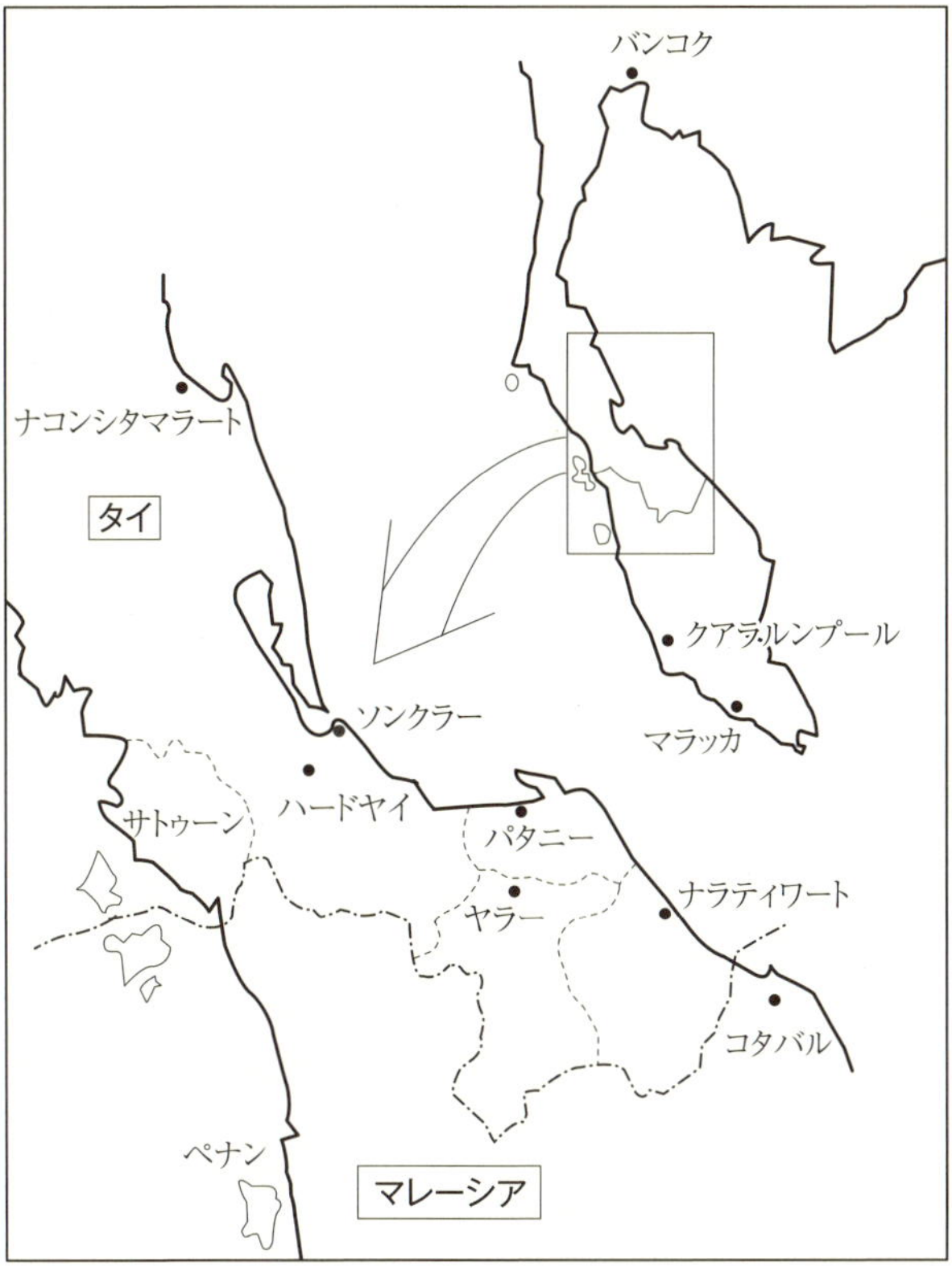

図5　南タイ地方略図

しかし、ポルトガル人はマラッカ支配に関わるのみで、東海岸のパタニーでの貿易までは手が回るまでには至らなかった。パタニーとヨーロッパとの貿易がより盛んになるのは、一七世紀の初頭、オランダ人の到来以後のことである。オランダ人はスルタンからパタニーに工場を作ることを許されたが、これはイギリスの利益に反することで、両者は相対立し、結局、パタニー地方ではヨーロッパ勢力が長期間にわたって支配し続けることはなかった。むしろヨーロッパ列強の重商主義は、北のアユタヤを中心とするタイ国と南のマラヤ諸土候国に強い影響を及ぼし、パタニー地方はその間においてイスラム教が静かに浸透していった。

この間にも、タイ中央のアユタヤ政権との間に緊張がなかったわけではない。タイのプラサート・トン（Prasat Thong）国王就任の直後、パタニーの女王はアユタヤに対するいつもの進貢品を出すことを拒んだ。プラサート王は怒って、五、六万の軍隊と鉄砲をもって南下し、再びパタニーを攻撃した。タイ軍はオランダ船団の応援を依頼していたが、しかし、オランダ船団到着の前にパタニー攻撃を始め、その結果、逆に手ひどい反撃にあい、ソンクラーへ難を逃れた。一六三六年には、オランダの斡旋によって、アユタヤとパタニーとの紛争は一応終結し、後者が前者の属国になることでしばらくは落ち着いた。

しかしその後、パタニーの自治組織は内部から弱体化し、再びタイの攻撃を受けると、パタニー側の抵抗はほとんどなく、一方的に敗退した。この時、各家庭毎に一人の子どもが人質として中央タイへ連れて行かれた。その子孫たちは、今日、イスラム村落を形成して住んでいる。[6]

タイによる侵攻の後、ケランタン土候国の王子がパタニーをほぼ以前に近い形にまで復興し、その後、暫くは再び平和が維持された。一八九二年、第五代で最後の土侯国王ラジャ・アブドゥール・カディール（Raja Abdul Kadir）の時、タイのチュラロンコン（Chulalongkorn）大王は、従来と違ってパタニー地方を直接支配する制度を始めた。タイ政府当局は地方のラジャ（Raja 権力者）たちに対して優遇措置を講じた。多くのラジャたちはこれに応じたが、ラジャ・アブドゥール・カディールだけは、チュラロンコン大王自らの説得にもかかわらず、これを拒絶し、パタニーに帰国後は反タイの軍事行動を起こそうとさえした。結局、彼は、イギリスが支配するケランタン州に逃れることになった。こうして一九〇一年、今日のような中央集権的な行政制度が確立され、パタニー県が成立したのである。[7] これに先だって一八九六年、西のビルマと南のマレー半島を支配するイギリスと、東にカンボジア、東北にラオスを支配するフランスとの間にタイ国を緩衝国とする協定が調印され、重ねて一九〇九年には、従属国であったマレー半島のケダ、プルリス、ケランタン、トレンガヌに対する宗主権がタイからイギリスへ譲渡された。これによって、パタニーをタイ国内に組み入れる現在の国境が確立したのである。これは南タイ居住マレー族のマイノリティとしての地位を決定する重要な協定であった。

以上がパタニーと中央タイとの関係に関する略史であるが、一つの「民族史」を見ようとする場合、単なる軍事的勝敗や国境線の移動ということばかりでなく、住民の心情がどうであるかについて考慮する必要がある。なぜなら、民族を民族たらしめる要件は、特有の言語、宗教、芸術、物質文化などと共に、当の関係者が自らその集団に所属しているとの明確な意識がどのようなものであるかにかかっているからである。民族意識は言語、宗教、芸術、物質文化などの諸要因が有機的に統合されて形成され、それによって独自の民族文化が形成される。

そこで、南タイに住むイスラム系マレー族(8)の民族意識はどうかという問題になる。民族意識の正確な測定は必ずしも容易ではないが、対外意識、即ち、他民族に対する関係の在り方をどう考えているかによって、ある程度これを明らかにすることができる。筆者が初めて南部を訪問した一九七〇年、南部タイでは、「共産ゲリラや野盗・山賊」の類いが跋扈《ばっこ》しており、これに「イスラム過激派分離主義者」たちが破壊活動をしていると無差別に報道されていた。一九七〇年代以降、しばらくは反政府活動が沈静化していたが、近年、テロ活動がいっそう盛んになり、二〇〇四年、南部三県（パターニ、ヤラ、ナラティワート）におけるテロによる死者は三、五〇〇人を超すという。(9) タイ政府は南部のイスラム教徒のために、パターニにタイでもっとも大きなモスクを建設したが、その後、ナラティワート県には巨大な黄金に輝く仏像が建立され、これを嫌う何者かによって爆弾が仕掛けられるという事件が起こった。イスラム教徒が七、八割も住む地域に建てられた仏像であるだけに、抵抗が大きかったのであろうと言われている。現地調査の時点（一九八八年）では、パタニーで多くの人が述べていたように、マレー族とタイ族との関係は、表面上「辛うじて」均衡が保たれている状態であったが、その底流には、ドミナントなタイ中央政権に対するマイノリティとしてのマレー族の民族的対抗意識が潜在化していたのである。[10]

タイの地方行政政策の根本は言うまでもなく、全国を統一し、北部及び南部の少数民族との融和を図ることである。そのために、タイ政府は次のような中央集権的な政策を採っている。

① 地方高級官僚を中央より派遣すること。ここで言う高級官僚とは、県知事および郡（Amphoe）の長（Nai Amphoe）のことである。中央と地方とのパイプは当然太くなるが、地方自治尊重の立場から見れば、問題がないとは言えない。特に、南タイのように、「大多数がマイノリティ」というような状況では、県知事や郡長は単なる上意下達の機関ではなく地域社会や住民との理解を深めることが期待される。

② 公教育による「タイ国民」の養成。特に、言語教育が当面の課題で、タイ語の普及がタイ・ナショナリズムの前提となる。この点については後述する。

③ 仏教対イスラムの対立を止揚する形で国王の象徴的な作用がある。

一方、イスラム民族主義者たちは、伝統的なイスラム文化を維持するための行動をする。それは場合によってはドミナントなタイ族に対する主張となることもある。たとえば、

① 民族自決の原則の主張

② 家庭における日常的な宗教教育及びマレー語教育

③ 地域社会における日常的な宗教教育

などがある。

以上のような政府からのナショナリズム政策とマレー族側からの民族主義の主張の対立は、次のような形で緩和ないし妥協が図られている。

タイ政府側からは、たとえば、前述したように、南部イスラムの中心であるパタニーの町中に、タイ国最大規模のイスラム寺院が寄贈された。これによって、イスラムに対するタイ政府の理解のあるところを示そうとした。また、本来ならば義務教育である小学校では、宗教教育は出来ないはずであるが、パタニーのある小学校では、教室の一部をマレー族イスラム教徒の生徒たちのための祈禱の部屋として使用しており、見たところ教師が積極的に教育しているようではなかったが、祈りの時間になると、生徒たちが三三五五集まってきて祈禱をしていた。ここでは公教育機関における宗教教育が暗黙裏に容認されているようであった。

他方、イスラム側からも、若干の妥協が見られる。たとえば、後で述べるイスラム学校ポノにおいて、唯一人タイ族の教師がタイ語を教えているのである。ポノでは、この教師だけが国家公務員である。つまり、イスラム教文化維持の中心的機関であるポノにおいて、タイ政府派遣のタイ語教師を受け入れるということは、イスラム側としては大きな妥協であろう。筆者の滞在中、たまたま「教師の日」という祭日があったが[11]、この日の朝、パタニー県コックポ郡役場には郡内の小学校教諭全員が集まって儀式が行われた。興味深いと思われたのは、式場の正面に国王の写真を掲げ、右側に仏僧九名、左側にイスラム教の指導者イマム九名が同数並んで式が行われたことである。仏教とイスラム教を対置する考え方は、他にもあり、たとえば、教室の正面黒板の上に、国旗の写真を真ん中に置き、左にイスラム寺院の写真、右に釈迦の写真を置くなどという配慮によく窺われる。また、地方行政組織の末端においても、タイ族とマレー族とが混在する村の場合、村長（カムナン）がタイ族であれば、その助手（プーチュアイ）はマレー族であるというような微妙なバランスのとり方がなされている。このような民族間の均衡感覚は、われわれ外国人研究者の目にも明らかであるが、全国的な規模ではドミナントなタイ文化が、ここ南タイでは必ずしもドミナントでなく、またマイノリティと見られているマレー文化が、ここではけして無視出来るほどマイナーでないことを双方の当事者自身が最もよく自覚している。右に引用したいくつかの事例は、このようなタイ・

マレー両文化体系の均衡関係を双方で確認する象徴的儀礼的な過程であると言うことができる。

3　イスラム村落社会における宗教教育の実態

マイノリティとしての南タイ・マレー族文化の特徴は、ドミナント集団としてのタイ族との対比において最も明らかとなる。即ち、両者の基本的な相違は宗教であり、それ故に、タイ国内在住マレー族の宗教教育の実態を知ることは、単にイスラム文化の再生産過程を知るに留まらず、彼らが今日置かれたドミナントなタイ族との依存関係、緊張関係を知る上でも重要なことであると思われる。

大人たちは、タイ族であれマレー族であれ、それぞれに自分たちの理想とする行動様式を子どもたちに伝達しようとするが、問題は大人たちが描く子どもの未来の理想像がそれぞれに異なっており、互いに横の調整が出来ていないことである。このような状況は、どこの社会にも大なり小なりあるものであるが、マイノリティの子どもに対しては、異質の教育理想が、未調整どころかしばしば相対立したままで子どもに提示され、押し付けられることがあり、そのような場合、子どもは大人の対立の犠牲になっているとも言える。南タイのイスラム社会における子どもに対する宗教教育の実態を民族誌として、フィールドワークの資料に基づいて報告しよう。

南タイ・マレー族の子どもの教育を、子どもの立場から考えると、大きく分けて三種類に区分できる。第一に、公教育としての小学校教育、第二に、地域村落社会にある土着の宗教塾ないし宗教学校教育、そして第三に家庭教育である。図式的に言えば、学校教育においては世俗教育を専らとし、宗教教育は原則として行われない。一方、地域社会及び家庭においては世俗教育ももちろん行われるが、むしろイスラム教育とこれに基礎をおく道徳教育を中心として行われると言えよう。

(1) イスラム村落社会における小学校教育

六年間の小学校教育は義務教育であり、文部省の直接管理下にある。教員養成からカリキュラム、教育方法、教育評価、教育施設等、教育の全般に関して全国的規模で行われている。宗教教育を敢えて行わないという原則も全国的に一貫している。国民の九四パーセントが仏教徒というタイで、仏教をあえて学校で教えないことにむしろ不自然さを感じさえするが、信教の自由の原則から言えば当然とも言える。特に、マイノリティが多数を占めるここパタニーなど南部社会においては、義務教育段階で、敢えて仏教教育をしないことは、少数民族に対する政府側の慎重な配慮であろうと考えることも出来る。

しかし、厳密に言えば、公立小学校教育に全く宗教的要素がないわけではない。パタニー県コックポ郡ナコンヌア村のバンヤンデン校(生徒一七三名の約八五パーセント、教師一二名中三名がマレー族)では、道徳教育の時間にイスラム教と仏教を含めた形で宗教に関する授業をしていると言う[12]。授業は仏教徒とイスラム教徒を一緒にして行っている。この「道徳教育」は新しい科目で、特に、南タイ四県では共通の教科書を作り使用している。コックポ郡内小学校のうち、生徒の過半数がイスラム教徒である一四校で使用している。その内容は、「諸宗教の合意」、「イスラム聖典」、道徳教育、宗教史などから成る。五校ないし七校の小学校が一単位になって研究しつつ授業を進めていると言う。宗教に無関心だからでなく、逆に余りにもそれを重視するがために、かえって正面から取り上げにくいという事情がイスラム、仏教双方にあるので、両者の均衡の中で、「中立的な」装いをした道徳教育が行われていると見ることができる。

設備の点から見ると、中央タイで仏教徒が一〇〇パーセントの「普通の」村落では、公立小学校の校門の脇に仏像が安置されていたり、中には校庭の一隅に立派な仏殿が建てられていたりするのをしばしば見るようになった。これは最近のことらしく、一〇年前にはほとんど見かけなかったことである。このようなことは、中央部の住民がみな仏教徒であるから何の問題にもならないし、そもそも近代的小学校の成立が、伝統的な寺院の初等教育機能からの転換を契機としていたことを考えると、中央タイなどでは、むしろ当然と言えようが、南部イスラム教徒の地域ではもちろん許されない。そして、南部の公立小学校には当然イスラム教に関する施設は何もない。

ただ、前に述べたように、パタニー県パナレ郡バンノック小学校では、約八〇パーセントの生徒はイスラム教徒で、教師一四名中、イスラム教徒は校長と数学の教師の僅か二名にすぎないが、小さな祈禱のための部屋が用意されていて、一日二回の祈禱の時間になると、五年生と六年生の生徒たちが自発的に集まってきて、無言のまま、めいめい祈っていた。祈りを始める前に、祈りの部屋で学校の制服をぬぎ、イスラム式の服に着替える。これは、学校として積極的に宗教教育をしていると言うよりも、イスラム教そのものの特性として、毎日一定の時間[13]になれば祈りをしなければならず、たまたまその時間にはいつも学校にいるので、学校としても生徒が自発的に祈ることを許可しているに過ぎないとも言えよう。もしも、学校がこのような祈りをも許可しないとしたら、祈りの時間を学校活動で拘束しているのであるから、学校は生徒がもつ信仰の自由を妨げているとの非難を受けるであろう。バンノック校では、祈りの部屋が用意されているが、近くにある他のいくつかの小学校を訪問した時、祈禱のための特別の部屋が用意されている例は見られなかった。

学校で特別のイスラム教育が行われていないことについて、イスラム側としてはもともと期待をしていないので、それほど痛痒を感じないようである。と言うのも、宗教教育はイスラム文化の中でも最も重要な位置を占めるものであるから、これを異教徒と合同教育の場である学校教育に期待することは出来ないからである。

マレー族の生徒たちに対する小学校教育の最も大きな問題点は、タイ語教育である。マレー族の第一言語はマラユーと呼ばれるマレー語の一方言である。マレー族の人びとはマラユーを日常の生活用語としているので、タイ語は小学校で初めて習い始めることになる。前述のバンノック校では、就学前教育として四、五歳児を受け入れているが、当該年齢の者の約半数が登校して来るという。四、五歳児に対してはタイ語教育が主となるが、当然タイ族の子どもにはない余分な学習である。家庭ではタイ語は全く使わないから、イスラム教徒の生徒にとっては負担が大きい。それでも、六年生で卒業する頃までにはタイ語をなんとか話せるようになるが、語彙数やアクセントなどが完全ではないと言う。彼らは、後で述べるように、この他にも家庭や近所の宗教塾ではアラビア文字の読み書きから聖典コーランの勉強をしなければならないので、タイ族の生徒に比べて二重、三重の負担となる。

バンノック校六年生の教室に掲げられていた次のような標語は、この学校の教育指針を明示しているようで興味深い。

一．毎日欠かさず学校へ行く。
二．遅刻をしない。
三．勉強・仕事・手伝いに責任を持つ。
四．真剣に学習に取り組む。
五．規則を守る。
六．タイ語だけを話す。

これらは生徒たち自身で決めたものだという。五の規則とは制服や宿題に関するものだそうである。興味深いのは第六項で、これによってマラユーが日常用語であるにもかかわらず、学校が期待することを生徒たちが先取りして実行しようとしている様子がわかるが、反面、このような自己規制がなければ、生徒たちはマラユーだけを話すことを示している。学校を卒業したら、彼らはまたマラユーだけの言語生活に戻る。

ところが、いくつかの学校で、イスラム教徒の生徒は仏教徒の生徒より算数と英語の成績が勝っているという話を聞いた。バンノック校で算数の教師にその理由を聞いたら、イスラム教徒の生徒はタイ語にはハンディがある

表1　小学生の英語の成績／仏教徒とイスラム教徒　（1987年バンノック校5年生）

	4点	3点	2点	1点	0点	合　計
仏　教　徒	0名	0名	4名	2名	0名	6名
イスラム教徒	3名	7名	7名	4名	0名	21名

が、算数の場合、数字や記号を抽象化して取り扱うことが出来るからであろうとの説明であった。また、コックポ郡ヤーンダン校で、本当にイスラム教徒の生徒の方が英語の成績が良いのかどうかを確認してみた。この学校では、成績評価に当たって、四割を日頃の会話、ヒアリング、読み書き能力によって判定し、残り六割を期末試験で判定すると言う。一九八七年八月現在、五年生二七名の第二学期末における英語の試験成績結果は表1の通りであった[14]。

少人数であるから余り確定的なことは言えないが、それでもイスラム教徒の生徒の方が比較的好成績の者が多いようである。本校は郡内六校と共同研究組織をもっており、一、三、五学年は年一回、二、四、六年生は各学期に共通試験を実施しているが、イスラム教徒と仏教徒との比較では、英語に関して表1とほぼ同様の結果が出ているようである。その理由として考えられることは、イスラム教徒の生徒たちはタイにおけるマイノリティとして、第二言語としてのタイ語の学習で異質の言語に慣れていること、母語（第一言語）マラユーの学習において、既にアラビア文字と共に、アルファベットにも慣れ親しんでいること、したがって五年生になって英語を初めて学習するに際しても、さほどの違和感がないままに学習を進められるであろうとのことであった。

学校教育におけるイスラム教徒の生徒達のもう一つの問題点は、学校生活そのものへの馴染みの薄さである。タイ文部省の立場から言えば、学校教育を通してマイノリティ諸民族をタイ文化、タイ社会へ同化させ、より望ましいタイ国民を養成したいところであるが、南タイのイスラム教徒たちは必ずしもこれに応じようとはしていないのである。小学校への就学率はほぼ一〇〇パーセントで、パナレ郡のマルアット小学校では、イスラム教徒が子沢山であるため生徒数は最近増えてさえいるとのことであった。しかし、小学校を中途退学して、イスラム宗教塾へのみ行くものもいる（後述の通り、イスラム教徒の子は、午前中は小学校、午後はバラゾという宗教学校へ通う）。バンノック校の場合、卒業後中学へ進学するものは、仏教徒が約九〇パーセントであるのに対して、イスラム教徒では約半数に留まっている。その理由は、イスラム教徒の方が貧困家庭が多いということもあるが、それ以上に、彼らには小学校を止めても、宗教塾があるということである。イスラムでは、本来、知識は最上の名誉であると考えており、コーランを中心とする知識の追求を重視している。

(2) イスラム村落社会における宗教塾・宗教学校

いかなる社会集団も何らかの特異な文化を持続させようとするとき、必ず教育へ大きな期待がかけられる。特に、宗教集団の場合がそうで、教育を軽視して、宗教教理の持続性と後継者の養成について無関心な宗教集団はない。

近代的学校教育制度が発達するずっと以前より、イスラム社会でも家庭において、またモスクにおいて、必ずしも体系的ではなかったけれども、熱心に宗教教育が行われてきた。現代においても、前述したように、学校教育に多くを期待出来ないことが明らかになった以上、自らの手による宗教教育がいっそう必要となる。

パタニー地方でバラゾやポノと呼ばれる宗教学校は、イスラム文化を永続化するための教育機関である。共にイスラムの基本を教える地域村落社会の初等教育機関であり、特に低年齢者を対象とするバラゾの場合、文部省からは直接の干渉を受けない。

バラゾは、文部省への登録もなく運営されているイスラム教の宗教塾で、対象は小学校一年生から六年生相当までである。[15] 規模は小さく、教師は三、四名位で、生徒は年齢または達成度によって四～五段階に分けられている。

イスラム教徒が少し集中して居住する村落にはバラゾがあり、その村に住む当該年齢の少年少女たちは、ほぼ全員がバラゾで学ぶ。

パタニー県コックポ郡ナコンヌア村にあるバラゾの場合について紹介してみる。子どもたちは、午前中まず小学校へ行く。これはタイ族一般の場合と全く同様である。小学校には男女とも制服があるので、午後帰宅して、民族服に着替える。調査時点の一九八八年四月現在、生徒数は一〇四名（男子五六名、女子四八名）で、五段階に分かれる。最年少は五歳で、小学校就学前（タチディリ）が三二名を占める。先生は常勤が四名で、必要なときは外部から数名が臨時に手伝いに来ることがある。四名の常勤の先生は二〇歳から二四歳までの独身男性教師で、いずれも後で述べるポノの出身者である。彼らは生徒たちが小学校に行っている間は、自分が下宿している家庭の畑仕事やゴム園の仕事などをする。

カリキュラムは多様で、たとえば、最上級生（小学校六年生相当）の場合、イスラム律法、『アラブの統一』、預言者の歴史、アラビア語の読み書き、アラビア語のペン習字法、道徳、保健などがあり、最年少のクラスでも、アラビア文字の読み書きが教えられる。習字教育の強調はイスラム教育の特徴の一つであるが、ここでもそれが明らかである。期末試験は厳しく、試験期間中、村の中心にある商店のテレビは試験勉強の邪魔をしないため、受像中止であった。

この他にも、コーランの暗唱やその朗詠、唱歌、スポーツなど盛り沢山である。たまたまわれわれがナコンヌアに滞在していた時（一九八八年一月）、ここのバラゾで運動会と文化祭を兼ねたような行事があった。生徒集団が三組に分かれて各種競技の得点を競うもので、朝から深夜まで、滑稽な遊戯から水泳、凧上げ、詩吟、唱歌など、賑やかな応援合戦を含めて、村をあげてのレクリエーション行事であった。青年教師たちの入念な準備と手際よい運営は見事で、このような行事を通じて、イスラム教徒としての連帯性が強化される過程が観察出来た。

バラゾの月謝は、上の三学年が一〇バーツ、下の二学年が五バーツで、これが先生の給与（月額三〇〇バーツ）となる。この他、年に一度、父母からなにがしかの寄付がある。

滞在中（一九八八年四月）にたまたま実施されていた期末試験では、更に一人一〇バーツを支払うとのことであった。その他、必要経費があれば、村長に出してもらう。

このバラゾはナコンヌア村の中心地にあって、二階建ての建物をもっている。一階が教室と小さな職員室で、二階の教室では祈禱も行われる。(16) 一階の目立つところに掲げられた標語には、

一．制服着用
二．時間厳守
三．無断欠席禁止
四．整理整頓
五．家庭学習［夜八〜九時に本を読むこと］
六．年二回の試験を受ける
七．バラゾの諸活動への参加
八．一〇バーツの月謝の支払
九．規則違反者には処罰

というものであった。

次に、ポノであるが、これはマレー語、あるいはインドネシア語でポンドックと呼ばれているものに相当する。本来、ポンドックと言えば、小屋という意味とイスラム教の寄宿舎付き学校という意味とがあるが、南タイでポノと言えば、中等教育レベルのイスラム教の学校を意味する。バラゾは小さなイスラム教徒の村落にもあるが、ポノ

は数ヵ村に一校しかなく、パタニー県コックポ郡ナコンヌア村にも一校だけある。

このポノは、正式名をイスラムサムキという。在校生一八〇名の内訳は表2の通りである[17]。

表2　イスラムサムキ校の生徒数（1988年4月）

学年	男子	女子	合計
1	a	b	47
2	15	50	65
3	11	11	22
4	11	13	24
5	17	5	22
合計			180

a，bの実数不明，但しa＜b。

一年生の性別人数が不明であるが、女子の方が多いとのことであった。フレイザーはポンドックを男子のみの学校と言っている（Fraser 1966：108）が、ナコンヌアのポノでは男女共学であった。自宅通学の者も十数名いるが、ほとんどが寮に住んでいる。女子寮は二階建ての立派な建物であるが、男子寮は粗末な草葺き小屋である。食事は自炊で、食料の買い出しなども自分たちでする。帰省するのは一ヵ月に一度、二～三日程度である。年齢は小学校卒業後の一三歳から五年間であるが、最年長は、男子二二歳、女子一九歳である。このポノの卒業生のうち、約半数はパタニーやヤラーにある上級のイスラム学校に進学する。聞けば女子にも進学希望者がいたが、実際に進学するのは男子のみのようである。

ポノの学費は、一学期（半年）につき授業料一四〇バーツ、寮費一四〇バーツ、毎日の食費や小遣い四〇バーツなどを生徒が負担する。教科書は先生から直接買う。授業料のほとんどは八人の先生の給料になるが、前述したただ一人のタイ語の先生（タイ族）だけは、公務員として、国家から給料を受け取っている。ポノはもちろん私立であるが、一学期につき生徒一人当たり一五〇バーツの政府援助がある。校舎増築の計画があり、当時柱だけが建っている状態であったが、建築資金が集まったら、工事を再開するということであった。

イスラムサムキ校の一九八八年度の年間行事は、ほぼ次の通りである。

五月二十六日～七月三十一日　授業
八月一日～八月八日　休み
八月九日～十一月三日　授業
十一月四日～十一月二十一日　休み
十一月二十二日～四月十二日　授業
四月十三日～五月二十五日　休み

授業は毎週日曜日から木曜日まで、週五日間行われる。一時間目は午前八時三〇分から一〇時まで、二時間目が一〇時三〇分から一二時までで、宗教関係の科目は全て午前中に行われる。午後は三時間目が一四時から一六時まででで、宗教以外の各科目が行われる。五年生を対象とするタイ語の授業も午後である。金曜日は聖なる日であるから休日となり、男子は午後、同じナコンヌア村にあるマスジット（祈禱所）へ祈禱に行く。

授業科目は多様である。最上級の五年生の場合、イスラム律法、道徳、コーランの読み方、アラビア語の書き方、アラビア語の綴りと発音、アラビア語作文、ヤーウィ（アラビア語表記マレー語）の書き方と読み方、イスラム史、テッコ（祈禱の作法）、ルーミ（ローマ字）の書き方、『アラブの統一』、それに理科、英語、そしてタイ語など、合計一五科目ある。四年生以下には英語と理科がなく、一年生は一二科目である。各学期の初めと中頃と最後に定期試験があり、他にはほとんど毎週、小テストがある。われわれが訪問した四月初め頃は学期末試験の直前で授業はなく、生徒たちは試験の準備中であった。各学年の進級は全て試験に依っており、中には進級出来ないものも数名（一〇名以下）いるという。

ポノは地域の住民に対しても、社会教育的機能を果たしている。つまり、毎週土曜日の夜、七時三〇分から九時まで、ポノの先生が村に来てイスラムの教理や歴史について教える。かなり多くの人々が参加している。村落在住のイスラム三役とも呼ぶべき重要人物たちもこれに参加すると言う(18)。

ナコンヌア村のバラゾ及びポノの成立については、この村で最も尊敬されていると言っても過言でないイスラム指導者トイマムに言及しなければならない。彼は一九八八年で八七歳。彼が若いとき（つまり一九二〇年代）、今のナコンヌア村はバンネペ（三〇〜四〇戸）、ナコンヌア（四〇戸）、バンプルガ（二戸）の三小村から成っていた。二一歳で軍隊に入り、二年間務めた後、メッカに巡礼に行った。ペナンから船出して一五日を要した。片道一七〇バーツの船賃は自費であった。まずアラビア語を習い、イスラムの勉強をした。三〇歳で帰国して結婚し、幸い土地が広かったので、マスジットを建て、バラゾも建てた。かなり大きな学校であったので、遠くからも生徒が来て、一〇〇人くらいにもなった。かれらにトイマムが、アラビア語の読み書きの他、全てを一人で教えた。このように、メッカから帰り、ハジの称号で呼ばれる者が故郷にマスジットやポノを作り、自ら教えるということはイスラム世界では、よくあることであった。現在のポノが出来たのは一九六七年頃のことで、各方面からの寄付のほか、中近東の産油国からも資金援助があった。トイマムは今でもコーランの読み方を子どもたちに教えている。夜七時から八時頃まで、二〇人くらいの子どもたちが習いに来る。授業料は今も昔もないが、村人たちは米や果物などをめいめい持ってくる。

もちろん、イスラム教においては、特定の職業的宗教指導者をもたないのが普通である。したがって、トイマムといえども、限りなく尊敬されてはいても、原則的には並の村人であり、それだけに一般家庭とイスラム信仰組織との結びつきが密接であると言うことができよう。家庭において人は生まれ、割礼を受ける。人生のスタートにおける割礼の刻印は、個人的には、本人が意識する前に、人生の歩みに基本的な方向づけを示唆し、社会的にはこれらの方向性を束ねて一つのエネルギーを付与することになる。その最初の手始めとして、家庭において父母はまず祈りの様式と所作を自ら示して模範とし、聖典を読み聞かせてはイスラム教徒としての理想的な生き方を示すのである。

筆者が民宿を許されていたナコンヌア村のSさんの家では、夫人が毎日小学生の娘にコーランの読み方を教えていた。筆者が驚いたのはその教え方の厳しさであった。コーランを指でなぞりながら読む娘の手を、少しでも読み方を間違えると、日頃は優しい夫人が容赦なく叩き、そのため娘は泣きじゃくっているのであった。イスラム教では、経典を正確に読むことを教育目的の一つにしているのであるが、はからずも、ここに厳しいイスラムの家庭教育の一端をかいま見た思いであった。

イスラム教徒の村々では、毎日五回、祈りの時間を知らせる太鼓が拡声器を通してなり響く。人びとは仕事の手を休め、身を清め、衣装を整えて祈る。子どもは大人たちの動作を見てこれを模倣し、その意味を感じ取る。この過程で、イスラム文化が確実に次の世代へと移植、伝達される様子がわかる。

4　イスラム的労働倫理の再生産

以上、南タイ、パタニー地方における宗教教育事情を、学校教育及び村落社会の伝統的教育慣行に即して民族誌学的に記述してみた。ナコンヌアの場合に明らかであったように、そこには外来のタイ文化がもたらされ、伝統的なマレー＝イスラム的な行動様式が、ともすれば変容を迫られているという状況がある。ここで外来のタイ文化という場合、これには二種類あって、一つはタイ仏教的要素であり、もう一つはもっと広義の都市化、工業化の過程である。前者に対しては、学校教育の場などにおいて、若干の異文化的要素の混在を許容する面があるが、イスラムの信仰体系自体はいささかの揺らぎも見せていないように見える。しかし、都市化過程におけるイスラム教育とその効果に関しては、ここで論じておくべき問題点がある。それは、イスラム的労働倫理に関してである。

前に述べた通り、労働倫理とは狭い意味での労働ではなく、社会的相互作用過程における役割＝仕事行動を含んだ概念であり、社会的ネットワークの中で個人が果たすべき役割の遂行とこれに対する個人の意欲並びに社会的評価を含んだ総合的概念である。労働倫理はこのような個人の仕事行動自体とこれに対する意欲、その成果、さらに、これに対する社会的評価などを含んだ一連の体系をなす概念であるとするならば、それはいつの時代、どの社会にもあり得るものであるという意味で、通文化的比較の指標としての使用に耐え得る概念であると思われる。

マックス・ウェーバーがプロテスタントとカトリックの比較をしたとき、かれはいわば労働倫理に関して両者を比較したのだと言えるし、またかれは『儒教と道教』第八章の中で、中国の伝統的行動様式を引き合いに出して、親族関係を機軸とする労働倫理の特徴を述べている。[19] ここでわれわれはイスラム社会とタイ仏教社会を体系的に比較するわけではないが、歴史的に見て両民族はマイノリティ対ドミナントという構図の中で接触し、相互作用してきた。労働倫理を通して、南タイ・イスラム社会の人びとの生きる意欲を観察し、その民族誌を書こうとするとき、ドミナントなタイ社会からの政治的経済的圧力を無視することは出来ない。タイ側からの有形無形の圧力に抗して、自らの民族文化を育み、生きる意欲と喜びを確認しつつマレー民族としてのアイデンティティを感じているのではないだろうか。ドミナントな圧力に抗いつつ、生きる喜びを創造しようとするところに、彼らの独自の労働倫理の形成があると考えられる。

南タイのマレー族の家庭を訪問してみると、どの家にも沢山の子どもがいることに気付く。四人や五人の子どもをもつ家庭は珍しくない。しかも、母親は一般に若い。女性は一七、八歳で結婚する例が多く、中には小学六年生に在学中に結婚して中退する例が、バンノック校で年間二、三件ある。学校教育に対して熱意が足りないと嘆くのはタイ族の先生であるが、イスラム教徒側の事情としては、もともと非イスラム的国民教育には関心が薄く、あるいは反発さえあって、そのため、義務教育である小学校には行かせても、前述したように、それ以上には進学させたくない者が多い。これをタイ族の先生はイスラム教徒の人びとには学習意欲が薄いと言う。また、郡（アンプー）役場は、地方としては数少ない給与所得の得られる職場であるが、イスラム教徒の人が職員になっても、タイ族の上司と対立して辞職する場合がしばしばあると言う。

いずれも、タイ式行動原理、あるいは官僚制に対する不適応現象のようであるが、果たして、マレー族の人びとは本当に学習意欲に欠け、対人関係を円滑に運ぶことが不得手なのであろうか。確かに一部のイスラム教徒の子どもは学校で、またあるイスラム教徒の大人は公務員として、組織に適応することが困難な場合がある。しかし、南タイのイスラム系住民は、たとえばゴムの生産に関しては早朝、まだ暗いうちからヘッドランプをつけてゴム園に行き、ゴムの樹液を採集するのに熱心であるし、米の生産もタイ族に劣らず熱心である。マレー族として、家屋の内外をきれいに掃除したり整理整頓して、自らの生活を楽しんでいる。料理も洗練されているし、建築や衣服に関しても細やかな気配りを怠らず、これらの細かな点についても真善美の評価を忘れない民族である。しかし、かれらがもっとも情熱的に、時間と労力と資金を惜しまず行動するのは、もちろんイスラム教に関してである。

イスラムの信仰は来世との関わりで重要な意味を持つが、現世での生き方にも同様の重要な意味をもたせている。それは彼らの生活の二四時間、一年間、そして一生の行動の仕方に直接関係している。男子の割礼は、幼児期にしてイスラム教徒になるための方向づけを与えられ、これを取り消したり引き返すことが出来ない出発の刻印である。毎日の定期的な礼拝行動、食物禁忌や絶食慣行、衣服の規制など、強い一直線の行動規制の中で生きている。

こういう意味で、イスラム教徒の人びとの価値観は極めて明快であり、その労働倫理もまた部外者のわれわれ観

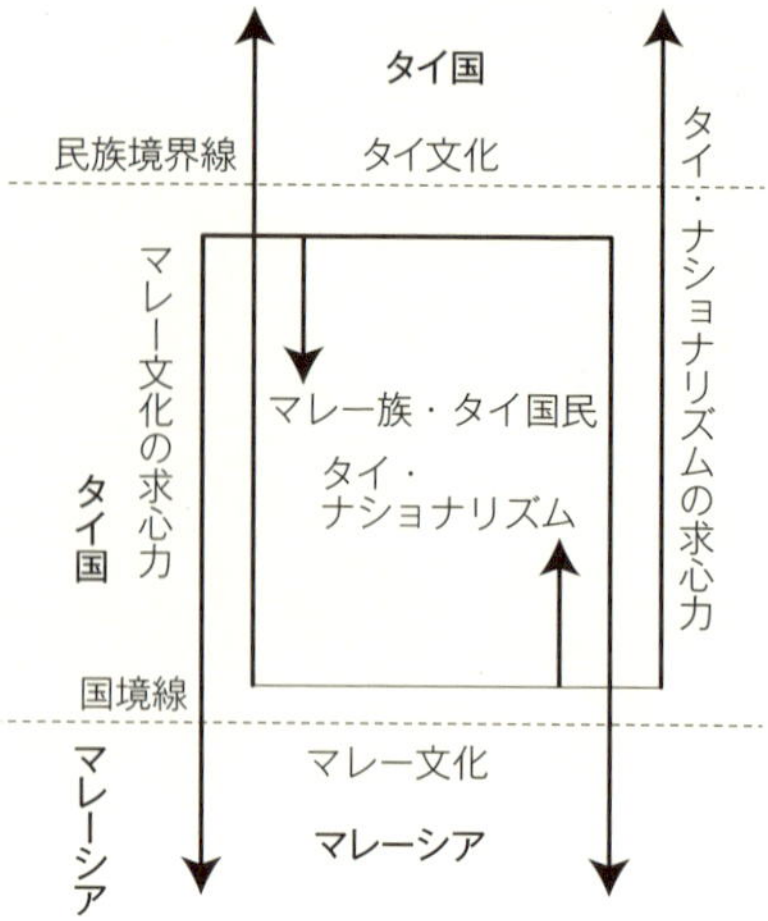

図6　南タイ・イスラム社会の二面性

察者の目にも明らかである。既に述べたように、子どもたちの学習一つ例にとっても、午前中、小学校へ行き、午後下校しては、服を着替えてバラゾへ行く。そこはまさしく塾であり、制度化された教育機関である。夕方帰宅すれば、夕食を済ませた後、七～八時の間、トイマムのところへ行ってコーランの読み方を習うものもいる（約二〇名）。同じ村に寝泊まりして観察しても、この子どもたちはいつ遊ぶのだろうかと思ったほどである。トイマムの娘の一人は、自分自身も夫も小学校の教師であり、自他共に認める熱心なイスラム教徒であるが、その子どもたち（一五歳を頭に八名）を彼女の父親（子どもから言えば祖父）のトイマムの所へ行かせ、コーランを学ばせるかと質問したところ、行かせないと言う。その理由は、朝から夜まで子どもたちが忙し過ぎて可哀想だからだと言う。だから、信仰が足りないと言うのではなく、イスラムとしての教育は十分にやっているから、これ以上はしなくてもよいと言うのであった。ある別の教師も、自分自身の子どもをトイマムの塾に行かせていないと言っていたが、その理由も同じであった。

　他方、イスラム教徒の子どもたちは家庭でコーランの読み方や祈りの作法を習うだけでなく、家事手伝い、家畜の世話、畑や花壇への水やりなど、多くの手伝いをしなければならない。この点、中央タイで観察したことと同様であるが、タイ族の村にはバラゾのようなフォーマルな宗教教育がないだけ、中央タイのタイ族の子どもにとっては時間の余裕がある。イスラム教徒の子どもたちは、中学への進学率こそ仏教徒の子どもより低いし、タイ語の学習は当然タイ族の生徒より劣るが、英語の勉強ではタイ族に劣らないし、小学校でもバラゾでも、また家庭でも、イスラム教徒の子として、また小学生として、期待された役割＝仕事行動を十全に遂行しており、親世代が持つイスラム的労働倫理を十分に継承していると言うことができよう。

［注］

(1) 本章の基礎資料を得た南タイにおける現地調査は、一九八七年十二月から翌年二月、及び一九八八年三～四月に実施した。調査研究資金は日本学術振興会によって提供された。この調査を可能にした同会及び研究チーム（研究代表者権藤與志夫九州大学教授）のメンバー並びに調査に協力を惜しまれなかったタイのチュラロンコン大学プラサート教授、パタニー県県知事チャムノン氏や同県職員の皆さま方に対して、厚くお礼を申し上げたい。そして、何よりも調査中、滞在を許され、大きな協力をして下さったコックポ郡ナコンヌア村とパナレ郡マルアート村の皆さま方に対して厚くお礼を申し上げたい。

(2) マックス・ウェーバー（梶山力・大塚久雄訳『プロテスタンティズムの倫理と資本主義の精神』上・下、岩波文庫、一九五五年、一九六二年）

(3) Population and Housing Census 2000, Thailand.

(4) 西マラヤ西海岸北端の州で、タイ南部に接する。

(5) Hall, 1955 : 158, 205, 239.

(6) 西マラヤ東海岸北端の州で、コタバルを首都とする。

(7) この間の史料は、主として、Thompson（1941）および Frazer（1960）による。

(8) ここでマレー族とは、民族の名称として用いる。国籍はタイ国にあるが、民族的にはマレーシアのマレー人に連続する者をマレー族と称することにする。マレー語（マラユー）を話し、もちろんモスレム（イスラム教徒）である。かれらは「タイ・モスレム」、あるいは「タイ・イスラム」と呼ばれることを潔しとしない。自らを「タイ」とは考えていないからである。彼らは「マレー」を自称している（Frazer 1960）。

(9) 朝日新聞二〇〇九年七月十六日。

(10) パタニーの隣県のヤラー師範大学では、イスラム教徒の女子学生数名が大学の制服ではなく、イスラム教徒としての服を着用して登校したところ、校則違反として、大学当局はもちろん、タイ族学生たちからも激しく非難され、処分の対象になりそうであった。そのため、マレー族学生及び住民は激しい抗議行動をとり、調査時点の一九八八年四月現在、大学・タイ族側と当の女学生・モスレム学生・父兄らとは激しい対立をしていた。同様の事例は近年、フランスでも起こり問題となっている。

(11) 一九八八年一月十六日。
(12) 道徳の担当者は三人いるマレー族・イスラム教徒の教師のうちの一人である。
(13) イスラムでは一日五回、次の時間に祈る。ファジュール（日の出一時間半前から一〇分前まで）、ズフル（午後〇時一五分から午後三時三〇分まで）、アスル（日没二時間半前から日没一〇分前まで）、マグリブ（日没五分後から日没一時間後まで）、イジャーブ（日没一時間半後から深夜まで）。
(14) タイの小学校では、五年生から英語を習い始めるので、その二学期末と言えば、英語にやや慣れた頃で、試験問題を見せてもらったら、簡単な会話のやり取りを含む問題であった。
(15) 学年は厳密な年齢によらず、個人の能力によっている。
(16) 厳密には、学習の場をタハカと言うが、実際には建物全体をバラゾと称している。
(17) これは登録者の数で、実際には、これよりかなり少ない。
(18) われわれが滞在中の土曜日には、なぜかこのような学習のための会合はなかった。
「イスラム三役」とは、筆者独自の表現で、祈りの実質的指導者であるトイマム、拡声器を通して太鼓を叩き、人々に祈りのときが来たことを知らせるトビラー、それにスピーチをするトカテの三人を指している。
(19) ウェーバー　一九七一。なおこの点については、かつて論じたことがある（丸山　一九七六、二〇〇七、二〇〇八）。

［参考文献］

ウェーバー、M　一九七一『儒教と道教』木全徳雄訳、創文社（Weber, Max 1916, *Konfuzianismus und Taoismus*）。

橋本　卓　一九八七「タイ南部国境県問題とマレー・ムスリム統合政策」『東南アジア研究』二五巻二号、二三三～二五三頁。

丸山孝一　一九七二「南タイの宗教と政治：仏教国における少数回教徒集団の問題」『西日本宗教学雑誌』第二号。

――　一九七六「韓国儒教の保守と革新に関する覚え書き」『アジア研究』創刊号、二五～三七頁、広島大学総合科学部。

――　一九八九「南タイ・イスラム社会における労働倫理の形成基盤」『九州大学教育学部附属比較教育文化研究施設紀要』第四〇号、一～一六頁。

――――　二〇〇七　「韓中日共通文化の再認識とその現代的意義」『日本学』第二六輯、三五～六六頁、韓国東國大学校日本学研究所。
――――　二〇〇八　「東アジアの労働倫理」福岡女学院大学大学院紀要『比較文化』第五号、一七～三一頁。
小野沢正喜　一九八七　「タイのイスラム教徒における教育と文化」　権藤與志夫・弘中和彦編　『アジアの教育と文化』（九州大学出版会）所収。
矢野　暢　一九六七　「南タイの土地所有――タイ・イスラム村落におけるケース・スタディ」『東南アジア研究』四巻五号、二～三一頁。
――――　一九七〇　「南タイにおける通婚圏の形成」『東南アジア研究』七巻四号、四六二～四九一頁。
――――　一九七一　「南タイ農村の経済生活――タイ・イスラム村落での実態調査」『東南アジア研究』八巻四号、四四二～四八八頁。
Frazer, Jr., Thomas M. 1960, *Rusembilan : A Malay Fishing Village in Southern Thailand*. Ithaca, N. Y. : Cornell University Press.
Frazer, Jr., Thomas M. 1966, *Fisherman of South Thailand : The Malay Villagers*. New York : Holt, Rinehart and Winston.
Hall, D. G. E. 1955, *A History of Southeast Asia*. New York : St. Martin's Press.
Nantawan Haemindra 1976, "The Problem of the Thai-Muslims in the Four Southern Provinces of Thailand (Part One)." *Journal of Southeast Asian Studies*, 7(2) : 197–225.
―――― 1977, ditto (Part Two), J. of S. A. S. 8(1) : 85–105.
Thompson, Virginia 1941, *Thailand : The New Siam*. New York : Macmillan Co.

南タイ関連写真

（右上）　イスラム教徒と仏教徒がいっしょに学ぶ小学校（パタニー市）
（左上）　タイ政府により建立されたタイ最大のイスラム寺院（パタニー市）
（下）　　イスラム宗教学校ポノの男子生徒たち（パタニー市コポ郡ナコンヌア村）

第2章　文化的多元主義と日系アメリカ人のメリトクラシー(1)

1　はじめに

本章における主要な関心事は、次の四点に集約できる。

① 文化的多元主義とは何かを探り、この考え方が生まれた時代的背景と倫理的発展の系譜を、主としてアメリカ文化の中で明らかにすること（第2節）

② 多民族国家のアメリカにおける日系アメリカ人の位置づけ(2)

③ 今や「成功物語」ともてはやされることの多い日系アメリカ人の業績達成指向性とは果たしてどういうものか。またそのよって来たる労働倫理とは儒教の出世観とどう関わるのかについて探ってみること（第4節）

④ 最後に、文化的多元主義という、価値の多様性が求められる現代において取り上げられることの多いこの思想の効用と限界について考察してみること（第5節）

このようなテーマや問題点を選択した筆者の本来の関心は、以前からマイノリティ文化の持続性と変化についてであった。その理由は、支配的な文化と絶えず接触し、変容を迫られ、事実、かなり変容を余儀なくされながらも、なお従前からの独自の文化、行動様式の特有な型をかなり長期間にわたって保持し続けているマイノリティ集団があるとすれば、そこには主流に逆らう並々ならぬ文化伝達（すなわち教育）の意思が働いているはずだと考えられるからである。したがって、マイノリティ文化の研究は、教育現象の重要な一部分を明らかにすることになると思われる。M・ミードは、つとに教育を文化の伝達と定義し、文化の持続性と変化に文化人類学者としての関心を払い続けたのであるが、[3]マイノリティ文化を時系列に教育の問題として分析することは、マイノリティ文化と支配的な文化との間の相互関係を時間的過程として明らかにする手がかりともなろう。

ここでは、民族的マイノリティとして、日系アメリカ人社会を取り上げる。その理由は、第一に筆者自身による若干の先行研究があること、[4]第二に、日系人社会は、筆者の見解によると、儒教文化の系統を引き継いでおり、これがアメリカ社会の中では際だってメリトクラシーに関係していると思われるからである。

日系アメリカ人は、高学歴がよりよい就職を可能にするという信念を共有しており、そのため学校教育への期待が極めて強い。この傾向は、ユダヤ人や韓国系アメリカ人、ベトナム系アメリカ人など、一部の民族集団にも共有されるとみられるが、アメリカの諸民族集団全体としてみると、日系人社会がもつ学校教育重視の傾向とこれによる社会的上昇指向性は、かなり顕著な特性と言うことが出来よう。[5]アメリカ社会における勤勉を賞賛する価値観は、本来プロテスタントの労働倫理に内在するものであったが、この価値観は、東洋の儒教的行為規範と部分的に共通するところがあるというのが筆者の見解である。それは儒教における孝の概念に基づいており、これが出世のための競争に若者を駆り立てることになる。この限りでは、儒教的労働倫理はアメリカ社会でも十分肯定されるものであり、そのために、日本人、香港人、台湾人、韓国人、ベトナム人などの勤勉さが新大陸においても評価されることになった。注目すべきは、これらの国々が、いわゆる儒教文化圏に属するものであるということである。人的資源が過剰で、社会制度的制約が厳しい上に、生産資源が限られているこれらの国々では、出世の意欲はありながら、その機会を持つことが困難であったため、アメリカへ来て、儒教的出世意欲を十分に満足させようとしたものである。本章では、儒教の労働倫理自体をアメリカ資本主義社会の中で比較考察する十分な用意はないが、とりあえず、韓国系アメリカ人社会との比較を意図して、日系アメリカ人の労働倫理やメリトクラシーについて予備的考察をしようとするものである。(6)

2　文化的多元主義の台頭

ヒンメルファーブ（M. Himmelfarb 1978）によれば、文化的多元主義（Cultural Pluralism）という言葉は比較的新しい用語で、Pluralism という言葉自体、Websters International Dictionary では第三版（一九六一年）になってやっと現われた。多元主義、特に文化的多元主義に関する記述や解説が有名な辞典、百科事典等にないか不十分でしかないのは、これらの事典類が編纂された頃においては、文化的多元主義が現実の世界において、未だ緊急な課題とされていなかったからであろう。

しかし、一九七六年に発行された『人類学百科事典』（Encyclopedia of Anthropology）には、多元主義について、簡単ではあるが、より具体的な記述がある。すなわち、多元主義とは、「単一の共通する政治・経済的システムの中に共存するいくつかの下位社会または下位文化が存在する社会のこと」ということになる。(7)これらの下位社会は相互依存関係にあるが、ある程度の政治的自治組織と文化・言語的特性をもっている。同じ百科事典の「文化的多元主義」の項をみると、それは、「二つ、またはそれ以上の文化体系が、長期間、接触して、ある程度、相互の融和をしながらも、それぞれ独自の生活様式を維持し続けること」と規定する。(8)

一九六〇年代、七〇年代におけるアメリカの民族運動の高まりを受けて、民族研究が大きな刺激を受けた中で、『ハーバード・アメリカ民族集団百科事典』（Harvard Encyclopedia of American Ethnic Groups, Ed. by Thernstrom, 1980）が発行された。そこでは、「多元主義」が「ヒューマニスティック」な面と、「政治的」な面に分けて解説され、文化的多元主義は、主として前者の中で論じられている（大項目としては計一六ページ）。その中で、ノヴァークは、アメリカの民族的特徴として、伝統を異にする人びとと民主的に協力し合うだけでなく、他民族から何かを学ぶという開放性が要請されると指摘している。[9]

多元主義ないし多元論といえば、その対語は一元論である。両者の対置的思考様式は、古くからみられる。宗教的唯一神教 Monotheism は多神教 Polytheism の対極にあった。コスモポリス Cosmopolis というギリシアの概念は多元主義的とは言い難いが、初期の古典的ポリス Polis は、多元主義を抜きにしては存在しえなかった。成程、ポリスは小規模で、その市民は互いに面識はあったが、それ故にこそ、ポリスは数多く必要とされたのである。したがって、分裂のない平和ということは、ギリシア人と非ギリシア人の間だけでなく、ギリシア人相互の間にも欠かせないことであった。複数のポリス（Poleis）の存在を前提とし、その間の葛藤の可能性を予見していたという意味で、古代ギリシアのポリス社会は多元主義的であったと言えるが、しかし、個々のポリス自体は分裂してはならなかった。そこで、アリストテレスは、派閥をつくらないために、市民相互間の内婚を勧め、共通の子孫（子孫から言えば、共通の祖先）をもつようにと説いた。彼はまた、全ての市民たちが共通の神々を崇拝することを当然のことと考えていたという。[10] つまり、ここには、ポリスを一つの社会単位とする社会的一元論と多元論がポリス社会の境界線の内と外で緊張関係をもちつつ展開されていたとみることが出来る。

アメリカにおいても、アングロ・サクソン系を中心とする初期には、文化的多元主義それ自体を議論する必然性はなかったが、一九世紀末葉頃から事情が変わってきた。すなわち、一八五〇年当時、二、三一九万人程度だった人口は、七〇年後の一九二〇年には一億五七一万人となった（表3参照）。これは、全人口が約四・五倍強に増加したことを示すが、同時に、新たな移民の質的変化が起こっていた。

一九世紀から二〇世紀はじめ頃にかけて、アメリカでは従来と違って、非アングロ・サクソン系諸民族が増加し

表3　アメリカ合衆国人口（1850～1920年）　（単位1,000人）

年		合　計	白　人	アフリカ系	その他
1850	男	11,838	10,026	1,811	
	女	11,354	9,527	1,828	
	計	23,192	19,553	3,639	
		(100.0%)	(84.3%)	(15.7%)	
1880	男	25,519	22,131	3,253	135
	女	24,637	21,272	3,328	37
	計	50,156	43,403	6,581	172
		(100.0%)	(86.5%)	(13.1%)	(0.4%)
1920	男	53,900	48,431	5,209	260
	女	51,810	46,390	5,254	166
	計	105,710	94,821	10,463	426
		(100.0%)	(89.7%)	(9.9%)	(0.4%)

資料：U.S. Bureau of Census, Historical Statistics of the United States, Colonial Times to 1970, Bicentennial edition (Washington D.C., 1975), pt. 1, series A91-104.

た。しかも、かれらの渡米動機や背景は多様であったから、受け入れ側の新大陸でも、アングロ・サクソン系中心の同化論や、個別少数民族の伝統文化を放棄して全く新しいアメリカ文化を創造するという「人種のるつぼ論」は非現実的なものとして否定されるようになった。多様な文化要素をもったヨーロッパ系の諸民族は東海岸から中西部、南部、西部へと移住して行く過程で互いに葛藤しつつも、調整、統合されていったが、他方、西部から細々と、文字通り少数民族として東漸しようとしていたアジア系諸民族（初期は主として中国系や日系）にとっては、主流派のアングロ系やその他のヨーロッパ系移民社会にとけ込むことが容易ではなく、これはアフリカ系やスペイン語系の人びとも同様であった。奴隷制度やその残存形態を引きずっていた当時のアメリカでは、未だ有色人種を見下す自民族《エスノ》中心主義《セントリズム》、あるいは人種差別主義《レイシズム》が根強く残っていた。

一九六〇年代から今日に至るアメリカの社会思想は、価値多元論を特徴とするようになったと言うことが出来よう。そこには、次第に激化してきたベトナム戦争に対する厭戦思想や国際的風潮となっていた学園紛争などにみられるような既成権力・権威構造への反発、あるいは反文化（counter-culture）運動が広がっていった。これが、特にアメリカ社会内においては、民族的マイノリティ集団を中心とする市民権運動となった。[11]

先住民族の世界に乗り込んできたピューリタンたちが中心になって築いたアメリカ合衆国は、もっぱら「アングロ中心（Anglo conformity）」と呼ばれる状態であった。[12] しかし、二〇世紀初頭になると、アングロ中心主義と共に、異民族との共存思想が現れ、「人種のるつぼ論」が登場した。全く新しい文化の創造を理想としたが、新移民の飛躍的増大と民族的人種的異質性の拡大によって、るつぼ論の理想は下火になってしまった。そこには、ヒューマニズムの理想論では解決できない現実の激しい人種差別や偏見があったからであろう。

ヨーロッパから来た移民に比べ、アジア出身の移民は数が少なく、時期も遅れていたが、彼らはヨーロッパ出身の移民に比べて、いっそうの困難や不利益を被った。たとえば、一九二四年には移民法が改正され、その結果、アジア系移民は事実上閉め出されてしまう結果となった。その背景には、勤勉な中国系や日系移民が大規模に農地購入を進めたため、白人農業経営者たちの脅威となり、その結果、巧妙にアジア系移民を閉め出すことになったのである。[13]

それだけに、日系人は地位向上のために、学校教育によりいっそう大きな期待をかけた。

3　日系アメリカ人にとっての学校教育

多民族国家アメリカに、民族的マイノリティ集団がいくつあるかを数えるのは簡単ではないが、大小合わせて、一〇〇の民族的マイノリティ集団を数えることは、さほど困難でもなさそうである。[14] このように数多い民族集団の中で（もちろん白人をも含めた中で）「一九四〇年以降、日系人が最高の学歴をもっている」と言われる。[15] そのこと自体、日系人の行動の型を考え、またアメリカにおける学校教育の機能を理解するためにも、一考に値することと言えよう。

学校教育が職業や収入、生活様式や子どもの数にまで影響することは、既によく知られたことである。ところが、ここで問題としたいのは、個々の学生、生徒というよりは、学生、生徒の民族的背景と学校教育とがどのような関連を有しているかについてである。黒人人口の多くは南部に生まれ、近年、各地へ分散しているが、実際には、その過半数が南部一六州とワシントンD.C.に住んでいる。[16] 一九六〇年代までは、アフリカ系アメリカ人大学生の数は少なく、それも南部のほとんどアフリカ系アメリカ人だけに限られた大学で学んでいた。初等、中等教育でも、白人とアフリカ系アメリカ人の別学、またはそれに近い状態が珍しくなかった。[17] かつて、南部では、アフリカ系アメリカ人学校の方が実際には三分の一も登校日が少なかったので、九年間の通学と言っても、アフリカ系アメリカ人にとっては白人の六年間分にしかすぎなかった。[18] アフリカ系アメリカ人生徒一人当りの教育予算も白人生徒に比べると「端数」にすぎないという。[19] カリキュラム内容からみても、アフリカ系アメリカ人にとって不利、不当なものが多いという告発がなされている。[20]

アメリカの民族マイノリティ集団の教育に関して、アフリカ系アメリカ人と反対の極に位置づけられるのが、ユダヤ系とアジア系、特に日系、中国系、そして一九八〇年代以降は、韓国系およびベトナム系の青少年たちである。これらアジア系アメリカ人子弟は、全米平均以上に高い学歴、進学率を示しているばかりでなく、高等教育についてみると、進学がよりむずかしく、それ故に、よりよい卒業後の報酬が約束された自然科学系の分野を専攻する率が高いようである。[21] アフリカ系アメリカ人の場合は、教育や社会科学など、進学が比較的容易で卒業後の就職も、賃金が安い分野への進出が多いようである。[22]

一八九〇年代後半まで、日本の義務教育は四年間で、その後の四年は任意制であった。したがって、日系一世たちは、少なくとも四年、あるいは八年の学校教育をうけていた。たとえ、四年間しか通学しなかった（出来なかった）日系一世の人びとも、学校教育制度には親しく通じていた。明治初年以来、義務教育令は中央集権的な政府により強く推進されたが、これを受ける国民の側にも、学校教育を重んじる気風があった。それは、既に明治以前からみられた読み、書き、算盤の能力を尊重する民衆の間の意欲にも遡ることが出来る。文字を知る者を重んじ、歌を詠む人を尊敬する伝統は、寺子屋教育の活動に通じるものであったし、これが明治学制の推進を図る政府の政策を支えた民衆の側の基盤であったと考えられる。言うまでもなく、幕末から明治維新期における欧米文化との接触が惹起したわが国の文化変容（アカルチュレーション）は、教育思想の面においても、「開国進取の啓蒙思想」と「尊皇回天の伝統思想」を対立せしめ、後者が「近代思想の進展を停止せしめる」というのであるが、[23]これを今日、通文化的に、たとえば、タイやインドネシア、フィリピンなどの諸国と比較してみると、ここでいう伝統思想（特に「国学思想」）でさえも、考えられた教育内容や方法は復古的、反動的で、漢学と洋学に支えられた「皇国の学」を中心としたものであったとしても、[24]学問を尊重する基本方針自体は、共にこれを強調しさえすれ、いささかも動揺するものではなかった。事実、一八七二年（明治五年）以降学校教育制度の整備が進められ、一八八六年には小学校を尋常、高等各四年に分け、前者を義務制としたのであるが、その就学率が九〇％を超えたのは、男子の場合、早くも一九〇〇年、女子の場合も一九〇四年であった。つまり、この頃には、事実上、日本の初等教育の基盤は整備されたとみるべきであるが、一九〇七年には、更に学校制度が改正されて尋常小学校六年、高等小学校二年となり、前者を義務制としたのである。

日本からアメリカへの移民は、ほぼ一八九〇年頃から以降に増加することになるが（表4参照）、以上のような日本における当時の学校制度の整備状況を顧みると、日系一世たちの学歴は、少なくとも小学校四年ないし六年の課程を修了していたことと思われる。キタノは、日系一世の社会的背景の特徴として、「歳は若く、学歴は四年ないし六年、性は男で、日本の農村と考えられる地方の出身である」と述べているが[25]、学歴については、上述のような根拠があったと言うことが出来よう。そして、更につけ加えて言えることは、たとえ、日系一世たち自身が小学校卒の学歴であったとしても、明治中・後期以降の生まれと考えられるこれら大多数の人びとの観念体系の中には、小学校の上には、更に中学校、高等学校など、中級・上級教育機関が整備されており、これが出世への登竜門であることが十分に認識されていたということである。

筆者はここにおいて、儒教的イデオロギーが、学校制度の設置から急速な発展、就学率の高さ、進学意欲の高さなどと深い関連をもっていたものと考える。第一に、儒教における学問尊重の伝統である。庶民層の中へ、果たして儒教の思想的原理がどこまで浸透し、理解されていたものかは判らない。しかし、たとえそれが皮相な理解であったとしても、そして、仮に自らは学問とは無縁の存在だと考えていたとしても、学識の豊かさ自体を尊重する気風は、儒教社会では庶民層にも広く認められるところであった。第二に、儒教社会における出世観に注目したい[26]。すなわち、家族や親族集団等、いわゆる身内の間での競争や業績達成の指向性は強く非難され、抑圧されるが、対外的には、逆に、業績（アチーブメント）達成への指向が強く、これが「出世」観に直接連なっていると考えられる。つまり、出世こそは、親に対する孝の最たるものだからである。第三に、当時における（儒教原理に支えられた）封建的身分制度の崩壊過程の、特に在米日系人社会における展開に関してである。キタノが指摘するように、日系一世の多くが農村出身であるとすれば、そこには、封建的地主・小作人関係が未だ濃厚に存続していたはずであるし、また、それ故にこそ、彼らはアメリカへ出稼ぎに行かなければならなかったと思

表4　日系アメリカ人人口

年	人口
1880	148人
1890	2,038
1900	24,326
1910	72,157
1920	111,010
1930	138,834
1940	126,948
1950	168,773
1960	260,195
1970	588,324
1980	700,747

注：1960年以前については
　　ハワイ州を含まない。
資料：U.S. Census of the
　　Population.

われる。ところが、アメリカに来てみると（その多くは農民として渡米した）、屈辱的な人種差別に苦しんだが、封建的身分制からは一応自由であり、更に、一定の労働に対しては、それなりの報酬が保障されることが判り、それ故に生活設計が可能であった。その意味では、少なくとも、当時の母国日本と比べて、アメリカはやはり機会を与えてくれる社会であった。つまり、日本で身分制の中での苦労が大きかっただけに、そしてアメリカでの業績達成への報酬が約束されていると判っただけに、日系一世たちは、ただひたすらに働き、報酬は日本の家族に送金するか蓄え、あるいは資本として活用するなどの方法をとったのであった。したがって、そこに、日本と同じかそれ以上の中等、高等教育機関が整備されていることが判ったとき、日系一世のその子ども（二世）たちに、可能な限り最善の教育を受けさせようとしたことは、彼らにとって当然の選択であった。その意味で、アメリカの民族的マイノリティ集団の中で、日系人が最高、またはそれに近い学歴をもっているという前述の事実は、予測されなかったことではない。崩壊過程にあったとは言え、未だ封建遺制としての身分制が残る日本を後にした日系一世たちは、自ら学問するわけではなかったにしても、学問を尊重し、したがって子どもたちを修学させることには熱心であった。そして、学を修め知性を磨くことが、競争に勝ち、名実共に出世することに連なるという当時のアメリカ資本主義の功利性は、日系一世の業績達成指向性をいたく刺激したと考えられる。

もっとも、一世の二世に対する教育熱には二つの方向があった。一つは、二世たちが、出来るだけ早く円滑にアメリカ文化に同化するよう促進することで、そのために、アメリカ人の学校に進んで入学せしめ、英語の習得はもちろん、あらゆる面でアメリカ文化、それもいわゆるアングロ的ドミナント文化の中心に接近し、文化化することを促進した。したがって、アメリカ人（この場合、白人のプロテスタント）をモデルとして出来るだけ接し、英語の習得を容易ならしめるため、プロテスタントの教会に通い、日曜学校に出席し、積極的に洗礼を受けるような者も少なくなかった。これは、日系人社会の中でかなり大きな比重を占めた教育の方針であった。

これに対して、二世に親の故国である日本の文化を継承させようとする努力も一部ではなされた。そのために、二世の中には、幼い頃から日本の親の故郷に送られ、祖父母やその他の親戚に預けられて、日本の学校、それも多くは小学校から中学校、女学校に通学した人が多い。卒業後、アメリカの親元へ再び帰って来たこれらの人びとは、「帰米二世」と呼ばれる。時期としては、もちろん、太平洋戦争勃発以前に帰米した人が多い。しかし、太平洋戦争のため、周知の通り、アメリカ大陸西海岸（ワシントン州、オレゴン州、カリフォルニア州、アリゾナ州の一部）に住む一一万人以上の日系人は、一九四二年二月、強制収容所に収容された時、アメリカ人としての国民性と日本人としての民族性との間で強い葛藤をもたねばならなかった。そのとき、一世と帰米二世の中には日本への想いを断ち難く、深いジレンマに悩んだ者が多かった[27]。また、二世の中には、教育を受けるため日本へ送られた帰米二世ほどではなくても、戦前、アメリカの一般の公立学校で学び、下校した後で、日本語学校に通学させられていた二世は多かった。そこは、単に日本語を学ぶばかりでなく、二世たちの仲間づくりの場でもあった[28]。このような日本文化の継続、維持を図ろうとする者は、伝統文化への指向性が強かったということが出来よう。

しかし、現実に、伝統指向型の日系人とアメリカ文化指向型の日系人が別々にいたわけはない。程度の差こそあれ、こういう二つの異なった指向性が同じ日系人の中に存在していたということである。しかし、いずれの方向にしろ、その共通性は、学校教育に対する強い執着であった。明治維新期に欧米文化への対応のしかたとして、受容と拒否の二方向があったものの、教育重視の立場そのものは共通していたと前に述べたが、これは日系アメリカ人の教育に対する考え方とも通じる。

一世が日本から持ち込み、二世へ伝達した諸価値の中で、学問を尊び、品格を保って他人に迷惑をかけないという気風自体は、アングロ的文化中心のプロテスタント倫理とも合致するものであった。しかも、それは単なる学問のための学問、教養としての学問に止まらず、高等教育における知識や学問は、単なる卒業証書というより、社会的に通用する実用的な専門知識への認可証、免許証としての意味をもつことになり、そのために、高度な専門教育を目指した日系二世たちは、結果的には一世たち以上に専門職につくことができるようになった。アメリカ社会は、そのような専門家——技術者、大学教師、弁護士、医者など——を必要としていた。三世は、いっそうこれら専門職に指向してきた。それは、アメリカ社会がさまざまな偏見や差別などの非合理的、非人道的行動の様式を一部に内包しながらも、他方では、資格とかライセンスをもつ人びとの集団であることを示しており、日系人の教育指向性は、この点でアメリカ社会に受容される根拠をもっていたということになる。換言すれば、アメリカ社会には、人種や民族など、個人の生得的属性によって個人を扱うという非合理的な側面があると共に、負の価値を与えられた属性を克服するほどの業績達成をした者には、それなりの処遇をする場合があるということになろう。後者の場合は、これを業績重視という意味でメリトクラシーと呼ぶことが出来よう。歴史的には、もちろん「身分から契約へ」の方向をたどるかに見えるが、実際には、契約を結ぶ前提となる資格獲得のための教育を十分に受ける機会がマイノリティとしての「身分」によって左右されることが少なくない。日系人の古老の話を聞くと、戦前、戦中、西海岸地帯や収容所で、Japanese-AMERICANとしてではなく、JAPANESE-americanとして差別され、虐待されたということであるが、一世の自分は市民権を取ることができなくても、二世にはそれが保証されており、よい教育を与えれば、出世は可能という信念を抱き続けたということである。[29]

4　日系アメリカ人の業績指向的労働倫理

ピーターセンは、アメリカ史における日系人の社会的位置づけを、かなり直線的に描写している。[30] 彼は、日系人が他のマイノリティ諸集団と同様、多くの差別や虐待を受けながらも、「問題のマイノリティ」にならず、「模範的

表5　民族集団別平均賃金

民族集団	個人別収入	家族収入
全米平均	$5,817	$10,678
アメリカ・インディアン	3,715	6,621
黒人	3,680	6,821
中国系米人	5,955	12,176
フィリピン系米人	5,149	10,395
日系米人	6,330	13,377
プエルト・リコ人	4,417	6,728
西インド諸島人	5,057	9,821

資料：1970 U.S. Census.
注：西インド諸島人とは，本人または親が西インド諸島で生まれ，現にアメリカ合衆国に居住する者を指す。(Sowell 1978：214)

表6　民族集団別家族収入（中央値）

民族集団	1968年	1970年
ドイツ系米人	$8,607	$10,402
アイルランド系米人	8,127	9,964
イタリア系米人	8,808	11,089
メキシコ系米人	5,488	8,946
ポーランド系米人	8,849	11,619

資料：*Current Population Reports*, U.S. Bureau of the Census (P-20, nos. 213, 221, 224, 249) (Sowell 1978：215)

マイノリティ」になった「成功物語」を描いている。ピーターセンによると、資料は古いが、日系人は寿命が長い（男性七四・五歳、女性八一・二歳、一九五九〜六一年）し、どの民族集団よりも犯罪率が小さいと言っている。更に、学歴の高さも、他の民族と比べて最高位に属するし、収入もそれに近いことを指摘している。事実、一九六〇年現在、ホワイト・カラーは日系男性は平均で五六パーセントであったが、白人は四二パーセント、専門職または技術職は日系男性で二六パーセント、白人で一二・五パーセントであり、収入は、一九五九年の日系男性の中央値が四三〇六ドルで白人の四三三八ドルに迫っていると報告している。[31]
ところが、一九七〇年の国勢調査によると、表5のように、日系人の平均収入は、全米平均をはるかに上まわって最高値を示している。これは、実際には、一九六九年に関する調査であるから正確な比較ではないが、その前後に別途、調査された民族集団別家族収入の平均値を示せば、表6のようになる。これでみても、日系および中国系アメリカ人の収入は、ヨーロッパ系諸民族集団に比べて、決して遜色がないことがわかる。[32] また、失業率が少ないことも日系社会の特徴である。

チューマンによれば、このような日系人が「価値ある市民」としてアメリカ人の生活のほとんどあらゆる分野で受け入れられるようになったのは、歴史的に、また法律的にみて、一九五二年の移民国籍法制定後のことで、一九二四年の出身国別割当制度による事実上の排日法以来二八年間は、日系人にとって最も厳しい苦難の日々であった。[33] したがって、その後、日系人が「模範的マイノリティ」と称されるようになったからといっても、そのまま素直に喜べないという議論もある。[34]

アメリカに住む多くのマイノリティの中には、アフリカ系アメリカ人のように、アフリカ大陸から強制連行されて奴隷にされ、「解放」後も、実質的に人種差別を受けてきた者も多い。しかし、アメリカ現代史の中で帰化資格を認められず、土地所有を禁じられ（一九一三年、カリフォルニアの場合）、しかも日米開戦後は鉄条網の収容所に収容されるような取り扱いを受けた民族は日系人以外にいない。このような虐待にもかかわらず、先に見たように犯罪が少なく、学歴は高く、収入が多い生活をしている日系アメリカ人は、民族としてやや特異な存在であると言えよう。

日系人が他の民族集団と異なる原因は何であろうか。アメリカで成功するための鍵が教育であるという見方は珍しくない。[35] しかし、教育自体が従属変数の一つであるとみなければならず、民族によって教育に対する熱の入れ方に差があることも事実である。学校の成績も、日系人の子弟が、他の民族に比べて優れているという報告がなされている。[36] では、なぜ日系人は教育熱心で、その子弟は学業成績が平均以上に優れ、専門職などに多く就き、失業率が少なく、犯罪も少ないのか。

キタノは「日系アメリカ人の価値、技術、態度、行動が、平均的アメリカ人のそれらと大きく異なってはいない」ので、アメリカ社会への定着に成功したという。[37]しかし、これでは日系人が「平均的アメリカ人」（多様なアメリカ人の平均像というものがあるのだろうか?）に似ていることを主張するだけで、なぜ異なっているかという当面の疑問に答えたことにはならない。ここでわれわれは、日系人と「平均的アメリカ人」が同じとは思わない。むしろ日系アメリカ人は「平均的アメリカ人」よりももっと「アメリカ的である」と言っているのである。実態が同じと言うより、価値のベクトルが少なくとも一部分重なっており、日系人はアメリカ人が高い価値を置く業績達成の指向性を「平均的アメリカ人」以上に強く持ち、事実それを達成していると言っているのである。だから、現実には、さまざまな偏見や障害はあったにせよ、日系人にとって、アメリカ社会は共同体規制の大きい日本の農村社会に比べて、目的達成のためにより自由に行動できる社会である。また、ハイアムは、近年のアメリカへの移民の一部が成功へのチャンスを掴むのに有利であること、その理由は、従来のアメリカ人は既存の規範に縛られているからであると説いているが、[38]これもまた、「機会にあふれた国アメリカ」を目指して来た移民たちの大勢が、なぜ高い失業率、低賃金、犯罪などに悩まなければならないかの説明にはならない。つまり、彼の説でも「模範的マイノリティ」の日系人の行動を説明することにはならない。

日系人の行動様式を理解するには、やはり彼らの母国文化との関連を知ることが重要であろう。この点について、ピーターセンはベラの『徳川期の宗教』を引用し、勤勉と倹約は、ほとんど宗教的至上命令にも近いもので、「プロテスタントの倫理」にも似たものであったと言う。[39]また、コーディルとデヴォスの研究によると、日本人と日系アメリカ人とは、「業績指向」に関する心理テストで同様な反応を示しており、それは白人、アフリカ系アメリカ人を問わず、下層アメリカ人とは、はっきりした対照をなすものであったと指摘している。[40]

筆者は、既に述べたように、日系人の文化的背景には、明治およびそれ以降における日本の社会文化的状況があると考えている。そこでは、社会的には身分制度が崩壊して、基本的には下層、中層から上昇することが許される状況が現われ、これを実現するためには、社会的に承認されたルールによって競争することが理論的には可能となった。これは従来の儒教的労働倫理と矛盾しないばかりか、むしろ親孝行のための出世として、奨励されるべきことですらあった。一世が日本を後にした頃、日本は厳しい社会・文化的変化を遂げようとしていた頃であり、かれらにとっては、海外に機会を求めて飛躍すべき動機づけは十分であった。働けば、それに応じた報酬が与えられることが判ったアメリカで、勤勉と倹約を旨とした日系一世たちが克苦勉励して、富の蓄積を図ったことは、当然すぎるほど当然であったと考えることが出来る。

コーディルとデヴォスが言うように、確かに日系人にとっては、日本とアメリカ両国の価値観のうちのある部分が共通していたと言えるし、それが幸いしたとも言えるであろう。その共通点とは、一言で言えば、勤勉と倹約、そして業績達成（出世）への指向性（Achievement Orientation）である。それは、ある意味では、儒教的労働倫理とプロテスタント的労働倫理の共通部分とも言えるし、また、よく比較される日系アメリカ人とユダヤ人との共通部分とも言える。ただ、日系人における業績達成の方法は、一定の社会的単位、普通は家族の枠組みをふまえてなされており、これがプロテスタントやユダヤ人に代表されるアメリカ社会の価値追求の様式と異なる点であろう。当然、アメリカ社会の主要な価値観の中に、家族重視の考え方は含まれるが、そこでは個人ないしは夫婦が家族の中の核になっているのに対し、父系社会をもつ日本人ないし、古いタイプの日系人の家族においては、父と息子を中核とする。[41] そのため、「息子の恥は父の恥」というような考え方が親子共にあり、これが息子の業績達成指向性を一層促進するとも言える。

言うまでもなく、全ての日系人が「模範的マイノリティ」ではない。特にアメリカ化が進んできた若い世代

（三、四世）の中には、いわゆる支配的民族諸集団と生物学的外見以外に、言語や価値観など、区別できない者がほとんどになってきた。日系人以外との結婚も多くなってきたし[42]、犯罪率も若干増えてきたというから[43]、右に述べた一、二世を中心にした日系人社会の価値観や特徴は、現在変容しつつあると言うべきであろう。

5　文化的多元主義とメリトクラシー

民族的マイノリティの諸問題は、純粋に文化的要因ばかりでなく、社会生物学的要因が絡んでいるので、個々の民族集団について論じる場合には、少なくとも数世代の時代幅とその間の過程を考察しなければならない。日系アメリカ人の場合、現在までにまだ三、四代しか経ていないし、「新一世」と呼ばれる戦後の移民が追加されつつある。しかし、他方では移民社会としてこれを考えるとき、母国と転入先との間における文化の周縁性と両義性に注目しなければならない。つまり、時どき二世の人びとが少し遠慮がちに言うように、「私たちは日本語も英語も中途半端です」という意味での文化的周縁性と、それ故にこそユニークなサブカルチャーとしての二面性、両義性がある。周縁性だけを見れば、移民社会としての民族的マイノリティは、母国と受け入れ社会との間《はざま》にあって、行動様式のモデルを新旧両文化の鏡の中に映して見ようとする。そこには、しばしば二重の民族的アイデンティティがみられる。ところが、他方では、二つの異なった文化的周縁性を同時に内在化することによって、そのマイノリティ社会は主流ホスト社会に対して、独自のサブカルチャーをもつこととなる。このサブカルチャーは、接触状況にある二つの文化AとBの両面性をもつがために、Aに対してはBを、Bに対してはAを、それぞれ強調するものととられる。

日米両文化の接点あるいは両文化の重複領域において、日系マイノリティは、日米両文化を使いわけなければならないことがある。両文化が矛盾葛藤する場合には、日系人は当然、困難な状況に立たされる。太平洋戦争中の抑留生活は、その最も明確で悲劇的な出来事であった。基本的価値観や態度や教育観なども日系人と白人ではかなり違うものがある。たとえば、コナーによると、「親が子どもに教えるべき一番大切なこと」は、日系人では「服従と尊敬」や「正直さやまじめさ」と答える人が多く、白人では、「他人への尊敬」や「自己依存」が多いという。(44)しかし、日系人でも世代を経ると考え方が変わり、「遠慮」や「人情」は一世の九〇パーセント以上が重視するが、三世ではこれが激減している。(45)これでわかることは、移民社会そのものが両文化の中間に位置づけられ、そこに文化の移行過程があるが、同時に、移民家族自体の中にも一世から二世、二世から三世へと、変質する文化の移行過程があるということである。

しかし、いずれにしても、文化のるつぼ論に依拠しない限り、複数の文化（たとえ、その一部が他より優勢であったとしても）が併存しておれば、一方から他方への文化化過程があると同時に、各文化の固有の特性を相互に認め合う文化相対主義、即ち文化的多元主義がそこに存在しうる。

ゴードンは、アメリカの民族間関係の流れをアングロ中心、るつぼ論、そして文化的多元主義の三つにまとめた。(46)アングロ中心主義が非アングロにとって我慢出来ないエスノセントリズムであり、また、るつぼ論が楽天的な理想論で（民族的自覚や誇りを無視したという意味では、罪な考えで）あったように、文化的多元主義も、スタインバーグが言うように、既存の体系的不平等の上にそれが構築されるならば、その不平等に苦しむ民族にとっては、一層の重圧がかかることになろう。(47)

アメリカ社会は「業績」を尊重し、これを達成した人を賞讃する文化をもち、同時に、業績達成の機会を「平等」に分かち合おうという理想を持つ。日系人は渡米した当初、アングロ的文化とは相当かけ離れた文化をもっていたが、持ち前の「頑張り」精神（日系人は、とかくこの言葉が好きなようで頻繁に用いられる）で、カリフォルニア等、西海岸で実力を蓄えた。この業績は経済的なそれで、数量化され測定される種類のものである。つまり、従来からもっていた伝統的文化を超えて「業績」と認められ、それがメリットとされた。この種のメリトクラシーは、宗教や言語や民族とは次元を異にしているため、日系人にとっては、却って有利であった。文化の差異を超えて共通して測定されるもっとも明らかなメリットの尺度の単位はドルであったから、日系人はひたすら刻苦勉励、倹約貯蓄して二世のために土地を確保し、上級学校へ進学せしめた。このような禁欲的未来指向性は、まさに古典的プロテスタントの価値に符合しており、その意味では、一部、アングロ文化に近かったとも言えよう。と言うより、結果的には、日系人はアメリカで通りの好いプロテスタント的労働倫理に合致する勤勉さで働き、少しずつ富の蓄積をしていった。これは、いわばアメリカ社会のドミナントな価値基準、ルールに従って行動することであるから、本来、人から褒められこそすれ、非難、批判されることはないはずであった。

しかし、日系人が勤勉で、朝から夜まで働き、富の蓄積をすればするほど、測定不能なほかの文化的側面（たとえば、宗教が異なる、英語の発音が異様である）、あるいは顔つきや体つきが白人に対比して特異であるなどという特別な理由、つまり偏見によって差別された。

ところが、近年（チューマンによれば一九五二年の移民法改正以来ともいうが、より実際には、一九六〇年代の市民権拡張運動が盛んになって以降）、マイノリティ集団にそれぞれ固有の基本的権益を認めなければならないという、アメリカ社会のもう一つの理想、「平等」の理念が時代の前面に表れるようになった。これによって、日系人がそれまで潜在的に保持していた「業績」達成への指向性は、ますます正面きって主張出来るようになったのである。

アメリカは、実に「合衆国」である。多民族国家、多様な文化の国である。そこでは、個人としても民族としても、多様な生き方、存在のしかたが許され、それがある程度可能である。そこでは文化的多元主義が許されるようになりはしたが、それは存在する全ての民族文化の発展を無条件に保証するものではない。存在することの平等と、ほとんど避けられない競争や軋轢を経てしか達成できない業績とは、全く別物であり、しばしば両者は矛盾し、相互に排他的である。平等をヨコとすれば、業績達成はタテである。アメリカ社会自体が、このタテとヨコの価値指向性に揺れている。このタテとヨコをいかに両立させるか。学校教育は国民に基本的情報と技術の共有をもたらすが、同時に業績達成の有力な手段として、今後いっそう効力を発揮するであろう。その目的のために、日系人をはじめ、多くの人びとは益々これを利用するであろうが[48]、業績達成指向性が高まれば高まるほど、よりいっそう多くの「残された人びと」の群がつくられるであろう。これはもちろん、日系アメリカ人だけの問題ではない。

［注］

（1） 本章を執筆するに先だって行ったアメリカのシカゴ及び西海岸での調査はACLS（American Council of Learned Societies）による援助によって可能となった。また、一九八二年夏からの一年間、ノースウェスタン大学都市問題政策研究センターのProf. M. T. Gordonをはじめ、Prof. L. H. Massoti, Prof. M. Roomkin, UCLAのProf. Y. Yasuda, Prof. J. Levine, UC BerkeleyのProf. G. A. De Vos, CSUサクラメントのProf. J. W. Connorなど、多くの人びとに教えられることが多かった。ここであらためて謝意を表したい。しかし、最大の謝意はシカゴ、サクラメント、ロスアンゼルスで協力していただいた日系人の方々に捧げたい。

（2） ここで、日系アメリカ人とは、アメリカでの一時滞在者ではなく、永住またはそれに相当する長期間のアメリカ居住をし、またはそれを希望する日本出身者、またはその子孫を指す。日本人留学生や日本企業のアメリカ駐在員などは除くが、アメリカ国籍を持たなくても、永住権を持ち、アメリカに骨を埋めるつもりの人を含む。これは便宜的、操作的定義であるが、このカテゴリーに含められる日系人は、多くは二、三世であり、少数の一世とかなり多数の四世が含まれる。最近の傾向としては、新渡来の若い「新一世」が少しずつ増えている。

（3） 「教育とは、その最も広い意味において、文化的過程である」（M. Mead 1943）。

（4） 丸山　一九八二、一九八五。

(5) アジア系民族マイノリティ集団、特に、日本、韓国、台湾、香港、ベトナムなどの諸民族集団の子弟たちが示す突出した優秀な学業成績は、一般アメリカ人社会の中に、一種の驚きを与えていたようで、たとえば、筆者が調査のため滞米中に、ＡＢＣのテレビ・ネットワークは、卒業時期に当たる一九八三年六月九日夜、〝なぜアジア系学生は優秀か（Why Asian Students Successful?）〟という特集番組を放送したし、タイム誌（一九八三年三月二十八日号）やニューズウィーク誌（一九八二年十二月六日号）なども同様の主旨の特集を組んだ。

(6) 韓国系アメリカ人社会との比較は、別に論じた（丸山　一九八五）。

(7) Hunter and Whitten 1976 : 309.

(8) Ibid. p. 102.

(9) Novak（*in* Thernstrom 1980 : 777）.

(10) Himmelfarb op. cit., p. 65.

(11) ここで民族的マイノリティとは、一般に諸権利を奪われた民族集団として広義に規定して用いる。しかし、この意味でのマイノリティは必ずしも少数者とは限らないので、一般にしばしば用いられる少数民族と言う言葉は正確ではない。

(12) Cole and Cole 1954.　一方、主流派を占める彼ら白人（W）、アングロ・サクソン（AS）、プロテスタント（P）は、しばしば〝WASP〟と称されることがあるが、これは、主として、近年における反主流化、すなわちマイノリティの民族運動の側から使用される用語であり、その意味でイデオロギー的に決して中立無色の概念ではない。

(13) 一九二四年の移民法は国別割当制 National Origin Quota System と呼ばれるもので、年間最大限一五万人の許可移入民総数を、当時のアメリカの総人口の出身国別構成比に割り当てるという方法をとった。その結果、既得権を持つヨーロッパ系が有利となり、英独だけで全体の六割を占め、アジア系は事実上、排除される結果となった（丸山　一九八二：二〇八頁参照）。

(14) たとえば、Harvard Encyclopedia of American Ethnic Groups (1980) には、大項目として「中国人」や「インドシナ人」などを各々一つの民族集団として数えたとしても、その目次には、一〇〇以上の「民族」名が載せられている（Thernstrom 1980）。

(15) Petersen　1971 : 113. これは、一九七〇年の国勢調査で韓国系アメリカ人の学歴が平均一二・九年と判明するまでは事実であった。同年、日本人のそれは平均一二・五年であった（U.S. Department of Commerce, Bureau of the Census, *in* Ryu 1977 : 219）。

(16) ここで南部とは、国勢調査上の区分による（U.S. Department of Population, Supplementary Report, July 1981）。

(17) シカゴ市の場合、市立小学校、高校における民族的差別の排除とは、当面、白人と黒人の共学を意味しており、一九八二―八三年現在、具体的には白人生徒だけで七〇パーセント以上にならないことが努力目標であった。スクール・バスによる白人と黒人の強制的な相互乗り入れは行われていないが、連邦政府から強い指導を受けている。
(18) Sowell 1978：231.
(19) Frazier 1971：425-31.
(20) たとえば、Slaughter 1974.
(21) Sowell 1978：232.
(22) これは大学院博士課程においていっそうあてはまる（Mommsen 1974）。
(23) 海後　二一八頁。
(24) 同上　二二〇頁。
(25) Kitano 1969：8.
(26) 丸山　一九七九、一九八二。
(27) Kitano 1969：78-80.
(28) Ibid. p. 26-7.
(29) シカゴ地域で筆者が日系一世との個人的インタビューで得た情報による。
(30) Petersen 1966.
(31) Ibid. (*in* Kurokawa 1970：173).
(32) ユダヤ系アメリカ人の収入額は国勢調査では表れない。信仰の自由とプライバシーの尊重を憲法で保障されているからである。しかし、Sowell によれば、私的調査機関である全米ユダヤ人人口調査が一九六九年、ユダヤ人家族収入中央値を一九、二五九ドルと出した。三分の一ほどの無回答があるなど、調査方法に問題があるが、アメリカの民族集団の中では、ユダヤ人が最高収入をあげていることは間違いなさそうである（Sowell 1978：215）。
(33) Chuman 1976：315.（邦訳四八八ページ）
(34) たとえば、Endo 1974, B-L. C. Kim 1973.
(35) たとえば、Olneck and Lazerson 1980：316.
(36) ロスアンゼルスでは、日系人の子どもが、ある客観テストで白人および全体より好成績をおさめている（Schwartz 1970）し、この傾向は全国的にも確かめられている（U.S. Office of Education, 1966）。
(37) Kitano 1969：3.
(38) U.S. News & World Report, July 4, 1983. p. 43.

(39) Petersen (*in* Kurokawa 1970：176).
(40) Caudill and De Vos 1956.
(41) Hsu 1959.
(42) ロスアンゼルス郡内における日系人の非日系人との通婚は、表7のように報告されている。
(43) Petersen (*in* Kurokawa, 1970：174-5).
(44) Connor 1977：152.
(45) Ibid., p. 108.
(46) Gordon 1961, 1964.
(47) Steinberg 1981：254.
(48) 業績達成指向性の特に高い韓国系アメリカ人と日系人との比較は丸山（一九八二、一九八五）で別に論じた。

表7　日系人の外婚率

年	比率（％）
1924～33	2
1948	12
1950	14
1955	21
1959	23
1971	47
1972	49

資料：Kikumura and Kitano 1973：69.
Kitano 1969：213, Table J 参照

［参考文献］

綾部恒雄編　一九八二『アメリカ民族文化の研究―エスニシティとアイデンティティ』弘文堂。
海後宗臣　一九五二「教育」矢内原忠雄編『現代日本小史』（下）みすず書房、二二五～二九七頁。
チューマン、フランク　一九七八『バンブー・ピープル』上・下　小川　洋訳　サイマル出版会（Chuman, Frank F. 1976, *The Bamboo People: The Law and Japanese-Americans*. Japanese American Citizens League, Chicago, Illinois）。
丸山孝一　一九七九「韓国儒教の保守と革新に関する覚え書き」『広大アジア研究』創刊号（崔吉城訳編『韓国の社会と宗教』ソウル：亜細亜文化社、一九八二年所収）。
―――　一九八二「日系及び韓国系移民社会における文化の持続性と変容過程」綾部前掲書所収。
―――　一九八五「教育における文化的多元主義とメリトクラシー（その2）韓国系米人の場合」『九州大学教育学部附属比較教育文化研究施設紀要』第三六号、一～一九頁。
Caudill, William, and George De Vos 1956, "Achievement, Culture and Personality: The Case of Japanese Americans," *American*

Anthropologist, 58 : 1102–26.
Cole, Stewart G. and Mildred Wiese Cole 1954, *Minorities and the American Promise*. New York : Harper and Brothers.
Connor, John W. 1977 *Tradition and Change in Three Generations of Japanese Americans*. Chicago : Nelson-Hall.
Endo, Russell, 1974. *Japanese Americans : The "Model Minority" in Perspective*. *In* Gomez et al. eds. 1974, p.189–213.
Epps, Edgar G. ed. 1974. *Cultural Pluralism*, Berkeley, California : McCutchan Publishing Co.
Frazier, Franklin 1971, *The Negro in the United States*. New York : Macmillan.
Gomez, Rundolph, et al. eds. 1974, *The Social Reality of Ethnic America*. Lexington, Mass. : D. C. Heath and Co.
Gordon, Milton M. 1961 "Assimilation in America : Theory and Reality, " *Daedalus*, 90 : 263–83.
——— 1964 *Assimilation in American Life : The Role of Race, Religion, and National Origins*. New York : Oxford University Press.
Himmelfarb, Milton 1978, "Pluralism Ancient and Modern," *Commentary*, 66 : 64–69.
Hsu, Francis L. K. 1959, "Structure, Function, Content and Process," *American Anthropologist*, 61 : 790–805.
Hunter, David E. and Phillip Whitten eds. 1976, *Encyclopedia of Anthropology*. New York : Harper & Row.
Kikumura, Akemi, and Harry H. L. Kitano 1973, "Interracial Marriage : A Picture of the Japanese Americans," *Journal of Social Issues*, 29 : 67–81.
Kim, Bok-Lim C. 1973, "Asian-Americans : No Model Minority," *Social Work*, May, pp.44–53.
Kitano, Harry H. L. 1969. *Japanese Americans : The Evolution of a Subculture*. Englewood Cliffs, N. J. : Prentice-Hall.
Kurokawa, Minako ed. 1970. *Minority Responses : Comparative Views of Reactions to Subordination*. New York : Random House.
Mead, Margaret 1943. "Our Educational Emphasis in Primitive Perspective," *The American Journal of Society*, 48 : 633–39.
Newsweek 1982. "Asian-Americans : A'Model Minority'." December 6.
Novak, Michael 1980, "Pluralism : A Humanistic Perspective", *in* Thernstrom 1980 : 772–81.
Olneck, Michael R. and Marvin Lazerson 1980, "Education," *in* Thernstrom 1980, p. 303–19.
Petersen, William 1966, "Success Story, Japanese-American Style." New York Times, *in* Kurokawa 1970 : 169-78.
———, 1971, *Japanese Americans*. New York : Random House.
Slaughter, Diana T. 1974, "Alienation of Afro-American Children : Curriculum and Evaluation *in* American Schools," *in* Epps 1974.
Sowell, Thomas 1978, "Ethnicity in a Changing America," *Daedalus*, Winter, p.213–37.

Steinberg, Stephen 1981, *The Ethnic Myth : Race, Ethnicity, and Class in America.* Boston : Beacon Press.

Thernstrom, Stephan ed. 1980, *Harvard Encyclopedia of American Ethnic Groups.* Cambridge, Mass. : Harvard University Press.

Time 1983, "Confucian Work Ethnic : Asian Born Students Head for the Class." March 28.

United States Office of Education 1966, *Equality of Educational Opportunity.* Washington, D.C. : Government Printing Office.

第 3 部

中国少数民族文化の持続と変容

歌と踊りが大好きなウイグル族の子どもたちは休み時間を惜しむように歌う
（中国新疆ウイグル自治区カシュガル市トマンプイ小学校）

第1章　中国の民族政策と中華民族の概念(1)

1　はじめに

冷戦構造解体後の今日、国際問題と言うより民族問題が主要な関心を引いているように思える。国際問題の多くも、実は内外における民族問題に深く関わっている。コソボ、チェチェン、クルド、東チモールなど、すべてそのような実例である。中国も国内に多くの少数民族を抱え、民族間関係の調和と国家の統合とは建国以来の一貫した重要課題であった。

本章において中国における民族概念を整理し、国民的統合の理念および実態の一端に触れてみたい。とくに今日、中国では「中華民族」という概念が盛んに使用されており、その政策的、文化的意味の確認を試みてみたい。そこには中国のナショナリズムと民族性の関連を問題にする場合、避けて通れない課題が横たわっている。またこの問題の考察は、他の国々の同様な事例に関しても、示唆するところがあると考えられる。

2　中国の民族概念

中国における「民族」は、単に漢民族と五五種類の少数民族が居住しているという事実だけではなく、中国の国家そのものの存立に関わる最も基本的な関心事である。たとえば、中華人民共和国憲法では、その序言で次のようにいう。

中華人民共和国は全国各族人民が共同で造り上げた統一された多民族国家である。平等、団結、互助の社会主義的民族関係は既に確立し、今まさにこれを継承しさらに強化しようとしている。民族団結の闘争を擁護し、大民族主義、大漢民族主義に反対し、地方の民族主義にも反対しなければならない。国家はあらゆる努力をして全国各民族の共同繁栄を促進させるものである。(2)

同じく、同憲法第四章では、各民族が一律に平等であり、国家は各少数民族の合法的権利と利益を保証し、各民族の平等、団結、互助関係を擁護し発展させるが、民族の団結を破壊し、民族の分裂を図ることを禁止する、と明記している。

このように、基本的な憲法において国家の民族観を明示しているが、すでに一九五二年には民族区域自治実施綱要が制定され、そこで各民族の自治区およびその中での各民族の意思を尊重した自治と自由が認められている。(3)さらに、民族区域自治法(一九八四年)の序言では「中華人民共和国は全国の各人民が共同して締結した統一性ある多民族国家である」と規定する。そして「民族区域の自治は、中国共産党がマルクス・レーニン主義を運用してわが国の民族問題の基本政策を解決するもので、これは国家の重要な政治制度の一つである」とも言っている。

このように見てくると、中国においては建国の当初から民族問題が国家の最大級の関心事であったこと、特に多数の少数民族の調和ある統合がいかに重視されていたかが理解できる。こうした政府の民族重視の政策は今日でも変わることはなく、かえって今日的重要性をもってきているとも言えよう。

ところで、ここで真に問題とすべきは、これら中国の公的文献で使用されている「民族」の概念である。中国では早くも建国当初より民族政策に取りかかっており、建国翌年の一九五〇年には全国の少数民族に関する実態調査を開始した。その時、政府は中央訪問団を組織して、全国各地の少数民族の名称（自称、他称）、人口、言語と簡単な歴史、風俗習慣を含んだ文化的特徴などに関する基本的状況の詳しい調査を行った。これは、一九五一年と一九五二年の両年、これに貴州省と広西省で参加した中国の代表的社会人種学者費孝通によると、本格的な国家事業としては初めての少数民族調査であり、個人的に彼が提唱していた人類学的地域研究としても意義があると述べている。[4]

この場合、最大の問題はどの民族を「民族」として認定するかであった。一九五三年の第一次国勢調査において、自己記入方式による民族名は四〇〇種類以上に及んだという。[5] もちろんその全てがそれぞれ固有の民族として認められたわけではなく、実は漢族なのに広西省の六甲人とか、湖南省の哇郷人などと称する人たちがいた。また、雲南省では実はイ族の一部なのに、「阿細」、「撒尼」、「普拉」などと自称する者もいた。筆者が一九八七年、中国社会科学院民族研究所を訪問した折りにも、この時の民族調査に従事した経験者たちから中国少数民族の同定にまつわる苦労話を聞いたことがある。申告制とはいえ、独立の民族として申請があっても、数百人レベルでは一民族として認定するのに慎重であらざるを得なかったという。また、他面では、新疆ウィグル自治区で聞いたところであるが、南疆のある地方に住むグループはウィグル族に分類されているものの、少年の割礼を担当する専門的職能をもつ彼らは多くのウィグル族から「彼らはわれわれとは別の集団である」と言われていた。

このような民族の識別作業は一九五三年に開始され、一九五四年時点で三八種類の民族を同定した。一九六五年にはさらに一五の少数民族が追加され、一九八二年にはさらに二民族が認定されて合計五五民族となり、これに漢族を加えて合計五六民族となって現在に至ったのである。この場合、調査員は当該地方の関係機関と協議し、その民族の認定について十分な合意を得た後に決定し、正式に公布されたという[6]。

その際、ある集団を固有の民族単位として認定するには、次のような四つの基準があった。

① 共同の地域
② 共同の言語・文字
③ 共同の経済生活
④ 共同の文化に根ざした共同の心理素質[7]

この四つの規定要因については特別の説明は何もない。しかし、これが有名なスターリンの民族概念の規定に依拠していることは明らかである。これは社会主義国家における民族概念のテキストそのものの忠実なコピーであるとも解釈できる[8]。ちなみに、スターリンは「マルクス主義と民族問題」の中で、民族を次のように定義した。

民族とは言語、地域、経済生活、および文化の共通性のうちにあらわれる心理状態の共通性を基盤として生じたところの、歴史的に構成された人びとの堅固な共同体である。

スターリンの有名なこの定義はいたるところで引用されるが、中国の基本的な民族概念がいかにこれに近いかが明らかであろう。建国直後、多くの少数民族を抱えて国家の統合を図らなければならなかった中国で、民族政策は猶予を許さない切実な問題であっただけに、当時親密な関係にあったソ連の社会主義的民族政策が重要な参考材料になったであろうとは容易に予想されるところであるが、建国後六〇年を経た中国で、今日なおこのようなスターリンの民族概念が通用していることは興味深いことである。スターリンの民族概念はともかくとして、以下、中国共産党の民族政策に見られる理念を検討してみよう。

①「共同の地域」とは、当該民族が比較的限定された地域に集中して居住しているという意味に解される。これは一般的に妥当な状況を示しているようであるが、逆にいえば「共同の地域」に居住していない場合、同一民族とは言えないということになる。これはスターリンが敢えて意図したところであり、もともと同じところに居住していた民族も、遠く離れることになれば、もはや同一民族ではないとみなし、そして現に一つの民族を強制的に分離し、民族の勢力をそぐという政策をとったと考えられる。たとえば、スターリンはかつて東シベリアの朝鮮族の一部を中央アジア各地に強制連行し、定着化させた。また乾隆二九（一七六四）年、清王朝は中国東北部のシボ族一〇〇〇名と家族合計四〇〇〇名を現在の新疆ウィグル自治区イリ地方へ国境警備のため強制的に派遣し、今日、その子孫約三万余人が同地方に集中して居住している。[9] ソ連が解体した今、カザフスタンに住む朝鮮族は朝鮮語を話せない人も多いが、それでも朝鮮族としての自覚を持っているし、新疆イリ地方のシボ族も明瞭なシボとしての民族意識をもっている。このように「単一」の民族が空間的に隔離されて居住する例は枚挙にいとまがない。つまり、スターリンは民族理念を以上のように考えたが、同時に政治家として民族政策を実行して、彼の民族の定義に合致しない現実を民族と考えないというところまでいった。したがって、ここで「共同の地域」という条件に固執する限り、遠隔地に分離して住んでいてもこれを単一民族とみなすという今日的意味からは外れることになる。しかし、スターリンの意図がどこにあったにしろ、建国直後の中国では、比較的まとまった地域に以下のような三条件を兼ね備えた集団が集中して居住するとき、これをそのまま民族として同定したものと考えられる。たとえばウィグル族が新疆省（当時）に比較的多く住んでいたため、ウィグル族を一民族として認定したが、仮に北京や上海などの都市の住民がウィグル族であると名乗り出たとしても、それを別に否定する理由はなかったであろう。

②「共同の言語・文字」については、民族の同一性を述べる場合、誰もがあげる条件である。前項でたとえ居住地が異なる場合でも同一民族である場合がありうると述べたが、言語を全く異にする人びとを同一民族であると

認定するには多くの人が躊躇するであろう。その意味で言語を共有することは民族としての必要条件であると言えようが、文字については必ずしもすべての民族が固有の文字をもっているとは限らない。一九五一年に政務院文化教育委員会内に民族語言文字研究指導委員会が設置され、五四年に出された報告によると、当時全国で四〇〇〇万人の少数民族中、約六〇パーセントは固有の文字をもたないといわれた。その結果、少数民族が文字を持ち得るようなさまざまな政策が行われているが、要するに、民族の独自性を考える場合、文字の有無は重要であるとしても、それは必要条件ではなく十分条件であると言えよう。もちろん、独自の文字を持っていれば、その民族のアイデンティティは一層強化され、再生産されるであろうが。

③「共同の経済生活」とは共有された生産様式のことを意味していると思われる。ここでは社会主義社会におけるマルクス主義的下部構造論を持ち出すまでもなく、同一生産構造を有する社会集団は上部構造としての同様の共同文化をもつことになるであろうし、たとえばカザフ族が牧畜民としての生産様式をもてば、自ずから季節に応じた生活周期を余儀なくされる。そこでは季節に応じた移牧生活のリズムで行動し、そこに同一民族としての生活のパターンを持つことになる。この点は、次に掲げる「共同の生活習慣」と重複してくるが、ここではその基礎になるというマルクス的解釈から経済基盤を指摘しているものと言えよう。もちろん、共通の生産様式をもつからといって、その人びとが必ずしも同一民族であるというわけではない。たとえば、牧畜民、あるいは牧畜「民族」といっても、カザフ族とタジク族を同一視することはできない。これは民族の語法が多様であるという実例として理解することができる。

④ 最後にあげられた「共同の文化に根ざした心理素質」という項目は他の三項に比較して総括的であり、それだけに慎重な理解が必要であろう。共同の文化という表現は、解釈次第では文化の概念に前項の言語及び経済が包括されるとさえ言える。少なくとも文化人類学でいう文化の概念としては、それが一般的である。また、心理素質

という中国語がパーソナリティないし集団的性格を意味しているとすれば、そこには少なくとも二つの仮説が問われないままに前提とされていると考えられる。一つはかつてアメリカの人類学界で一九二〇年代から盛んに行われた文化とパーソナリティ研究を連想させるもので、生活様式、特に育児様式が個人のパーソナリティを決定する重要な要因となるというものであった。育児様式はそれぞれの社会に固有のものがあるため、その社会にはある特有なパーソナリティ傾向を有する人びとが多くなる、というパーソナリティ論であった[10]。このような社会的性格に関する研究は多くの関心を集めたが、より多くの事例に関する比較研究が必要であることはその後の批判において指摘されたところである。もう一つの問題は、仮にひとつの民族に共通の心理的素質と呼ぶべきものがあるとすれば、そこにはこれを形成する何らかの要因、たとえば遺伝的素質など何らかの規定因子があると想定されるはずである。しかし、ここではこのような問題に関しては何ら触れられておらず、ただ所与の条件としてのみ取り扱われている。

中国共産党によって取り上げられた民族性の四つの規定要因のうち、第四の心的要因は更に一層の検討を要する。民族概念の定義に、客観的条件と主観的条件をあげることがある。客観的条件とは、たとえば衣服、食物、住宅など、外部から観察可能な文化で、これが共通していれば、同一民族として同定することがより容易であるとされる。しかし、これらの外的類似性が認められても、当人たちの意識、つまり主観的アイデンティティがこれに伴わなければ、民族としての認知は無理であろうとの見解が今日、しばしばなされている。しかし、客観的条件と主観的条件とは、さほど明快な二元論的区分ではない。たとえば、衣食住に伴うそれぞれの審美性は相互に分けがたいことであるし、宗教儀礼などは一層両面に関わっている。今日、このような民族概念についての議論は文化人類学者のみならず、多くの人びとによってなされているが、一般に「民族」とは共通の言語や生活習慣をもち、同時に自分たちが同一の社会的文化的カテゴリーに属することを意識している人びとのことを指している。多くの場合、このような共通意識の根源には、共通の祖先を持つという信念があり、そのため言語や宗教が共通であると説明される。このような民族意識は逆に、共通の祖先、神話、生活環境などがあるからこそ強化され、持続すると信じられている。スターリンはまったく否定するのであるが、現実には出自の概念を持ち出すことによって、民族的アイデンティティの確認と再強化が説明可能となる。一方、人種の概念は民族概念と違い、身体的特徴によって人間を分類して得られるものである、というのが教科書的説明であるが、実際には婚姻規制のありかたによって配偶者選択の条件が決定し、その結果、婚姻規制という社会的条件によって遺伝子の決定とその伝達のシステムが規制されるという結果を生むことになり、そのため、同一民族が相互に類似した身体的特徴を共有するということになる。そこに、民族の同定が社会通念としては、短絡的に身体的特徴に依拠して行われる理由がある。

中国の場合、建国直後の大変革期に政府は民族政策の基本政策を決定し、その実態把握に人類学者、民族学者、社会学者等を総動員した。そこに新生国家の中における民族集団の認定という、世界の歴史でも異例の事業を行った。国家の枠の中で複数の民族が共存し、共生するということは珍しいことではないが、その多くは結果としてそうなったもので、当初から計画的に複数の民族を仕分けして認定し、それらが基本的に「一律平等」であるという徹底した民族政策の基本的理念は注目に値すると言えよう。ただいささか残念に思えることは、このような民族に関する議論が国際的な規模で行われていないことである。民族問題は中国の国内で重要であるに止まらず、今日世界におけるもっとも危機的な問題の一つになっていることを考えれば、民族を共通の中心課題とする国際的議論が各方面でよりいっそう本格的に行われなければならない。

3 「中華」概念の変遷

ところで、複数民族を内包する中国において、民族間の諸関係のあり方が歴史を大きく左右したとも言える。多数派の漢族を中心に、五五の少数民族が認定された今日、中華民族という用語が新たな意味を持って語られ始めている。今日の国民国家と民族関係を念頭に置きつつ、中華概念を再考する必要があろう。中華という言葉には、単純に中国の中央部という意味と、漢族を中心に考えるという意味とがある。前者に関しては中原地方における漢族の形成という歴史的過程と深い関わりがあり、後者に関してはいわゆる「中華思想」のイメージがあった。中華、すなわちエスノセントリズムと短絡する前に、中華概念の歴史的過程とその意味を民族関係の中で今、あらためて考察してみたい。

中華と言えば、その中核をなすのは言うまでもなく漢民族であった。しかし、一口で漢族または漢民族というが、もちろん初めからそのような単一の民族がいたわけではない。「中華」の源郷とされる中原地方とは、初め黄河中流から下流域を指し、そこで勢力をもった周王朝が次第に版図を拡大して揚子江流域にまで影響力を及ぼしたことから、中原と言えば、広く華北平原を指すようになった。本来は、今日の河南省を中心とし、山東省西部から陝西省東部にわたる範囲であった。中原が中原として中国史の中で意味を持つのは、それが周囲の異民族とは違った政治的主権と民族的アイデンティティを有し、自らを他から異化していたということであり、さらにその範囲がこのように拡大していったということは、周囲の異民族を漢族の中に吸収し同化していったことを意味している。四世紀から五世紀にかけての一世紀半足らずの間（三〇四〜四三九）に「十六国」が成立したが、実際には二〇以上の地方政権があった。そして、その大部分は非漢族で、これが次第に漢族に同化されるという経過をたどることになる。その中の匈奴、羯、鮮卑、氐、羌のいわゆる五胡はみな北方の騎馬民族であり、かれらはしばしば漢族を悩ませた。

唐代の支配階級にも混血が進み、『唐書』によれば、唐代の宰相三六九人中一割に相当する三六人が「胡人」であったと言う。そして各民族の文化が交流した中で唐の文化が発展したのである。中原に居留する匈奴、鮮卑等の諸民族のうち、かなりの者が漢族の中に融合していった。唐の後、五代十国も多くは異民族で、契丹が遼を興し、女真族が金、西北のタングートが西夏をそれぞれ造った。

このように見てくると、各民族が王朝の変化と共に入れ替わっているようであるが、そこでは完全な異民族が交代したというより、社会経済的諸条件の変化に応じて民族間の融合同化が進行したようである。はじめの頃こそ、「混而未合」状態であったが、それはまだ漢人の政治的地位が比較的低かったためであり、その後華北から非漢人が進入し、牧畜から農業へと転化するにつれて経済的生産性が上がり、政治的にも強化されたために、「胡人改漢姓」という現象が現れたと言う[11]。民間において異民族間に通婚が多くなり、上層階級においても例外ではなかった。そして漢族の姓を名乗るものが増えてきた。漢族人口の増加したのは、決して自然増だけではなかった。

十三世紀に興こった蒙古は遼、西夏、金、大理、宋を倒して元を立てたが、蒙古人、色目人、漢人、南人の四等級の民族政策をとった。この場合、漢人のカテゴリー中には、契丹、女真、高麗、および金の統治下にあった漢人を含んでおり、また「南人」とは宋の統治下にあった漢人及び各種の民族を包括する概念であった。このような区分は南北各種の民族が、その後漢人化を加速するのに機能したと言えよう[12]。元末期には、中原に約一〇万人の蒙古兵が残っていたが、その相当部分が漢族の中に混入した。明朝になると、洪武元（一三六八）年、朱元璋（洪武帝）は従来の漢化政策を転換して、弁髪、胡服、胡語、胡姓などを全面禁止した。今日、南部諸民族に漢姓が多いのは明初期のこうした政策のせいであろうと民間では信じられているという[13]。

ついで清王朝を興こしたのは満州族であったが、ここでは満、蒙、漢の三等級に分けた民族政策が実施された。清朝では弁髪が漢族にも強制されたことはよく知られているが、文字については満、漢、蒙、蔵、ウィグルの五種類だけが許された。しかし、興味深いことに、多人数の満族が首都圏に入ってくると、彼らは漢語、漢字を学習するようになったし、朝廷もこれを特別に重視して、たとえば『古今図書集成』一万巻、叢書『四庫全書』七万九〇七〇巻、字書『康熙字典』の発刊など、漢人もよくなし得なかった大事業を成し遂げた。歴代皇帝は文書法、経書、史典などに明るく、科挙制度を徹底させて漢文化の吸収と普及を図った。

中華民国になると、満、蒙、漢の三等級民族政策を中止し、孫文の有名な五族政策、すなわち「漢、満、蒙、回、蔵を合わせて一人（の人間とする）」として、統一的多民族国家の建設を目指した[14]。

最後に現代の中華人民共和国であるが、既に述べたように、各民族の一律平等と団結、国家の統一を基本原則とし、そのため、国家は少数民族の合法的権利と利益を保障し、民族平等、団結、互助関係を擁護、発展させることになっている。従って、少数民族はたとえ小なりといえども国家の不可分の一部であって、民族差別や圧迫、民族の分裂的行為を厳しく禁止することになる。一九五三年三月十六日、毛沢東が「大漢民族主義を批判する」を党内に指示したことは、少数民族への特別配慮であると同時に、そのような指示を必要とする背景があったとも考えられる。

4　中華民族と文化力学

漢族を中心とする中華の理念は本質的に相対的概念である。なぜなら、「中」の字それ自体が示しているように、周囲に何ものかがいなければ中の存在があり得ないからである。中華の実態は周囲の異民族を東夷、西戎、南蛮、

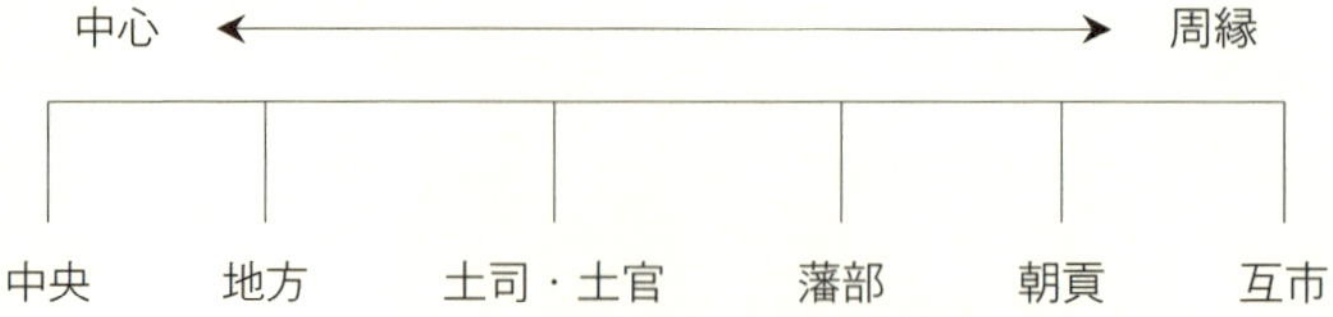

図 7

北狄などと呼ぶこともあった。これはまさに、エスノセントリズムそのものであった。これに対する今日的評価はともかく、ここでは中華の実態を中国における民族間関係史の一様態として考え、これを文化の力学として考察してみたいと思う。

　中国では今日でも内地、外地というような地理的区分をするが、それは北京を中心とした政治的に便宜的な区分となっている。これは公式的な区分ではないが、世俗的通念としては、長城を境として、その外を外地と呼ぶ。このことは、中国というこの広大な国土が、中国人の観念としても依然として重層的構造をもつことが窺えて興味深い。

　しかし、時代を遡れば、中国における中央と地方の対比が、制度的に明文化されていたことが判る。これは中華の理念と政治的実態との関連を示している。すなわち、中華の理念が抽象的観念ではなく、具体的な地理的配置と政治的権力構造を示して意味をもっていたのである。

　まず、中央政権の所在地を中心とすれば、この中央を取りまく同心円があって、そのすぐ外延に「地方」があった。そのさらに外部に「土司・土官」があり、そのさらに外に「藩部」、そして「朝貢」、そのさらに以遠に「互市」が位置していた。中央に隣接する「地方」から最も遠い「互市」に至る各段階は中央との関係の親疎の違いを示していた。中心部と周縁部との関係の中で、中央は常に地方の衛星的な諸国を政治的経済的に引きつける物的精神的求心力を持たねばならなかった。朝貢外交はその実例で、中国の外交史を語る場合に見逃すことのできない面である。特に一四世紀から一九世紀にかけての朝鮮、琉球、越南などは、中国の明朝、清朝に対して朝貢使節を派遣し、国王は朝貢国に冊封使を派遣して交流を行い相互に国王を認知した。この間の物資の流れは、いわゆる朝貢貿易によったが、今日的な意味での国際貿易とは違い、中国側が朝貢品を受け取ると、その返しとしての回賜は朝貢品を上回る価値のものであることが一般的であった。その場合、朝貢の品が高く買い上げられ、絹や銀で支払われる場合もあったし、国境において有利な条件での取引が中国側によって保証されることの魅力もあった。このように、朝貢貿易は周辺諸国にとって中国側から生糸、絹織物、銀、銅銭などを獲得するよい機会であったし、また中国側にとっては、これらの財貨を周辺諸国へ振り分けることによって安定した外交関係を維持することが可能となったことから、長期にわたって安定した関係が持続されたのである。

しかし、このような対外関係は経済的、政治的、あるいは安全保障的な意味においてのみ理解すべきものではなく、中華的世界として、より広範な文脈で捉えなければならない。中華制度は本質的に言って、中国を中心とした東アジア、東南アジアにおける権威体系の具体的現れであり、皇帝の徳治に対して周辺諸国は自発的に朝貢という形で応えるのが理想とされた。従って、皇帝の絶対的権威にはこれに反対する勢力の存在はあり得ないことであり、しかも周辺の諸国はあくまでも「夷狄」としての認知しか得られなかった。

このような国際関係は近代的国家観と異なり、第一国境の意味づけが今日のものと根本的に異なっていた。もちろん勢力範囲を確定するために多くの血が流されたのは事実であるが、その境界線は今日のような固定したものではなく、状況により伸縮するものであった。天下の全ての土地が皇帝に所属するものと考えられていたからであり、仮に国境を設定すれば、それは天子の領土に限界を認めることであり、天子の絶対性を否定することになるからである。現実的には異民族などの対外勢力に対処するのに、遠交近攻や以夷制夷などの政策を採ったが、この方式が根本的に破綻するのは、一九世紀の清朝末期においてであった。

中国に中華思想が形成されたのは戦国時代から秦、漢の時代の頃に最も顕著であったと考えられる。それ以前にも「夷狄」は存在していたが、その当時はまだかれらを排除するのみで、かれらを王道、つまり天子の徳によって教化しようというまでには至っていなかった。しかし、その後の中華思想においてもかれら少数民族の文化を価値あるものとして認めたわけではなく、いずれ皇帝の徳によって教化される可能性を持つという意味においてのみ認定されていたに過ぎない。やがて戦国諸侯は領土が拡大すると、これら周辺部の少数民族をも郡県制の中に組み込むことにしたのであった[15]。

こうした華夷関係の秩序は、中心としての皇帝がもつ求心力と周囲の諸国、諸民族がもつ遠心力との均衡の上で成り立っていたと言えよう。皇帝の求心力とは、前述した朝貢品に対する皇帝からの回賜品とこれに伴う権威、あるいは国境における実質上の交易権の認可を受けることによる実益などであり、周囲の諸民族は中央に引かれて朝貢を続けた。これによってさらに中央へ靡いた者たちはついに漢文化に同化し、「漢民族」に一体化した。かくして漢民族の複合的構成が生まれたのであった。

他方、周辺諸民族には中央からの分離ないし反発もあった。これが極端な場合には中華への攻撃となり侵略ともなった。この場合、清朝における民族間関係は興味深い。満族は本来ツングース系民族であるが、中華に対抗し大挙して中国本土へ侵攻した。清朝を興した後、漢族を支配する象徴として弁髪を強制した。これは本来非中華の民族による政治的文化的圧力であったが、他方では満族のほかに漢族と蒙古族を加えた八旗文化とも呼ばれる独特な文化が発達した。この過程は文化人類学でいうアカルチュレーションと呼ぶことが出来よう。ここでは漢、満両方の文化に変容が生じ、たとえば今日の標準語となった「普通話」や古典文学の傑作のひとつである「紅楼夢」などは八旗文化の所産ともいわれている[16]。しかし、北京での満族は圧倒的多数派の漢族の文化に吸収され、一九九〇年の国勢調査では、約九八五万人が満族であると自己申告しているにもかかわらず、言語をはじめ満族文化の痕跡を見出すことが困難なまでになっている。

この過程で軍事的政治的に圧倒的な支配権力を発揮した満族ではあったが、基本的には前代の明の制度を継承して儒教文化を尊重したし、科挙制度も受け入れ、実施した。清朝は弁髪を強制して漢族の抵抗を許さず、またチベット仏教（ラマ教）を導入して漢族文化への直線的な同化を避けようとしたが、他方ではこのような漢族の中心的基本的価値観や制度を受容したため、満族文化はついには中華文化の中にほとんど吸収され、埋没してしまったと言える。つまり、文化力学としては、満族文化は漢文化に強力に吸収され、これに同化したということになる。

辛亥革命によって清朝は打倒される。その指導者であった孫文は中華民国建設当初、五族共和（すなわち漢、満、蒙、回、蔵の五族が合体して一体となること）を提唱していたが、五族とは中国各民族をまとめて示すとの解釈がなされている[17]。一九二〇年代になると、これに代わって「中華民族」構想を発表した。これは多数派である漢族を中心に、他の全ての少数民族を糾合した国家を造ろうという構想であった。一九二四年、次のような声明が出された。

「国民党の民主主義には二つの意義がある。一つは中国民族自らの解放であり、もう一つは中国内における各民族の一律な平等である[18]。」

ここで使われている「中国民族」という言葉は、今日の「中華民族」のことであり、中国国内の各民族の総称であると解釈できる[19]。

5　中華民族概念のダイナミックス

わが国では明治期に「民族」の語が散発的に用いられはしたが[20]、本格的に用いられたのは柳田国男が一九二五（大正十四）年に創刊した雑誌『民族』以降だろうという[21]。そして中国語の「民族」という語は、英語のNationという語を翻訳した日本語の「民族」が一九世紀末から二〇世紀初めにかけて中国へ導入され、それが今日広く用いられるようになったものだと言われている[22]。

その民族概念が、前述した四つの基本条件によって規定されているとすれば、中華民族という概念は二重の構造をなしているといわなければならない。第一に、中華民族の少なくとも量的にいって中心をなす漢族自体が、本来単一起源ではないことは前に確認した通りである。一九五〇年代に国内諸民族の識別作業がなされたが、この作業の対象となるものは、まず非漢族ということであった。換言すれば、結果として五五種類の少数民族については詳しく検討され、その属性がはっきりと認定されたが、この対象とならなかったその他の全てのものが漢民族であったとも言える。つまり大部分の中国人＝漢族という前提であったため、「漢族」といえば初めから識別作業の対象となり得ない人びとであった。少なくとも少数民族と言われた人びとは、それぞれの属性を積極的に吟味され、その結果、しかるべき範疇に分類されたのであるが、圧倒的多数派としての「漢族」は吟味を要しない「普通の中国人」＝非少数民族として一括され、それだけに内的にはさまざまな属性を持つ可能性のある複合的集合体であった。国民国家としての中国においては、全ての国民が何らかの民族的属性を持っているはずであるという前提に立てば、国民は五五のどの少数民族にも属していなければ、その人は五六番目の民族、つまり漢族でしかありえないのである。かくして、前述した漢族の歴史的複合性とは別に、現代的意味においても、「漢族」の積極的定義がなされることなく、カテゴリー上の複合性、多元性を示していると言わなければならない。これが漢族自体の構造的特質である。

中華民族という場合の第二の構造的特質は、言うまでもなく五六種類に及ぶ民族の多様性である。しかし、この多様性は、単に多種であるというに止まらない。費孝通が著書『中華民族多元一体格局』の書名にも示したように、それらは相互に有機的連関を持ち、全体として統合され、これが国家を形成している。その意味で中華民族とは、漢族とか回族、ウィグル族、イ族などという単体の個別的な民族概念ではなく、これら五六種の諸民族の上位概念である。つまり、それは集団の範囲においては国家レベルに位置しており、中華人民共和国そのものと重複する。もちろん国家の機能と民族のそれは本質的に異なるが、人（国民、民族）と土地（国土、居住地）に関しては海外在住者を除けば、国家（中国）と民族（中華民族）とが完全に一致することになる。これは「民族」の形態としては注目に値する。これを前述した中国共産党の正式見解としての民族の四つの規定要因に照らして検討してみよう[23]。

まず「共同の地域」が第一に挙げられた規定要因であった。これについては中華民族の居住地を中国国土とみなすならば、全く明瞭な条件であり、これを満足させていると言える。

第二に「共同の言語」であるが、これは漢語、つまり「普通話」を共通語としていると考えれば、この条件はほぼ満たされると言えても、実態としては今日、地方の少数民族の中には、普通話が十分に使えない人も少なくない。もちろん、国民教育によって普通話の普及は目覚ましいが、同時に政府は少数民族地域にいわゆる民族学校を設置しており、言語による直線的な言語文化の統一を目指そうとしているわけではないことがわかる。双語教育によって民族語（母語）と国語＝普通話（母国語）の並存を認めながら、徐々に母国語を浸透させているのが現実である。

第三の「共同の経済」については流動的である。近年、科学技術の進歩と改革・開放経済政策の導入によって中国の経済は飛躍的に発展してきたが、東部沿岸地方と西部、西南部の少数民族集中居住地域との間に経済格差が拡大しているとの認識は一般的である[24]。経済問題が民族問題と重複しようとしているところに現代中国の課題がある。共同の経済というのは必ずしも生産様式が全国同一になるということではなく、各地域や各少数民族がそれぞれ特徴ある生産の形態をもつことによって全体としての国家経済を支えることを指す。費孝通が提唱する郷鎮企業もそのような農村発展モデルの一つであろう。しかし、これは個別単体としての民族（たとえば、回族、ウィグル族、朝鮮族など）がもつ生産様式の違いを越え、これらを横断しての生産、消費システムが中国全体として展開されているが、地域的民族的特性は保持するということになる。ただ、中華民族を統合された単位と考えたとき、これが同時に一つの経済単位となり得るためには、国内における東西の経済格差が漢族対少数民族の格差に重複する可能性の方が問題であると言えよう。

最後に、「共同の心理素質」と呼ばれる要因はどうか。中国人は中華民族として現実に共通の心理的素質、性格をもっていると言えるのだろうか。この問題を検証することは容易ではない。一〇億人を超す漢族だけでも同一の性格を有すると言えるかどうかを検証することは困難であり、残る九〇〇〇万人以上の少数民族を加えた全中国人、中華民族に共通の性格があると言えるか。したがって、共同の心理素質と呼ばれる要因に関しては、少なくとも中華民族の場合、実証が困難な状況にあると言えるであろう。しかし、中華民族に共通の心理的特性が全くないと断言することもまた、現時点では言えない。これから中華民族に共通の性格や資質を形成してゆくのだと言うのならば、話は全く別である。共通の領域に住み、同じ普通話を日常語としつつ、同様の経済システムの中で共同体を作ってゆくとき、住民は共通の意識をもつに至るかもしれない。

共同の心理素質と呼ばれるべきものがあるとしても、これを別の視点から論じることも必要である。スターリンの民族概念に掲げられた第四項としての共同の心理素質は中国政府の公的見解として理解されている民族概念にそのまま継承されているが、一般にこれは当該社会構成員のモーダルなパーソナリティを第三者として客観的に把握することを前提としているように見える。その基本的視座は一九二〇年代以降アメリカでなされた国民性の研究に似ており、民族的心性を何らかの形で表出しようとしたものである。たとえば、R・ベネディクトは特定民族には特定の文化の型があるとして、その住民の特徴となるパーソナリティを考えた。(25)日本文化の特質を「恥の文化」として端的に示したことは有名であるが、その結論は余りにも短絡的であるとしてその後、さまざまな批判を招いた。しかるに中華民族の場合、仮に「民族的性格」あるいは「民族的心性」と呼ぶべきものがあるとすれば、それは何であろうか。

このような課題を追究することの意義は否定し得ないが、それよりも現在もっと必要なことは、日本を含めた国際的議論の中で、当該民族がどのような心理的特徴をもっているかを研究者が理解すると同時に、当の住民、当該社会の構成員たちが自らの文化をどのようなものとして意識的に受け止めているか、ということである。そうでなければ、当該民族が自らの文化を誇りとし、民族としての一体感をもつことの理由が説明できないであろう。さらに、個別諸民族の上位概念である中華民族としての心性、いわゆる心理素質の客観的諸条件を研究すると共に、下部単位をなす各民族が「中華民族」をどのように主体的に意識しているかが重要である。このような個別民族性と中華民族という民族的アイデンティティの二重構造を実証的に明らかにすることが求められている。これによって、中華民族の民族性研究を通文化的に国際舞台で比較研究する条件が初めて整うことになろう。

6 結語

1．民族の実態と理念とは他の文化現象と同じく不変のものではない。いかに伝統に根づいた民族文化といっても同様である。もちろん、現時点においてこそ民族の特性は認識され、その基盤には過去の伝統が大きな位置を占めることは明らかである。それでもなお、中国の中心的位置づけをされている漢族でさえ、さまざまな集団によって構成された歴史的産物であることを本章において見てきた。同様に、今日認められている五五種類の少数民族文化が今後質的変化をすることはありうるし、それらの関係のあり方も今後変化する可能性を秘めている。さらにこれら諸民族を統合する新しい複合性がダイナミックに形成されて、「中華民族」として新たに形成されても不思議ではない。現在はその過渡的段階にあると考えられる。

2．かつてアメリカに多くの移民が渡来し、多民族国家が形成される段階で、アメリカの民族間関係は従来からいわれた白人・アングロサクソン・プロテスタント（WASP）を中心とするものではなく、全ての民族文化を溶解して新たな文化を創るという人種のるつぼ論（メルティング・ポット説）が提唱されたことはよく知られている。しかし、これでは従来から各民族が保持してきた伝統文化の否定が前提になるため、最終的な支持を得られずに終わった。中国五六種の民族が合同し、中華民族が形成されるとき、その文化はどのような内容をもったものとなるであろうか。一九二〇年代における孫文らによる中華民族構想は漢族を中心とするものであったが、マルクス・レーニン主義に基礎をおく今日の共産主義国家が経済危機を乗り越えつつ、いかに現代中華民族国家を形成するかは注目に値する。世界には多民族国家は多いが、中国は自身の手によって最適の民族間関係モデルを構築することが期待される。これが実現すれば、それは他の多民族国家内部及び諸国際間における異文化関係のあり方に対しても意味あるモデルを提示することになると期待される。

3．中国史は民族間関係の歴史でもあった。中華の理念では、前述した通り、今日的意味における「国境」は存在せず、中央に位置する天子の徳は同心円的にどこまでも拡大し、遠心的な徳治と求心的朝貢によって均衡を保つものとされた。近代的国際政治の世界において国土は明瞭に規定されるようになり、その中で国民を中心とする主権体系及びその秩序が設定された。日中戦争の頃、いわゆる長征として人民軍が各地の少数民族に直接接触したことの意義は、単に当時だけの軍事的なものに止まらず、脱伝統的秩序の共産主義イデオロギーに裏打ちされた諸民族文化のふれあいとして理解されるべきであろう。これが中華民族という新しい中国文化の方向を示唆するのに意味があった。

4．それにしても、今日の中国で最も基本的社会問題のひとつである「民族」についての議論が、なぜこんなに古い枠組みのままで行われているのだろうか。つまり、憲法において保障された少数民族の伝統文化といえども、前述したスターリンの定義がそのままに建国以来全く無修正、無批判のまま今日に至っており、国際的に大問題となっている民族論争とずれが生じる可能性がある。もちろん民族問題を階級闘争として捉える文化大革命の時期もあったが、民族政策が当面の大きな問題となった今日なお、この民族論争は中国国内における一層の深化と国際的視野をもった民族概念自体の根本的探求を必要としている。[26]

［注］

（1）本章は文部科学省科学研究費補助金（「中国ナショナリズムと少数民族文化の変容過程に関する文化人類学的研究」〈課題番号09410088〉研究代表者丸山孝一）に依拠している。また、本論文の基礎となった資料の収集は、中国民族委員会はじめ、中央民族大学民族研究院、新疆師範大学等の協力によって可能となった。ここに感謝する次第である。

（2）中国の憲法は一九五四年に制定された後、数回改訂されている。ここでは、一九八二年十二月四日第五回全国人民代表大会第五回会議通達及び同日全国人民代表大会公告公布施行による。外国の法文を翻訳することには慎重でなければならないが、ここに訳出したものは筆者の個人的な試訳である。

（3）一九五二年八月八日中央人民政府委員会第一八次会議批准。一九五二年八月九日中央人民政府公布。

（4）費　一九九九：三頁。

（5）同前　一九九九：四頁。

（6）同前。

（7）「中国共産党的民族政策」（千里原　一九九四：二二〇頁）。

（8）スターリン　一九一三「マルクス主義と民族問題」。

（9）丸山　一九九一、一九九二。

(10) たとえば、G・ゴーラーは戦争中における日本人の攻撃的性格は厳しい排泄のしつけに因っているといった（Gorer 1943）。
(11) 費　一九九九：一五頁。
(12) 田　一九九一：六八〇頁。
(13) 同前。
(14) 孫　一九八一：九〇頁。
(15) 小倉　一九七〇。
(16) 松原　一九九五：一一〇〇頁。
(17) 陳連開　一九九九：三四九頁。
(18) 中国国民党第一次代表大会宣言（費　一九九九：三四九頁）。
(19) 同前。
(20) 三宅雪嶺『真善美日本人』（一八九一）、久米邦武編『米欧回覧実記』（一八七八）、徳富蘇峰『国民之友』（一八八七年創刊）などに見られる。
(21) 松原　一九九五：一一一六～七頁。
(22) 千　一九九四：五四五頁。
(23) スターリンの民族に関する定義には、中国の学界でも反論がないわけではない（たとえば「民族百科全書」（一九九三：二四一頁））。しかし、中国共産党の標準テキストと考えられる文書、「民族工作大全」（一九九四年）の用語解説における「民族」の項を見ると、民族の規定要因として前に引用したスターリンの四項目がそのまま使われている（千　一九九四：五四六頁参照）。
(24) 中国の地域格差（単位：％）

表8

	GDP	輸出	人口	土地
東部	58	92	41	13
中部	28	5	36	30
西部	14	3	23	57

出典：『中国統計年鑑』一九九九年版

(25) ベネディクト　一九四八、一九七三。
(26) 中には彭英明・唐奇甜（一九八一）らの傾聴に値する考察もあるが、なお議論の広がりが期待される。

［参考文献］

大林大良　一九七〇「中国辺境の土司制度について」『民俗学研究』三五巻二号。
小倉芳彦　一九七〇『中国古代政治思想研究』青木書店。
川田順造・福井勝義編　一九八八『民族とは何か』岩波書店。
田中克彦　二〇〇〇『「スターリン言語学」精読』岩波書店。
堀敏一　一九九三『中国と古代東アジア世界――中華的世界と諸民族』岩波書店。
松原正毅他編　一九九五『世界民族問題事典』平凡社。
丸山孝一　一九九一「マイノリティ教育民族誌（2）」『九州大学教育学部附属比較教育文化研究施設紀要』第四三号、二五～四〇頁。
――――一九九二「談新疆的少数民族教育」民族高教研究1（総第一四期）、中南民族学院、五九～六四頁。
佐々木信章　一九八八『多民族国家中国の基礎構造――もうひとつの南北問題――』世界思想社。
沈桂萍・石百科亜洲共著　一九九八『民族政策科学導論――当代中国民族政策理論研究』中央民族学院出版社。
陳立鵬　一九九八『中国少数民族教育立法論』中央民族大学出版社。
陳連開　一九九九「中華民族研究的理論与方法」費（一九九九）所収。
費孝通主編　一九九九『中華民族多元一体格局』（修訂本）中央民族大学出版社。
韓效文・揚建新主編　一九九九『各民族共創中華』西北巻他　甘粛文化出版社。
胡中安・陳粋華・杜耀富主編　一九九四『民族区域自治法学』中央民族大学出版社。
黄万綸・李文潮主編　一九九八『綜中国少数民族経済教程』山西教育出版社。
彭英明・唐奇甜　一九八一「民族問題及其実質浅論」『民族問題』第一期。
千里原主編　一九九四『民族工作大全』中国経済出版社。
瞿明安　一九九三『中国民族的生活方式』中国社会科学出版社。

国家民委弁公庁政法司政策研究室編　一九九七　『中華人民共和国民族対策法規選編』中国民航出版社。
国家民委弁公庁・国家民委政策研究室編　一九九六　『国家民委文件編　一九八五～一九九五』上・下　中国民航出版社。
国家民委経済司・国家統計局総合司編　一九九一　『中国民族統計　一九四九～一九九〇』中国統計出版社。
孫中山　一九八一　「中華民国大総統宣言書」『孫中山選集』人民出版社。
田暁岫　一九九一　「漢族」田暁岫編『中華民族』華夏出版社。
中国大百科全書総編輯委員会編　一九九四　『人文百科全書大系・民族百科全書』中国大百科全書出版社。
中国民族史学会　一九九三　『中国民族史学会第四次学術討論会論文集』中央民族学院出版社。
中国民族年鑑編委会編　一九九八　『中国民族年鑑（一九九七）総第三巻』中央民族大学出版社。
ベネディクト、R　一九四八　『菊と刀』長谷川松治訳　社会思想社（*The Chrysanthemum and the Sword*. Boston: Houghton Mifflin）。
――一九七三　『文化の型』米山俊直訳　社会思想社（Benedict, R. 1934, *Patterns of Culture*. New York : Houghton Mifflin）。
Gorer, G. 1943, *Themes in Japanese Culture*. Transactions of the New York Academy of Sciences (Series II) 5 : 106–124.
Postiglione, Gerard A. 1999, *China's National Minority Education : Culture, Schooling, and Development*. New York : Falmer Press.

第2章　中国少数民族の文化と教育の諸問題

1　民族と国家

今日、世界を震撼させている数々の民族問題の根底には、教育が深く関わっているというのが、本章の基本的な立場である。一般に言う「民族」とは、極めて多義的な概念であるが、そこでは共通の祖先、あるいは擬似的または神話的祖先を共有する、あるいは共有すると信じる人びとのことであり、この人びとが集団を形成する場合もあれば、集団化しないで、ただ共通の民族名を持つ関係性のみを共有し続ける場合もある。いずれの場合も、民族集団の成員、あるいは同じ民族名称で関係を保つ人びとは、前世代より引き継いだ共通の生活様式、あるいは文化を大なり小なり共有しているのが普通である。たとえ、遠くはなれて住み、集団化していない民族の場合でも、出自を同じくするという信念と、共通の生活習慣、行動様式とによって、自らのアイデンティティ・シンボルを創造し、これを確認することによって、民族意識は再強化され、その文化は、次の世代に伝達、継承されると考えることができる。

このような民族文化の伝達、継承過程は、それ自体が単独な形で行われるのではない。特定の民族を名乗る複数のグループは互いに隣接して共存あるいは混在するのが普通であるし、そこには、国民国家の枠組みの中にありながら、国民国家とは組織原理や信条を異にする諸民族が共存している。また、各民族は固有な伝統文化の維持、存続を目的とした自主的、自発的民族教育の主張をする。

しかしながら、このような個別的民族文化の主張は、現実には、隣接する異文化との関係や国家のメジャーな文化の指向性と何らかの関わりを持たざるを得ない。そこでは、抽象的な民族の理想とともに、他民族との通商関係や外交関係、宗教的関係、あるいは限られた資源の分配をめぐる諸関係などが具体的に重要な意味をもつ。特に、一国家内における少数民族と主流をなす国家権力との関係においては、少数民族の文化がしばしば無視されたり抑圧されたりすることが多い。その場合、民族と国家との間に深い相克が生じることになる。

国家は、その諸制度と秩序を維持し、その存続を図るために、学校教育制度を普及させているのが普通であるが、特に多民族社会においては、その構成要素である各民族文化の相互関係やドミナント文化対マイノリティ文化の関係調整が重要な課題となっている。

本章においては、五五種類の少数民族を抱える中国における民族教育の政策とその実態を新疆ウイグル自治区における若干の現地資料を事例として紹介し、その特徴と課題について述べてみたい。

2　少数民族の優遇政策

二〇〇五年の国勢調査によれば、中国総人口一三億六二八万人のうち漢族が九〇・五六パーセント、少数民族が九・四四パーセントを占め、その増加率は、五年前の二〇〇〇年に比べて漢族が二・〇三パーセントであったのに対して少数民族が一五・八八パーセントで、漢族を大きく上回った（中国国家統計局二〇〇五年全国一パーセント人口抽様調査主要数据広報）。

少数民族の人口増加率が漢民族のそれより高い理由については、純粋な自然増というより、少数民族を優遇するという政策的要因がある。これには二種類あり、その第一は家族計画の緩和策である。周知の通り、中国政府は人口抑制のため、一人っ子政策をとっており、その結果、全体としての出生率は著しく低下している。しかし、少数民族については出生児数の制限が緩和されており、初子と第二子が共に男子、または女子の場合は、第三子まで産むことができるが、初子と第二子とが異性であったら、それで満足しなければならないと言われている。これは、コントロールされた自然増ということになろう。しかし、これは民族自治区、あるいは自治州、自治県などに住む少数民族の場合であって、それ以外の地域で漢族に混じって暮らす少数民族の場合は、漢族と同様に、子どもの数は一人に限られている。

このような少数民族優遇政策は改めるべきであるという議論が早くも一九八〇年代に起こった。少数民族地域では、衛生状態、栄養状態が改善された結果、ある地域では人口過剰になり、少数民族自身から家族計画の必要が叫ばれるような場合さえ生じた。たとえば、四川省涼山イ族自治州の場合、その中の八つの自治体の過去数年間における年間平均人口増加率は、二・三パーセントで、全国平均（一・一ないし一・四パーセント）を二倍近く超えている。したがって、たとえ少数民族が少数であるからと言って、もはや人口政策を放置していてはならないと言うのである。しかし、現実には少数民族自身によって、家族計画は未だに本格的には取り上げられていないのが実情である。

少数民族に対する優遇政策の第二は、アメリカでいうアファーマティブ・アクションに似たもので、たとえば漢族にとって困難な大学入学が、少数民族の場合、一定の成績を収めていれば、民族学院への入学が優先的に可能となる制度がある（ここで言う「学院」とは、大学のことで、多くの場合、四年制単科大学を意味する。たとえば農学院、工学院、医学院などは、それぞれ農科大学、工科大学、医科大学を指す）。全国に、このような少数民族のための民族学院が十余大学あるが、その中の中心的重点大学とみなされる中央民族学院（北京市）は、一九九三年、中央民族大学と改称された。このような民族学院でなくても、たとえば新疆ウィグル自治区のように、少数民族が集中する地域には、師範大学や農学院、医学院、工学院などの高等教育機関があり、さらに地方には、カシュウ師範学院やイリ師範学院のような教育機関があって、少数民族の学生を積極的に受け入れ、地方民族文化の継承がある程度、意識的に行われている。

このような少数民族優遇政策は、高等教育のみではなく、幼稚園から小学校、初級中学および高級中学（日本の高校相当）にわたって行われている民族学校の延長であると考えられる。すなわち、少数民族の集中的居住地域では、日常言語はもちろん、生活習慣もまた、それぞれの民族の伝統が生かされているため、公的学校教育といえども、漢族のそれとは自ずから異なったものにならざるを得ない。それは、アメリカにおけるアファーマティブ・アクションに似たものであると言ったが、実はその本質は全く違ったところから生起した制度である。アファーマティブ・アクションは文化相対論に政策上の理論的基礎をおき、一九六〇年代以降の市民権運動に後押しされて成立した少数民族や新しい移民のための優遇政策であるが、中国における民族学校は、各民族の居住地、地域性、伝統に強く根ざした政策であり、その主体はアメリカにおけるような少数民族からの突上げや新参の移民集団のための人権や福祉のためではなく、古くからの中国土着の民族のための政策である点が、両者の根本的な違いである。アファーマティブ・アクションは、いわばバイリンガル教育を中心としており、新しくアメリカに来た生徒たちが一日も早くアメリカ文化に適応できるよう、あらゆる方法によって援助しようとするものであり、アメリカ文化の周縁的な領域から、一日も早く文化の「主流」へたどり着くことを援助することが目的である。しかし、アファーマティブ・アクションが人間の平等を理想としながらも、多くの問題点を抱えていることについては、既に多くの指摘がなされている（たとえば、Kirp 1982：28–29）。今日の中国における民族学校の活動は、文化大革命の頃の極端な中央集権的民族政策の反動としての特色を持っている。この点については、後で詳しく述べることにする。

少数民族の居住地域は、概して中国大陸の東北、西北、西南各方面の周縁地域に多い。彼らの居住地域は全国土面積の過半数である約六二・五パーセントを占めており、全体としての人口密度は小さいが、西部の少数民族は砂漠に囲まれたオアシス都市に住んでおり、そのため都市人口は、ウルムチでもカシュガルでも過密状態である。つまり、少数民族の居住地域では、土地は広大であるが、そのほとんどは居住地として適しない不毛の砂漠や山地であるため、居住可能なオアシス都市では、人口密度が過剰気味となっている。

一方、近年、民族自治地方への漢民族の流入が目立って多くなり、そのため、たとえばウルムチ市の人口二〇八万人（外来人口を含む）のうち、七二パーセントは漢族で、ウィグル族は一二・七パーセントである（二〇〇二年十一月一日現在、全国人口調査）。一九四九年の建国当時、新疆ウィグル自治区の首都ウルムチの住民のほとんどはウィグル族であったということを筆者は聞いたことがある。しかし、東部、中央部における漢族の人口圧力や西部大開発政策と、新疆地方における地下資源開発の要請という二つの要因によって、多数の漢族が当地方に押し寄せて来て、ウルムチではウィグル族が文字通り少数民族になってしまった。このように、少数民族が漢族と入り混じって居住する状況は、年々増加する傾向にある。

中国政府の少数民族政策は、基本的には地方自治制と民族的多様性を容認する文化多元主義的であると言える。すなわち、民族区域自治制度によって、民族自治地方は五自治区、三一自治州、八〇自治県（うち三自治旗を含む）に分かれている。一方、漢族を除く五五少数民族のうち、実際に民族としての区域自治権を行使する区域自治民族は三七民族に限られており、残りの民族は事実上、民族としての独自の自治権をもっていない。それは人口が余りにも少数でありすぎるとか、広範に分散しすぎているとかの理由によるとされている。このような場合、当然、彼らの伝統的な民族文化の独自性を維持するための制度は保障され難く、他民族の影響が強くなることは、ある程度避け難い。

近年、経済開放が進行するにつれて、東海岸部と内陸部との経済格差がますます拡大する傾向にあることが指摘されている。これは単に経済開発の地域差というに止まらず、民族集団の地域的偏在、すなわち、内陸部における少数民族の集中的偏在が経済面における東高西低の傾向と重複し、その結果、富裕な東海岸部の漢族、貧困な内陸部の少数民族、という構図ができてしまった。このような東西関係は、都市と農村の対比でもっと顕著な違いを示しており、東部の都市社会に住む漢民族対奥地の農村社会に住む少数民族という対比は、経済問題であるだけでなく、重大な民族問題として解決が迫られている。つまり、中国国内における「東西」間の経済格差は、民族格差と二重写しとなり、国際関係用語として意味される「南北問題」が、中国国内では東西における南北問題となっていると言える。

3　国民教育と民族教育

少数民族の教育という場合、二重の意味がある。第一に、それは国民的国家的枠組みの中における少数民族の教育であり、制度としての国民教育の中に位置づけられる。第二に、それは少数民族自身によって行われる彼ら自身のための教育で、そこでは、たとえば伝統的民族文化の確認、継承、伝達が行われ、また民族的アイデンティティの強化というような目標が掲げられる。

国民教育は、あくまでも国家のよき構成員を育成することが目的であり、したがって、その経費は国家によって賄われ、国民は義務として、その子弟を学校に送り出さなければならない。卒業すれば、社会が要求する最小限の知的、技術的能力と教養を備えた国民として、社会的要請にも応えることが期待される。国民教育は主として学校教育として行われ、共通語としての国語教育はもちろん、国家の来歴を権威づける歴史が国史として教えられる。

学校教育では、国旗が掲揚され、また国歌が機会あるごとに斉唱されることによって国の統一と永続性の強化が図られる。たとえ同一国家の内部に複数の民族集団が内包されていたとしても、少数民族の歴史や文化は、国家的主流から見れば周縁的であり、無視されるのが普通であり、たとえ学校教育の中で取り上げられることがあるとしても、それは中心をなす多数派集団の標準的な歴史や民族の主題を妨げない限りにおいてのみ、可能である。

一方、民族教育は、民族の歴史や独自の習俗や慣習の確認と次世代におけるそれらの再生産を重要視し、そのために民族の神話や宗教、言語などが重要な役割を果たす。従って、この意味での民族教育は、いきおい復古調で過去指向の性格を持つことがある。単一民族国家においては、国民教育がそのまま民族教育ということになり、ここで述べようとする両者の区別は意味をなさないが、多民族国家における国民・民族教育は、次のように整理できよう。

多民族国家の国民・民族教育
- （A）多数派民族による自らの民族教育＝国民教育
- （B）少数民族に対する多数派民族中心の国民教育
- （C）少数民族自身による少数民族のための民族教育

まず、多民族国家の中心的位置を占める多数派自らのための民族教育（A）は、政府の制度的整備と財政負担によって、少数民族をも含んだ全国民に対し、義務教育として行われる。実は、ここでは多数派民族は多数派であるが故に、「民族教育」としての自覚が希薄で、当然の「普通の教育」、すなわち国民教育という意識しかない。なぜなら、民族意識は他民族の存在を前提として初めて可能だからであり、多数派にとって、少数民族はしばしば意識されないか、意識的に無視されることが多いからである。次に、少数民族に対する多数派民族中心の国民教育（B）は、少数民族独自の伝統文化とは無関係に、多数派民族のエスノセントリックな一斉教育がなされる。その教育制度はしばしば中央集権的で、少数民族の文化を中央文化に同化する政策がとられるので、そのような国民教育は少数民族にとって自分たちの伝統を維持するための民族教育と深刻な葛藤を起こす場合がある。一方、少数民族による少数民族のための民族教育（C）とは、少数民族であるが故に、中央政府からの統制を受けつつも、独自の民族教育を自前で、つまり政府の援助を当てにしないで、実施するものである。これには時として政府の干渉があって、完全な形でこれを実施することは困難なこともあるが、中央政府が準備した公的な国民教育を義務として受け入れつつ、家庭や地域社会で非公式に行うのが実情である。仏教国タイの南部地方イスラム文化圏における民族教育は、数少ないそのような事例の一つで、子どもたちはタイ文化とイスラム文化の二重のアイデンティティを課されるという二重の負担がかかるのである（本書第二部第一章参照）。

以上三つのタイプの教育は、国民教育と民族教育の関係の在り方に関するものである。特に（C）は、多数派民族または中央政府側の主体と、少数民族側の民族意思とが衝突し、摩擦が生じることがある。南タイのある国立師範大学で、ある女子学生が制服の代わりにイスラムの民族服を着て登校を繰り返し、大学当局と女子学生を支援する地域の住民との間に深刻な対立が起こった。全く同様の事件は、近年、フランスでも起こっている。旧ソビエト連邦におけるレーニンの民族政策は、民族自決権を認めるものであったが、後になると、スターリンの民族政策は大きく変更され、民族自決権が否定されただけでなく、民族集団は分割統治され、一部は強制移住を余儀なくされた場合さえある。今日、世界各地で見られる民族紛争は、結局民族文化の実現と継承が国家権力または他の民族勢力によって阻止され、民族教育が事実上、行われがたい状況から生じたものと言わなければならない。

国民教育と民族教育との違いは、これを実施し、受ける人びとの意識の中に見られる。すなわち、国民教育は多数派を代表する中央政権によって実施され、それを疑う人は少ない。これを受けることは国民の「義務」であり、その条件を整備するのは政府の責任であるとされる。もちろん、それは国民の権利でもあるのだが、たとえすべての国民が権利を主張しなくても、政府はそれを実施する責任があることから、ともかく何らかの国民教育は保障されており、実施される。しかし、民族教育は当事者がこれを主張し、継続的にこれを実施してゆかなければ、誰もこれを保障してくれないし、そればかりか、民族教育の当事者がもし手をゆるめたり、外部の干渉や圧力に屈するようになれば、民族教育はたちどころに消滅させられることになろう。なぜなら、国民教育の観点から見れば、民族教育はしばしば無用、もしくは国家の統一のために有益とはならないものと考えられるかもしれないからである。したがって、民族教育は国家の保障どころか、多数派集団の側からの妨害や干渉さえあり得ることから、民族教育を実施する当事者はもちろん、これを享受する側においても、主体的、積極的に取り組むことがなければ、消滅、解体することになろう。もっとも、民族教育といっても、それは常に戦闘的な姿で行われるわけではなく、ごく日常的な生活の中で、たとえば食事の時間に、または宗教儀礼の過程で、あるいは民間の年中行事を通して、静かに生活習慣を反復、確認しつつ、民族文化として若い世代に内在化され、結果として民族としてのアイデンティティが形成されるのが普通である。場合によっては、国民教育と両立する形で民族教育がなされうるのは、そのためである。もし、民族教育にこのような柔軟性がなかったならば、他民族の干渉を受けつつも、長年の間、独自の文化を維持することはできないであろう。

近代国家の成立と共に、国民教育制度の発達が要請されるようになり、これが社会経済的変化に対応する人的資源を提供する機能を果たしてきた。これに対して、民族教育はどうか。民族教育と言えば、前に述べたように、いきおい復古調で、過去指向の傾向が生じやすいのは確かであるが、民族教育といえども、常に伝統中心的な教育が行われているとは限らない。民族のアイデンティティを求める場合、共通の祖先や神話、伝承を拠り所にするため、過去に共通の足場を築くことが多いとはいえ、現代社会に生きる民族集団が、たとえば、都市化や技術革新の影響を受けないわけにはゆかず、したがって、民族の神話や歴史、習俗の学習と共に、未来指向の教育も、当然行われる。つまり、近代化とか都市化、または技術革新ということに国民教育がよく機能しているとしても、それゆえに民族教育が時代の変革に無関係というわけではない。かえって、中央政権や異民族の干渉故に、民族意識が刺激され、科学教育を民族教育の中に取り入れるということは、普通にあり得ることである。

4　新疆ウィグル自治区の民族学校

中国北西部を占める新疆ウィグル自治区には、主なものだけでもウィグル、漢、カザフ、回、キルギス、蒙古、東郷、タジク、シボ、満、土家、ウズベク、タタル、ロシアなどの民族が住んでいる。このうち、ウィグル族、カザフ族、シボ族の民族教育について紹介する。

ウィグル族は、一九九〇年の国勢調査によれば、全国で七二一万四四三一人であったが、一九九三年現在、新疆ウィグル自治区だけで、ウィグル族は七五八万九四六八人であった。自治区の首都ウルムチには、前述のように、漢族が圧倒的に多く（七三パーセント）、ウィグル族は一七・四万人（一二・六パーセント）でしかない。しかし、ウィグル族は西南部に多く、カシュウ地区では二九六万人中、二六八万人（九〇・五パーセント）、南部のホータン地区では、一四五万人中、一四〇万人（九六・六パーセント）、東部のトルファン地区では、四三万人中、三七万人（八六・〇パーセント）などとなっている（二〇〇三年現在の自治区内民族構成は表11、一五九頁参照）。

このような民族構成からも判るように、都市化の進んだウルムチでは漢民族が圧倒的に多く、都市化の進展は漢民族の増加の過程でもあったと言える。しかし、ウルムチにはウィグル族のほか回族（一三・五万人）、カザフ族（四万人）、満族（六・九千人）、蒙古族（四・六千人）、シボ族（二・八千人）など、多様な少数民族が住んでおり、自治区政府としても、彼らに対応する適切な教育政策を迫られている。

既に述べたように、中国政府は多民族社会に対して、基本的には文化多元主義的政策をもっている。それは憲法の条文にも明らかである。しかし、その前提には、もちろん社会主義的理想としての国家の統一と団結の実現があり、その限りにおいてのみ、少数民族文化の発展がありうる。学校教育の場においては、国民教育があり、その一部において、ごく限られた民族教育が行われているというのが実情である。

大都会ではほとんど問題にならないが、少数民族の集中する新疆ウィグル自治区には、少数民族のための「民族学校」とその他の一般の学校がある。後者の場合を、ここでは仮に「普通学校」と名づけておく。普通学校とは、漢語を教授用語とする学校で、全国的に標準化された国民教育のための学校である。これに対して、民族学校とは、少数民族が集中して居住する地域にのみある少数民族のための学校で、教授用語は、それぞれの民族語であり、漢語は小学校三年になってから学習し始める。ウルムチはウィグル族が多いため、当然ウィグル族のための小学校と中学・高校の民族学校がある。

そこでは、ウィグル語が日常言語であり、教師でも漢語を十分に理解しない人が多い。教科書はアラビア文字のウィグル語である。一見すると、このように民族学校では、民族の言語を使い、民族教育が行われているように見えるが、実は教育内容を見ると、理科や算数はもちろん、大部分の教科書は、全国的に使用されている漢語による標準的な教科書を単に民族語へ翻訳しただけのものである。その内容は、もちろん社会主義的政治思想が一貫している。

新疆ウィグル自治区には、一九九三年時点で、一一九万六四一六人のカザフ族がおり、その七七パーセント（九二万人強）は北西部のイリ・カザフ自治州に住んでいる。ここでは、首都ウルムチ市内にあるカザフ族の民族学校である第二中学の実態を紹介する（一九八八年九月現在）。この学校は、中国の多くの中学と同様、初等三年間と高等三年間に分かれる。前者が日本の中学、後者が高校に相当する。本校の生徒は全員がカザフ族で、初級部二六九

表9　ウルムチ第二中学時間割（一年一組、一九八八年九月）

	月	火	水	木	金	土
1	代数	歴史	カザフ語文法	代数	カザフ語文法	漢語
2	カザフ語	漢語	地理	カザフ語	歴史	カザフ語
3	漢語	代数	代数	政治	代数	美術
4	地理	政治	生物学	生物学	漢語	体育
5	音楽	カザフ語	カザフ語文法	漢語	カザフ語	代数
6	歴史	地理	体育			

名、六クラス、高等部一三一名、三クラスであった。本校区には三小学校があり、かつては希望者全員を入学させていたが、希望者が多くなったため、希望者の約六割だけを入学させるようになった。生徒の家庭は牧畜民であるため、生徒の約六割は寄宿舎に住み、かなりの者が学校の近所の親戚の家に下宿している。教師は三九名で、一人が漢族である以外は、全員カザフ族である。

教授用語はカザフ語である。母語としてのカザフ語は文法を含めて週八時間教え、国語としての漢語は週五時間教えるが、漢語が不十分なまま卒業する者もいる。漢語が日用語となっていないことが大きな原因だと言う。表9で見るところ、民族教育らしい科目としてはカザフ語があるのみで、それ以外には音楽に多少の民族的色彩が加味されている程度である。

イリ第二七小学校（カザフ族の民族学校）で、三年生の音楽の教科書を見たところ、収録された全二三曲の歌曲のうち、漢族のもの三曲、ロシアのもの一曲、日本のもの一曲、残り一八曲はカザフ族の民族歌曲であった。同じ教科書の練習曲七曲中、カザフのもの四曲、日本、ルーマニア、その他各一曲であった。「自治区」であることで、教科書の編纂については、このような地方色を採り入れる自治権が与えられているということであった。ただし、それは音楽の科目くらいで、他の科目のほとんどは全国標準教科書（普通話）からカザフ語への翻訳である。

一九九三年、新疆ウィグル自治区に住む三万六七八五人のシボ（錫伯）族は、その大部分が最北西端のチャプチャル・シボ自治県とダチェン市に集中し、その合計は約三万一三四二人（八五・二パーセント）に及ぶ。このような少数民族の集中的な居住地域には、民族学校の施設がある。たとえば、チャプチャル・シボ自治県にはシボ族のための小学校と中学とがあり、もっぱらシボ語による教育が行われている。シボ第一中学の場合、生徒九六〇名のうち、九三パーセントはシボ族で、教師も七九名中、六七名がシボ族である。この学校では、国の基本教育方針である「教育大綱」に基づき、全国統一教科書を用いているが、民族学校であるため双語教育として、シボ語を教授用語とする。ここでは漢民族の生徒が少数派で、彼らもシボ語をかなり理解する。しかし、その一四年後の二〇〇七年にこのシボ第一中学を再び訪問すると、大幅に様変わりして、ここでもすべての授業が漢語（普通語）で行われており、しかも玄関前には東部の有名大学への入学が決定した者の名前が大きく掲げられた立て看板があった。校長の話によると、いまやこの学校は一流大学を目指す進学校になったようで、民族学校としての性格はなくなっていた。

一九九一年にチャプチャル・シボ自治県を訪問した時、ここはまだ外国人には未開放地区であったが、その中の金泉郷は中国西端の国境から三〇キロメートルという地点にあり、それだけに警備も一層厳しかった。それでも、われわれは特別の許可を得て、同地を訪問する機会を得た。そこにはシボ族の伝統的な風習が濃厚に残っていると聞いていたので、特に興味を持って訪問したのであるが、実際には「国境」であるために、かえって社会主義的政治教育が強化され、特別教育費も加算されており、それだけに民族主義的色彩は見えにくいありさまであった。辺地ゆえのナショナリズム強化という図式がそこにはあった。公式にはチャプチャル三郷小学という名称であるが、当地では依拉斉牛録村小学というシボ式の名称で呼ばれている。五年生の音楽の授業を参観した時に聴いたシボ語の歌は「歌頌共産党」というもので、歌詞だけはシボ語であるが、内容は国民教育そのもので、漢語による共産主義思想高揚の歌であった。

5　ナショナリズムと民族文化

一九四九年、中華人民共和国が成立した当初、中国政府は地方少数民族の自治権を尊重する政策をとった。これは、新疆についても同様であった。一九五五年、新疆ウィグル自治区が成立したが、中央政府のこの地方に対する民族政策は硬軟両様の面があった。もちろん、基本的には社会主義思想を基盤としつつも、一方には民族的多様性を容認する方向があり、他方ではこれを抑え、中央集権的なナショナリズムを強化する方向があった。四九年から五七年までと六二年から六五年まではやや柔軟な政策がとられ、逆に五八年から六一年までと文化大革命（一九六七～七六年）の時期には、ハードな政策がとられた。

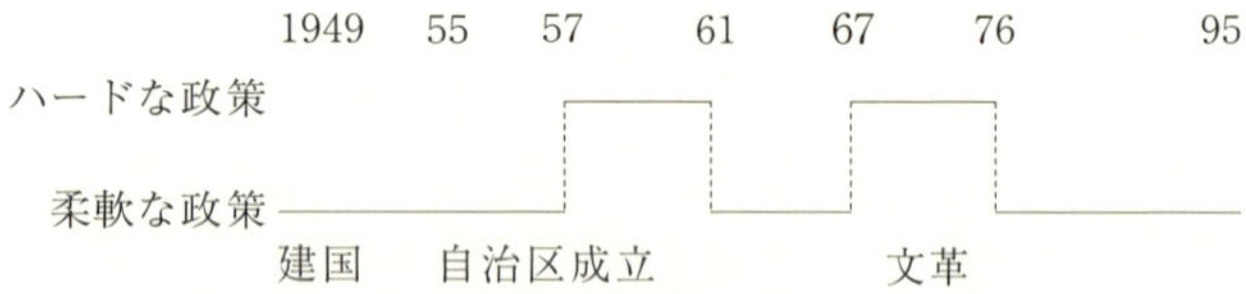

図8

柔軟な政策としては、今日そうであるように、学校や家庭で民族語の使用が認められ、宗教や伝統的習慣を維持することが認められた。もちろん、民族の指導者に責任が負わされたのであるが、彼らの多くは共産党員になった。ハードな政策は、文化大革命の時、特に甚だしかったが、これはエスノセントリズムの具体的展開であった。信教の自由はなく、宗教施設は破壊された。民間伝承の多くも失われた。もちろん、これは少数民族に限った政策というより、中国全体がひとつのイデオロギーに振り回された状況であった。もちろん今日では、このような強硬策はないが、シボ族の精神的よりどころであったシリママという民間信仰は迷信として退けられたし、ラマ廟も破壊されたので、文化大革命時代のあまりにも厳しかった抑圧におびえる人は、今日でも、まだ残っている。チャプチャルに建設されたシボ民俗風情園などはシボ民族文化の容認とともに観光施設となっている。

民族教育の発展は、個別民族文化の独自性を相互に認め、尊重するという文化の相対主義が、現代中国においてどこまで可能か、という問題にかかっている。マルクス・レーニン主義の基本的政治理念が大原則としてあり、これに抵触しない限りにおいて、各民族の歴史観や慣習が尊重されることになっている。ただ、言語に関しては、「民族自治区法」によって、少数民族の言語・文字を最大限に尊重するよう期待され、地方においても一律平等の理念が法制化されている。たとえば、社会主義的教育理念に本来内包される平等原理が、民族の違いを超えた教育の機会均等をいかに実現させるか、という問題である。多様性とは異質の文化の併存ということであり、民族諸文化に見られる質的多様性を共産主義的理念でもって、いかように容認するかということと、さらに漢民族文化＝社会主義思想と少数民族文化の「平等連合」をいかに両立させるか、そのような問題の調整が、今迫られているのである。

［参考文献］

丸山孝一　一九八九「南タイ・イスラム社会における労働倫理の形成基礎」『比較教育文化研究施設紀要』四〇号、一～一六頁。

国務院人口普査弁公室編『中国人口普査的主要数据』中国統計出版社、各年度。

新疆年鑑編輯委員会編『新疆年鑑』新疆人民出版社、各年度。

新疆年鑑編輯委員会編『新疆統計年鑑』中国統計出版社、各年度。

国家統計局編『中国統計摘要』中国統計出版社、各年度。

王戈柳主編　二〇〇一『民族区域自治制度的発展』民族出版社。

新疆ウィグル自治区関連写真

（上）　多民族の学生が学ぶ新疆師範大学
（中右）中国最大のモスク，エイティガル寺院（カシュガル市）
（中左）文化大革命で荒廃したシボ族のラマ寺院。その後修復された。
（下）　学ぶウィグル族の子どもたち

第3章　文化の境界領域に立つシボ族の文化過程

1　はじめに

二〇世紀が国民国家の時代であったとすれば、二一世紀初頭にある今日は民族の時代であるとも言える。事実、二〇世紀には二次にわたる世界大戦があり、Nation-State を単位として軍事組織が編成された。しかし、冷戦構造が崩壊し、旧ソ連が一四の「民族国家」[1]に分裂したことに象徴されるように、国民国家と民族性（Ethnicity）との関係性については、改めて検討することが一層必要となっている。

世界各地で多くの「民族問題」が暴力的に発生している現在、少数民族が置かれた現状を記述し、そこに民族言語の危機的状況と民族間の文化力学的関係を提示することは必要であると考える。いわゆる民族問題と称されるものの多くは、ある特定民族固有の問題というより、実際には当該民族とこれに隣接する他民族との関係のあり方に関する問題であることが多い。なぜなら、民族とはそれ自身、自己完結的存在と言うよりは、他の民族との対比においてこそ、その特質が見いだされるからである。つまり、民族問題とは、結局民族間関係のあり方に関する諸問題と言い換えることができるし、多くの場合、それは中心をなす有力民族と周縁部に位置するマイナーな民族[2]との相対的位置関係を問題とするものである。

以下、中国新疆ウイグル自治区における少数民族、特にシボ族に関する事例研究をもとに、民族間関係の実態を記述し、現代中国社会における異民族、異文化間における文化的境界領域の意味づけについて考察する。

2　中国の少数民族政策

過去数千年来、力動的民族間関係を持ちつづけた中国にとって、少数民族への対処のしかたは、歴代王朝にとって、重要課題でありつづけた。今日といえども、五五種類の少数民族を抱えた中国政府は民族政策を最も重要な国内政治のひとつと考えている。

中国憲法には、国内諸民族の独自性を尊重するという基本方針が明言されている。[3] その具体的現れとして、人民代表大会には各少数民族からも代表者が派遣されている（憲法五九条）し、また少数民族の集中した居住地域には、いわゆる民族学校が設けられ、そこでは部分的ではあれ、各民族の言語で教育を行う双語教育が見られる。さらに、人口政策においても、全国的には強力な一人っ子政策が行われているにもかかわらず、少数民族の場合は二人ないし三人の子どもを持つことが容認されているのみならず、その子どもたちが大学生になるころには、入学に際して一定の優遇措置がなされている。

五五の少数民族と言っても、その実態は多様である。満族のように、比較的スムーズに漢文化を受容し、漢民族に同化しようとしてきた民族もあれば、回族のように言語や一般習俗では漢族に同化しているが、宗教とこれに関連する食慣習などは伝統的イスラム教の風習を守っている民族もある。チベット族、モンゴル族、ウィグル族などは、宗教も言語も伝統的な姿を維持しているが、これらも今日ではかなり中央政府から直接間接の統制を受けるようになっており、また、直接の政府からの干渉でなくとも、伝統文化の純粋さを喪失しようとしている少数民族は多い。

広大な中国における民族文化には多様性が大きい。一般に少数民族は東北部、西北部、西南部、東南部など、中国大陸の周縁部、または「外地」に居住しているが、各地域の生態学的諸条件によって各民族の生業形態も当然異なるし、宗教的特質も地域差が認められる。共産党政権下においては、宗教に対して消極的ないし否定的政策を採るのは不思議ではないとしても、既存の宗教を徹底的に否定した文化大革命の後、今日では各種の宗教信仰が復活しており、たとえばラマ教信仰のチベット族やモンゴル族、イスラム信仰の北西地方諸民族（ウィグル族、カザフ族、タタール族、キルギス族など）、あるいは根強いシャマニズム信仰を継続する東北諸民族などはその実例である。

このような宗教的多様性は全国的な国家の統一と矛盾するものであろうか。中国では民族の団結がいずこにおいても大きな目標として掲げられている。少数民族の多様性を容認することは、国家的規模において中国文化の豊かさを示すものと考えられ、これを中華民族として一本化して理解するというのが中国政府の見解であると思われる。これは中華民族の遠心力的発展過程とも解される。

一方、国家の団結とか諸民族の大同団結などというモットーは、国内の諸勢力を社会主義イデオロギーのもとに統一し、遠心力とは逆に中華民族としての社会的文化的統合を促進しようとする求心力を作用させるものである。この遠心力と求心力とは逆のベクトルでありながら、相互に矛盾するものではなく、逆方向に作用するが故に均衡を保ち、安定を求めているとも言える。もしも、民族的多様性が過大であり、遠心力のみが強調されるならば、国家の統一は危機状態になり、社会的安定が損なわれるであろう。一方、中華民族の求心力が過大となり、ナショナリズムが過大となって少数民族の多様性を容認しないことになれば、少数民族の不満が高まり、国家規模での社会的安定が損なわれることになろう。

このような中国政府の少数民族政策は、中国共産党の基本的方針として、各所において繰り返し強調されている。たとえば、毛沢東、鄧小平、江沢民など中国共産党を代表する三大指導者らは民族問題を中国社会主義革命と建設のための総合的問題の一部として強く把握していた（王紅曼 二〇〇〇）。政府機関である国家民委政策法規司が編纂した『中国城市保障少数民族権益法規選編』（二〇〇〇年）を見ると、中国政府がいかに少数民族の権益を保障するために法的行政的措置をとってきたかを詳細に知ることができる。上述の憲法規定のほか、民族区域自治法（一九八四年）では、憲法の規定する原則を、より具体化するために、詳細な規定が定められた。たとえば、民族自治機関は職務執行に当たり、当該地域の民族語を使用できると定めている（同二一条）。同じく各民族自治機関は各段階の官吏に一定の少数民族の構成に配慮した人事をしなければならないとした（同二二条）。また、少数民族を侮辱するような内容の出版物を発行した者は三年以下の禁固刑に処するというし、民族間の仇恨を煽る者は三年以上一〇年以下の禁固刑に処するという（刑法二四九条）。このような全国的な規定は当然地方にも及び、たとえば山東省では、少数民族が平等な権利を享受することができる（山東省民族工作条例第七条）とした上で、少数民族人口が三〇パーセントを超える地域では少数民族の名を冠した「郷」を定めなければならないと規定した（同八条）。

この本（『中国城市保障少数民族権益法規選編』）で興味深いのは、その構成である。すなわち、本書に収録された法規定は、その前半部分においては普通の中国語（「普通話」）で書かれているが、後半には、その全てにわたって英語の対訳が付けられていることである。これは明らかに外国人読者を意識して編集されたものであると言わなければならない。少数民族の問題はもはや国内問題にとどまらず、国境を越えた国際的関心にまで発展している。少数民族の基本的人権は、少なくとも理念的には第一義的に尊重されるべきものであるという価値観が国際的同意を得ていると言っても過言ではなかろう。したがって、中国「国内」における少数民族政策は、諸外国の関心を呼ぶところとなっており、中国政府ももちろん、これを無視することはできなくなっている。そのため、中国政府としては、国内における少数民族政策の具体的な実態を示すために、外国語による、このような少数民族政策の法的根拠を明らかにする必要があったのである。このような少数民族に対する法的措置は、その書名にも表れているように、少数民族の権益を擁護することを目的とするものであり、この理念が国際的評価基準と整合性を持つことを明示する必要があったと言うことができよう。

少数民族の権益については、多数派としての漢族に対して平等であるというばかりでなく、少数民族相互間においても平等でなければならないという考え方が古くからあった。しかも、各民族は相互に平等であると同時に、全て団結して漢族と共に中華人民共和国を形成するものであるという強固な理念が一貫している。それは「全ての民族は社会主義に向かう」ものであり、これはマルクス・レーニン主義で言う社会主義発展の必然であって、避けることはできないものだという。[4] しかし、現実には民族間に経済的発展の段階差があり、発展の遅れた「落後」民族は先進民族がこれを救援する必要があるという。[5] このような見解は、理想としてのあるべき姿を示しているという点では興味深いが、その目標に至る方法やその間の課題については全く放置し無視しているところに、この種の文献の楽観主義的非現実性と無責任さがある。

実際問題として、民族政策は時代と共にかなり変動している。五〇年代までは少数民族の言語を擁護したり少数民族の幹部を養成したりするなど、少数民族に理解を示す政策が執られたが、反右派闘争と人民公社化は民族地区にもろに波及し、地方民族主義への激しい攻撃などで民族地区は混乱した。[6] それは結局、民族問題を階級理論によって解釈することにより収束し、毛沢東の「民族闘争はつまるところ階級闘争である」という言葉（一九六三年八月）にまとめられた。しかし、民族問題を階級闘争によって解決するという考え方によれば、各民族の特殊性を配慮すると言うよりは、各民族の特性を史的唯物論の発展段階における過程として位置づけており、単系的進化論の議論に陥ってしまう。それは少数民族が統合されて国家を形成するという認識である。一九八四年になると、民族区域自治法が成立して、自治区主席を地方の少数民族から選ぶなど、少数民族への配慮が見られるようになった[7]

が、民族自治区といっても、新疆ウィグル自治区の如きは、建国当初（一九四九年）の頃こそ、ウィグル族が七五パーセントを占めていたものの、今日では漢民族が四〇パーセントとなり、民族構成がすっかり変わって、今日では西部大開発の影響で、この傾向はいっそう高まっている。

費孝通は中国の多様な民族構成の統合をみて、「中華民族多元一体の構成」という概念を提起したが、(8)以降、これを支持する解説書の類が多い。(9)これらによれば、中国には古来多数の民族が共存したが、長期の共同生活の中から、自然発生的にひとつの民族が実態として形成されたという。彼らはこれを中華民族と呼ぶのであるが、これが内包する少数民族をも「民族」として呼んでいるので、レベルの違うカテゴリーを同じ民族の語で呼ぶのは混乱を招きやすい。「中華民族」は、中国特有の政治概念として用いられている。それは中国人民、あるいは中国国民と同義のようである。中国国内に居住する五六の民族の総称として中華民族の概念があるが、在外中国人（華僑や華人）をどこまで含むのかという問題は残る。

中国少数民族の法的取り扱いは別にしても、少数民族の生活実態はどのようになっているのであろうか。この点について、新疆ウィグル自治区の場合について検討してみたい。

3　新疆の民族事情

新疆ウィグル自治区にはおよそ一三種類の少数民族が居住している。このうち、ウィグル族、カザフ族、タタール族、キルギス族、タジク族、ウズベク族などはイスラム教徒で、チベット族、シボ族などは仏教、シャマニズムなどを信仰している。これらの諸民族の人口構成は表10の通りである。

当地の人口規模から見れば、漢族の人口は第二位の多さであるが、中華人民共和国成立直後の一九五〇年当時は

表10　新疆ウィグル自治区の主な民族構成（2003年現在）

民族名	人口（万人）	構成比（%）
ウィグル	882.35	45.62
漢	771.10	39.87
カザフ	135.21	6.99
フィ（回）	86.97	4.48
キルギス	17.37	0.90
モンゴル	16.69	0.86
タジク	4.09	0.21
シボ	4.03	0.21
満	2.39	0.12
ウズベク	1.46	0.08
ロシア	1.11	0.06
タウール	0.67	0.04
タタール	0.49	0.03
その他*	10.32	0.53
合　計	1,933.95	100.00

出典：中国与人口発展研究中心
＊その他としては，東郷，サラ，メオ，イ，プイ，朝鮮などの各民族。

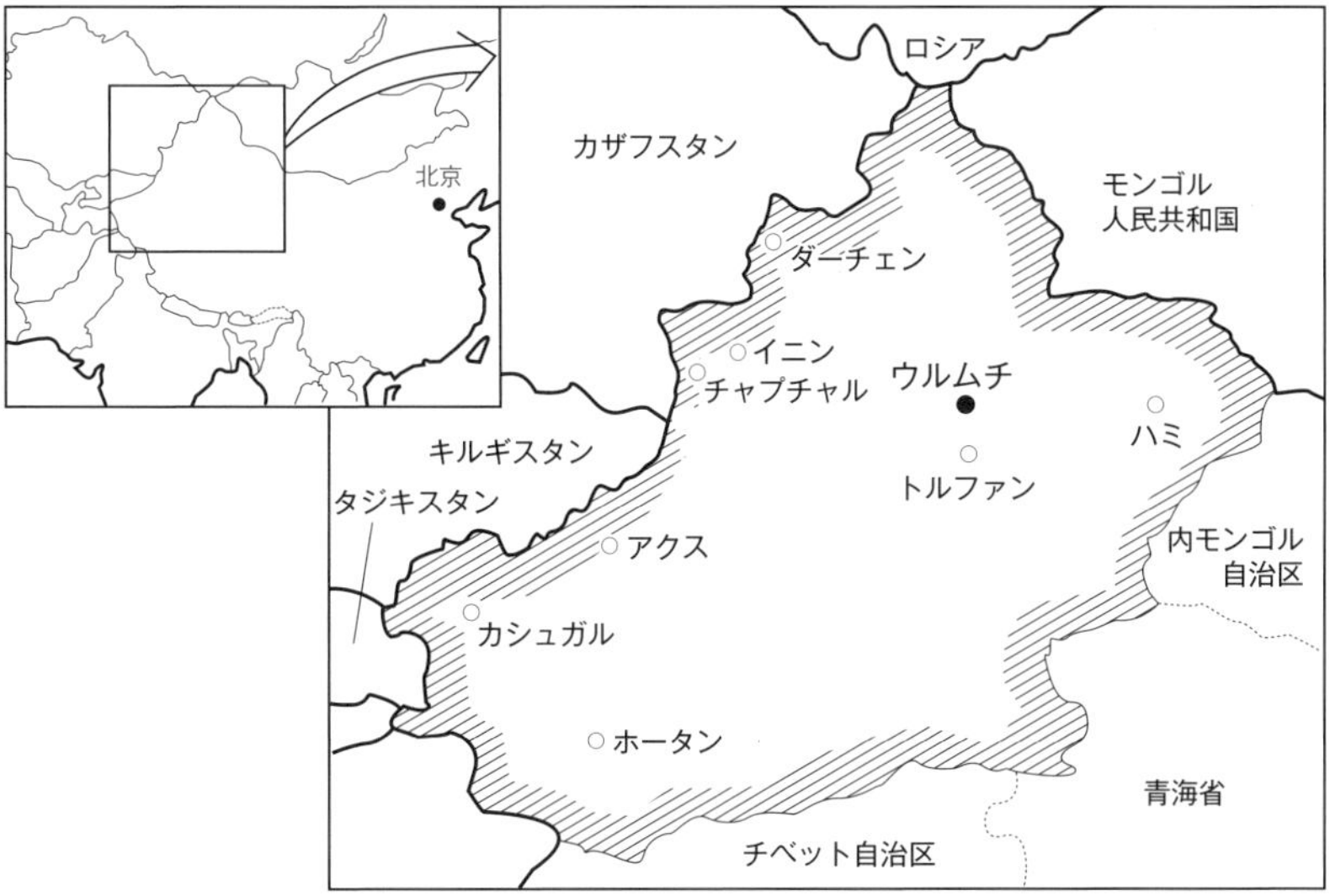

図9　新疆ウィグル自治区

三〇万人余りに過ぎなかった。その後の政府による移住政策によって「内地」より大量の漢族が移住してきた。特に近年は西部大開発政策の影響で、この表が示す数字以上に大量の漢族の移住があったと思われる。

漢族の流入は一八世紀半ば過ぎから本格化した。それは清朝政府による官吏と軍隊を中心とするもので、これとは別に漢族の商人がウィグル族の商人と取引をしていた。後者はウィグル族の居住地域において交易をしていたが、政府派遣の官吏や軍人は漢族が漢城とか新城と呼ぶ都市に定着していったのである。清朝中期の乾隆二九（一七六四）年、東北地方から新疆北西部のイリ地方へ派遣されたシボ族はやはり国境を守ることを主たる目的とする軍隊であって、満族と同様の扱いをうけたものと思われる[10]。この点については後述する。

ウィグル族が古来、共通の民族としてのアイデンティティをどの程度もっていたのかは明らかではない。八世紀の中期、ウィグル族はモンゴル高原に勢力をもっていたが、九世紀には天災と内部抗争で乱れ、加えてキルギス族の侵攻によって衰退した。その後、紆余曲折はあったが、タクラマカン砂漠のオアシス町を中心に、ウィグル族の生活が展開され、ウルムチ、トルファン、カシュガル、ホータン、ハミ等の都市が形成された。ハミ、トルファンなど、新疆東部地域は、より強く清朝政府の影響を受けたが、一九世紀後半にはイスラム勢力の反乱があって、一時清朝の支配が中断する。しかし、一八七九年には左宗棠ら漢族の軍隊によって新疆は再び征服され、一八八四年には新疆省が制定されて、中央政府からの直接支配を受けるようになった。しかし、当時、新疆における漢族の総人口は一〇万人にも満たなかった[11]。

新疆省成立後も伝統的イスラム信仰と農業、牧畜を中心とする生活様式は維持されたが、新疆省政府による抑圧的直接支配は過酷となった。民衆からの反発が盛んになったが、常に制圧され、散発的でしかなかった。一九二一年に、現在のカザフスタンのアルマティにおける会議で、東のハミ（クムル）から西南のカシュガルに至るまでの各地のオアシスに住むトルコ系イスラム系住民に対して「ウィグル族」という民族名称を用いるという提案がなされた。これは八世紀にモンゴル高原で勢力を張っていたチュルク系牧畜民族の回鶻《ウイグル》の名称を引き継ぐものであったが、一九三四年に新疆政府がこれを正式名称として採用し、「維吾爾」という字を当てることになった。しばらくの間、住民自身は漢族によるこの他称を使わず、「チュルク民族」とか「東トルキスタンのイスラム教徒」という自称を用いて漢族から一定の距離を維持しようとして反発をしたが、その試みはことごとく失敗し、中華人民共和国の成立と共に、「ウィグル族」は名実共に中国五五少数民族の中の重要なひとつになった。

そもそも民族の名称というものは、いつ誰が名付けたものか解らないというのが通例で、神話や伝説によるというのが多い。しかし、「ウィグル族」の場合は右記のように、現代における人為的合意によって成立したという、きわめて稀な事例であったと言わなければならない。しかも、新興中国政府にとって少数民族政策は最重要課題の一つであったため、建国直後の一九五〇年代初めから、伝統的な少数民族の文化、風俗習慣を保存、発展させるなどの政策を実施した[12]ので、「チュルク民族」であれ、「東トルキスタンのイスラム教徒」であれ、一括してウィグル民族として統合し統治することは、少数民族政策としては十分意義のあることであった。

一方、ウィグル族と呼ばれる側にとっても、回鶻への遠い思慕が仮にあったとしても、トルファンやカシュガルなど、広大な砂漠を挟んで並存する諸集団が「ウィグル」という統一名称のもとに団結し、中央政府に対して自治を要求する当時の趨勢からすれば、好都合なことであった。当初こそ、他称としての「ウィグル族」に多少の抵抗感があったとしても、建国後は政府の強力な民族政策の中で、これを比較的スムーズに受容したことは注目すべきであろう。そして今日、ウィグル族は、五五の少数民族のひとつとして受容され、また前述のように、少数民族として政治的権限を受け入れているのである。

「ウィグル族」と呼ばれた当該者たちは社会的にも心理的にも、ひとつの民族として統合されることになったが、従来は「トルファンの人」、「クムル（またはハミ）の人」、「カシュ（ガル）の人」、「イリの人」、「ウルムチの人」

などと各地域ごとに帰属感を強くもっていたし、アイデンティティもあったらしい。イリとウルムチ、ホータンとカシュなどは、相互に通婚関係をもつことがしばしばであったが、トルファンとカシュなどは、間に広大なタクラマカン砂漠を挟んでいるせいもあるが、相互の婚姻圏には属しておらず、かえって対抗意識をもつことも珍しくなかったと関係者は語っている。

それにもかかわらず、砂漠の中に点々と散在するこれらオアシス町の人びとが、人為的政策として「ウィグル族」として一本化されることにさほど大きな抵抗を示さなかったのはなぜなのか。興味深いことである。遙か八世紀の昔の回鶻の記憶が人びとの意識によみがえったのかも知れないが、より直接的な要因は、次のようなものがあったと考えられる。

第一に、イスラム教徒としての一体感である。中国国民の大多数は漢族であり、しかも共産主義イデオロギーによる宗教信仰への消極的な政策は、ウィグルの人びとの心理を内向化させ、ウィグル族として同一信仰を共有する連帯意識を強化するのに貢献した。そこに、マイノリティとしての共通基盤がある。たとえカシュガルとトルファンの間に対抗意識があったとしても、それは対漢族との関係から言えば、相対的に身内意識が働いたと考えられる。外圧としての漢族の存在がなければ、広大なタクラマカン砂漠を挟んで対峙するトルファンとカシュガルとの対抗意識はより顕著になったかも知れないが、これら二者とは全く異質の漢族の存在は、これら二者の相対的近接性、類似性を顕在化することになり、両者を引きつけ、同質化せしめるのに機能したと言えよう。

第二に、言語の共通性がある。トルファン、イリ、カシュガル、ホータン、クムルなど各地の間には、風俗習慣の上で若干の違いがある。これらの土地を訪れてみると、たとえばカシュガルの人びとは一般にクムルの人とは結婚しないだろうと言うし、その逆も同様である。しかし、ウルムチの人とイリの人とは結婚する場合が多い。このように各地の間には、感情的な面で愛着、親密度に濃淡があり、同じウィグル族といっても一様ではない。しかし、ウィグル族内部におけるこのような異質性にもかかわらず、ウィグルという名称を受け入れ、これに維吾爾という漢字を当てて自らを称することにそれほど大きな抵抗がなかったのは、言語の共通性があったことが大きな要因となっていると思われる。トルコ系の言語体系に属するこれら各地域の住民は相互に若干の相異はあるものの、周辺のカザフ族、キルギス族などと比較すれば、ウィグル語として一括されても不思議でない共通の言語的特徴をもつことは明らかである。

第三に、風俗習慣上の共通性がある。今日ウィグル族と呼ばれる人びとの間にも、細かく見れば地域差はあるが、それらは民族としての同一性を疑わせるほどの大きなものではなく、相互に理解できるほどの類似性をもっている。たとえば、衣裳のデザインは全てのウィグル族の間で共通しているし、ムカムの伝承[13]は全ウィグル族共通の文化遺産として誇りをもって受け継がれている。

第四に、外圧に対する内的凝集性の強化を挙げることができる。ここで外圧とは、隣接する異民族や、より直接的には漢族、または政府からの政治的、経済的、文化的影響力を意味する。五五の少数民族の一つとして認定され、しかも一九五五年には「新疆ウィグル自治区」として、自治の認定まで受けると、国家の枠組みの中に制度的に編入され、そのことが中華人民共和国国民としての意識を促すと同時に、これに対する民族意識を刺激することにもなる。前者が外向きの国民意識、ナショナリズムの目覚めとすれば、後者は内向的民族意識の自覚と言えよう。そこに与えられたウィグル族という民族名と新疆ウィグル自治区という地域名が国民意識と民族意識とを同時に自覚させる結果となった。国家の成立によって「ウィグル族」として公認された結果、トルファンの人、カシュガルの人、イリの人などと個別に呼んでいたものを、全て一括することになり、新たに民族意識を呼び覚ましたのである。まして、近代国家としての中華人民共和国の諸政策は、社会主義イデオロギーはもちろん、一般行財政の施行自体が伝統的民族文化にとっては異質のものであったため、これを十分に内在化する以前は、これを外圧として捉えることもあり、これが内的「われわれ意識」を喚起し、民族としての連帯感を醸成したと言えよう。

ウィグル族の場合、このような民族名命名の特殊事情から新疆ウィグル自治区内における民族意識を強化したと考えられるが、カザフ族の場合は同じ民族が隣国において、一九九一年に旧ソ連から独立してカザフスタンを建国した。これによってカザフ族は、この国境線によって東西に分断され、約一〇〇万人余が東側の中国に、約四〇〇万人が西側のカザフスタンに分属するという複雑な経緯を経ている。もちろん中国国内においては、ウィグル族の場合と同様、カザフ族は中華人民共和国に属し、国家の構成員であるが、集中して居住する新疆ウィグル自治区北西部では、行政区域名としても伊犁哈薩克（イリハザック）自治州という位置づけを得ている。新疆ウィグル自治区首都ウルムチにはカザフ族の民族学校があり、その意味で民族教育による民族的アイデンティティの形成とその再生産はある程度、持続的に行われていると言えよう。

しかしながら、新疆における少数民族の諸文化は相互に交叉しており、これに漢文化や国家的イデオロギーが覆い被さる形をとっているため、伝統的な少数民族文化は急速に変容を迫られているのが実情である。複数の文化が隣り合い、重複している状況をここでは文化の境界線と呼ぶことにするが、その実例を、以下、シボ族の場合について見てみよう。

4　シボ族の文化変化

中国に住む五五の少数民族の中で、シボ族の特徴として、おおよそ次の諸点を指摘することができよう。

①　一七六四（乾隆二九）年、遼寧省、吉林省、黒龍江省など東北地方のシボ族兵士約一〇〇〇人は国境防衛の

ため新疆へ強制移住させられ、今日チャプチャル・シボ自治県と呼ばれる地域に集中して定住した。

② 同伴した家族を含めて、その数約四〇〇〇名であったが、新疆では二〇〇三年現在約四万人になった。近隣がイスラム社会であったことから、ほぼ純粋培養的なシボ族自身による内婚（再生産）が約二四〇年余にわたって継続的に行われた。

③ 宗教的には周囲のイスラム教（ウィグル族、カザフ族など）に混じらず、伝統的なラマ教およびシャマニズムを維持し続けた。

④ 原郷である東北地方のシボ族たちは、満族がそうであったように、隣接する多数派の漢族文化に圧倒され、満族、モンゴル族、漢族との通婚もすすみ、今や漢文化に吸収、同化されて、固有の宗教も言語もほとんど喪失した状態にある。

⑤ イリ、チャプチャル地方にも多くの漢族が移住してきた今日、この地方のシボ族にも、東北の同胞と同じく、漢化される傾向が見えている。

これらの内、①から④に至る各項目については、かつて述べたことがある[14]が、全国でわずかに一七万二八四七人というシボ族人口（一九九〇年国勢調査）のうち、新疆ウィグル自治区には三万三〇八二人（一九パーセント）だけが住み、さらにそのうち二万八九二九人（八七パーセント）はイリ地区に居住しており、特にチャプチャル・シボ自治県が主要な居住地区となっている。

新疆以外に住むシボ族が全体の八一パーセントを占めるが、彼らは主として遼寧省、吉林省、黒龍江省、北京等に住んでおり、④に述べたように、その多くはシボ語を解することができず、国勢調査ではシボ族であることを表明したものの、その民族的アイデンティティはかなり表層的なものに過ぎないようである。その八年前の一九八二年の国勢調査ではシボ族全人口が八万三六二九人であったから、この間に二倍以上の人口増加があったことになるが、これを詳細に見ると、これは自然増というより、国勢調査の方法によるものと考えられる。所属する民族の名称は、中国人にとってはきわめて重要なもので、国民全員が所持している身分証明書にも民族名が明記されている。この民族名は国勢調査の時、自己申告制度になっていて、仮に漢族の父親とシボ族の母親の間に生まれた子どもは、漢族と名乗ることもできればシボ族と申請することも可能である。少数民族は、少なくとも少数民族地域に居住している限り、たとえば産むことのできる子どもの人数が二人、場合によっては三人であり得るし、高等教育機関に進学する際も、漢族や都会の少数民族より有利になるという少数民族優遇政策があるため、生まれた子どもの民族名を少数民族の名称（この例ではシボ族）として登録することが有利と考えることもできるのである。したがって、一九八二年から一九九〇年の間にシボ族として名乗り出た人が二倍以上に増加したことも、このような原因によるものであろうと推測される。

一七六四年にシボ族がイリ地区へ移住してきたことを、シボ族は西遷と呼び、今日の遼寧省瀋陽市興隆台村を出発した旧暦四月十八日には西遷節として、重要な記念の祝賀行事をしている。これは新疆のシボ族にとってもっとも意義深い年中行事であり、今日では瀋陽市の故郷でも西遷節を民族の重要な記念日として祝し、民族の特技である射的の競技会などを催す。またチャプチャルの各村落（牛録）では野外で宴を催し、家庭でも特別料理を作って食べる。この時の楽しさを、シボ族の人びとはいかにも愉快そうに語る。そこに、この民族の結節点があるかのような語り口である。それははるか二四〇余年前の歴史的事実であるが、少なくとも新疆のシボ族にとっては四・一八の西遷節があったからこそ、今日の自分たちが新疆、イリ、チャプチャルに存在することの証が得られるのだという自覚が生まれるのであろう。その意味で四・一八はシボ族にとってシンボリックな行事であり、民族的アイデンティティのよりどころであると言える。

たどり着いた先に、たまたまイスラム教を信じるウィグル族やカザフ族などがいたため、この先住民族たちとは十分に文化的交流をすることがなく、通婚関係を結ぶことはさらになかった。その結果、二四〇余年の長きにわたって、新疆のシボ族は民族内婚を継続してきたのである。それはこの間、遺伝子を共有する集団が持続したというばかりでなく、言語や宗教や生活習慣など、身近な行動様式、つまりシボ族固有の文化を比較的伝統的な形で保持し続けてこられたのである。これは文化の持続性、他の文化との関わりなどを考える上で極めて稀で貴重な歴史的事実であると言わなければならない。なぜなら二四〇年の間、異民族と絶えず接触を続けながら、しかも民族内婚を継続し、その文化を維持してきたと言うことは、民族教育を考える上で、他に見ることの出来ない極めて重要な事例となるからである。そこにこの民族文化を通時的に研究する意義も見いだされるというものである。

さて、シボ文化を時系列的に見ようとすれば、特に近年における新疆ウィグル自治区で展開されているいわゆる西部大開発との関連について言及しなければならないであろう[17]。西部大開発という国家プロジェクトは、近年、新疆ウィグル自治区の都市でも直接の影響を受けて、その文化変貌は急激に進行している。そのスピードと広がりには目を見張るほどである。特に自治区首都ウルムチにおいては、①人口増加、②高層建築の急増、③高速道路の整備、④大規模企業の誘致と定着などの現象が顕著である。①の人口増加については、その圧倒的部分は漢族の転入によるもので、その多くは④の新規企業の関係者である。ウルムチ空港と都心との間に横たわる工業団地における被雇用者のほとんどは漢族である。また、ウルムチ中心部の都市再開発によって新商業区域が形成された。従来からあった二道橋商店街などのバザール形式の市場は近代的な商業ビルに建て替えられ、外来資本の導入が明らかである。

シボ族が集中して住むチャプチャル地区の住宅地には、表面上それほど顕著な変化は見られない。チャプチャルと言えばこの地域の誰もがシボ族の居住地と考えるが、シボ族の実際の居住地域はその一部である。そこでは住宅の壁に青色のペンキを多用するとか、横長の住宅の真ん中に入り口があって、その両脇に土間とオンドル式の暖房設備をもった部屋があるといった間取りを特徴としている。門を通って屋敷の中に入ると、庭には真っ赤な唐辛子が広げて乾燥されていたり、鶏が放し飼いにされているという農家の風景が普通に見られる。住宅を隔てる道路は相変わらず未舗装のままで、雨の日のぬかるみが日照りで乾燥し、轍を残しているという状態である。シボ族の主たる生業も、依然として農業であって、彼らの生活様式には大きな変化はないように見受けられる。主な作物は、米、麦、トウモロコシ、豆類、スイカ、ひまわりの種など、種類が多い。

　しかし、二〇〇八年十月の観察によると、ここでも若者はバイクを乗り回す者が多く、農作業用の四輪車をもつ農家も少なくない。農産物をイリ河を越えてイニン市まで出荷するのは今も同じであるが、かつてのようにロバ馬車に引かせて運ぶよりは、耕耘機を転用して運搬する者が多くなった。もちろん農業用小型トラックは日常的に用いられている。イリ河にかかるイリ大橋自体、一九九〇年代はじめ頃までは外国人は渡ることができなかった。つまり、チャプチャルは外国人には未開放区域であったが、現在では橋のたもとにいた警備兵はいないし、イリ大橋は全く自由な往来ができるようになった。一九九二年にビデオ撮影のためにチャプチャルへ行くのに、特別の許可証を得るのに苦心したことが嘘のようである(18)。

　現代のシボ族社会におけるもっとも大きな、しかも構造的と呼ぶべき変化は、その婚姻様式にある。婚姻は言うまでもなく、新たに家族を形成し、子孫をもうけて後世に世代を継承させる社会的制度である。これは生物学的営みであると同時に、民族的に最も重要とされる制度のひとつである。婚姻によって家族を増やし、自らの文化、すなわち自分たちの生き方、生き甲斐、生きるスタイルを家庭教育、民族教育によって次代に継承させることこそ、人びとの大きな関心事である。人は親から遺伝子を継承するので、その身体的特質は家族、親族、氏族などに共通するものであるが、これを可能とする配偶者選択の方法に一定の社会的規制があることが前提となっている。シボ族の場合も例外ではない。

前述の通り、東北地方のシボ族は代々圧倒的多数者であった満族やモンゴル族や漢族と通婚を行う者が多かったため、子孫たちは次第に漢族文化に吸収され、言語も失っていった（これは満族も同様であった）。しかし、チャプチャルでは二百数十年間、シボ族同士の内婚しかできなかったため、シボ族の民族文化が維持、再生産されてきたのであった。ところが近年、前述のような西部大開発に代表される漢族が大勢、継続的に転入してくるようになると、チャプチャルでも東北と同様な現象が起こるのではないかとの予想がなされている。今日、新疆ウィグル自治区首都ウルムチ、あるいはチャプチャル近隣の小都市イリ市に転出したシボ族の若者たちが結婚する相手は、ほぼ約四〇パーセントが漢族であるという。[19] チャプチャル在住の者はさすがにそれほどまでに漢族と通婚するまでには至っていないが、この数字はシボ族にとって漢族が通婚相手としていかに身近な者として受け容れられつつあるかを示しているようである。西遷して来て約二四〇年の間、隣接するウィグル族、カザフ族、タタール族、ウズベク族などがイスラム教徒であるために、シボ族にとって配偶者としては選択できなかったことから、結果として民族内婚を続けるほかはなかったが、都市化の波と共に押し寄せてきた漢族に対しては堰を切ったように通婚を始めたのである。しかもこの傾向はますます強まることが予想される。

このような漢族との通婚傾向が継続した場合、チャプチャルのシボ族文化はいったいどのようになるのであろうか？　彼らの原郷である東北地方の場合のように、漢族文化にすっかり吸収同化されるというのがひとつの予想であろうが、興味深いことに、最近チャプチャルには政府の資金でシボ民俗風情園が建設された。これは広大な敷地にシボ族民族博物館、ラマ教の寺院、シボ族の英雄図公の銅像、シボ族の民族的シンボルとも言える弓術練習場などを含んでいる。以前にも弓術練習場はあったが、今回建設されたものは入場料を取って一般外来者にも遊ばせるのが目的で、この公園を観光資源にしようというねらいがあるようである。資料館のさまざまな資料もそのような目的のための展示である。ただし、ラマ教寺院だけは、一般入場者は近づけないように塀で仕切られていた。チャプチャルに古くからあったラマ寺は、文化大革命以前には五〇〇人もの僧侶が住み込んで生活するほどの大規模のものであったと言われているが、文化大革命の時、無惨に破壊され、長らく放置されたままであった。それが突然、改修というより新築にちかい形で再興されたのであるが、政府の資金で少数民族であるシボ族の宗教施設が修復され、これが観光施設に隣接されて造られたというところが興味深い（ここにはシボ族の管理人がいたが、住み込みの僧侶の姿は見かけなかった）。これは少数民族自身が民族文化の発展を目指して造ったというより、地方政府が少数民族のユニークな歴史的出来事を観光資源として生かそうとするところに、都市化によって急速な世俗化過程を経験しようとしている少数民族の姿を見るように思われる。

5　変貌する少数民族言語

さて、少数民族文化の変化過程を観察する場合、多数派との相対的規模が問題になるであろうが、中国においては多数派の漢族が九〇パーセントと圧倒的多数であり、漢族の「文化の力」もまた圧倒的であるといえよう。かつて清王朝を築いた満族も、「武」としては漢族を制圧したものの、「文」に関してはかつての満文化普及策は消滅し、一部を残して漢文化にすっかり同化されてしまった。今日、少数民族としては最大規模をもつ壮族（一六一八万人）、第二位の満族（一〇六八万人）、第三位の回族（九八二万人）[20]など、大規模少数民族がいずれも漢文化に同化する程度が進んでいる事実は注目される。大規模少数民族であるからといって、民族文化としてのガードが堅く、民族教育が確実に行われているとは言えないのである。大規模少数民族であるからこそいっそう漢族との接触が多く、漢族に対する同化の程度も大きいことになるのであろう。他方、最近の中国政府の発表によると、全国三一の省市区一万世帯、四七万人を対象とする調査の結果、標準語（漢語）を話せる人は五三パーセントに過ぎないことが解ったという。漢族の間でも方言しか話せず、標準語を話す機会がないとか、なまりを直せないと訴える人が多いらしい[21]。しかし、だからこそ政府は標準語である漢語の普及に乗り出し、特に少数民族地域の民族学校では、教師自身が標準語の全国検定を受けて一定の成績を取らないと、教職を辞さなければならないことになり、懸命に漢語の受験勉強を始める人が出ている。

シボ族の場合は、前述のような特殊な歴史的背景があり、チャプチャルでは民族的アイデンティティが維持されてきたし、シボ文字による新聞は今日も定期的に発刊されている。日常会話はもちろんシボ語による。ところが、学校教育について見ると、チャプチャル第一中学[22]では、生徒の多くがシボ族であるが、使用言語は全て漢語であり、校長によると、言語に関しては一般の漢族の中学と何ら遜色はないとのことであった。訪問したのは二〇〇四年九月の新学期であったが、学校の玄関前には、この年度に大学の入学試験に合格した卒業生の名前が立て看板に詳しく書かれていた。その中には、北京大学や清華大学など、一流大学に入学した者の名前が多数列挙されており、このほかにも全国的規模で高水準の大学に進学する者が多いことが一目瞭然であった。これによって、シボ族を中心とするこの学校が全国的高等教育の系列に直接連続していることを象徴的に示しているようであった。このことはまた、この学校から大学へ入学した者が少数民族としての優遇政策の「恩恵」を受けなくても、漢族の学生とほぼ同様の漢語能力をもって大学生活に適応できることを示している。右記の校長の言葉が正当であったことを裏付けている。

しかし、この中学はやや特殊と言うべきで、一般に少数民族の小中学生の漢語能力は必ずしも十分ではない。ここに一つの事例研究がある[23]。少し古い統計であるが、一九九二～三年、新疆ウィグル自治区のウルムチ、ダーチェン、アルタイ、カシュガル、ホータン、アクスなど六ヵ所の小中学校で三八八人の生徒を対象に漢語の能力を調べ

表11　少数民族学生の漢語能力（新疆財経学院，1995年）

級	人　数	%
0（易）	11	3.4
1	99	30.5
2	90	27.7
3	42	12.9
4	34	10.5
5	19	5.8
6	25	7.7
7	5	1.5
8（難）	0	0
合　計	325	100

たところ、漢語の口語、読み方、書き方（漢字）、句作など多方面に関して、基準に達する者はごく少数（約五パーセント）で、大部分は問題があると報告されている。

一方、大学レベルでも問題が明らかになった。新疆財経学院という大学では、一九九五年に入学した三二五名の少数民族の学生を対象に漢語の実力テスト[24]（ＨＳＫ）をしたところ、その成績は表11の通りであった。新疆財経学院は、新疆ウイグル自治区でもかなり高い水準の大学であるが、それでもこのような状態であることから、問題の深刻さが解る。[25]

問題の深刻さを認識した新疆財経学院では、一九九五年十月の新学期から早速、漢語教育の改革に乗り出した。まず、新入生にＨＳＫの試験をして、その結果によってクラス編成をした。すなわち、この試験で五級以上の者は直接専業班と呼ばれる普通課程を開始することができるが、四級以下の者は予科に入って漢語の学習をしなければならない。そして一年後、再度ＨＳＫを受験し、五級以上に到達できれば各専攻別の専門課程に進級できるが、これに失敗すれば、授業料を払ってもう一度予科で漢語の学習をしなければならない。

ＨＳＫを実施して一年半後で、新疆財経学院では、漢語教育に関して次のような改善策がとられた。

①　予科教育では、明確な修了目標を定めること。

② 少数民族の本科では、漢語による授業を全面的に実行すること。
③ ＨＳＫによって少数民族の学生および教師の漢語水準が高められたこと。
④ 「基礎漢語」の単一型教育モデルを改めて多種型の教育体系にすること。

新疆財経学院におけるこのような教育改革は、漢語教育の強化、漢語に象徴される中華民族文化の統合と発展、促進に寄与することを示している。

6 結語

中国では急速な市場経済の進展により、経済面のみならず、社会文化的にも不均衡な状況が見られるようになり、政府もこれを危機的状況と考えるようになった。第一〇期全国人民代表者会議第一回会議（二〇〇五年三月五日開会）でも、貧富の格差是正、失業者対策、汚職追放などを含めた調和ある発展が指向されている。北京オリンピックの後、上海万国博覧会を見越した経済成長率は八パーセント以上とさらに強気の見込みであるが、この趨勢に国内の各セクターごとのバランスが必要であるとの認識がなされているようである。

これを民族間関係として見ると、東部沿海地方と西部内陸地方とは、概観すれば漢民族と少数民族との対比に似ている。これがそのまま富者対貧者となるほど単純ではないとしても、もしも少数民族の側にこのような認識のパターンがあるとすれば、それは民族間格差としてまさに問題化する可能性があろう。西部大開発が抱える問題の可能性もそこにある。

今、少数民族文化は変貌の過程にある。あるものはすでに固有の民族言語を喪失したか、あるいは今喪失しつつあるし、あるものはその可能性をふくらませつつある。新疆在住のシボ族の場合、東北地方の原郷でそうであったように、漢民族との通婚が進むにつれて、固有の文化が根本から揺らごうとしている。シボ族文化をこよなく愛し、民族教育の重要さを説くシボ族の人びとは、これを民族の滅亡と予感し、悲観的になっている。

このような少数民族文化の変化を引きおこすものとしては、異民族間の通婚が大きな要因のひとつではあるが、それればかりでなく、経済的下部構造の変化、教育制度の改革、マスメディアによる意識の変化など、多くの要因が作用している。本章では文化の境界領域という基本概念を用いているが、この概念自体が示唆しているように、境界領域とは「線」ではなく、これに接する複数の異文化が同時に混在し、相互に作用しあっている状況にある。本章の事例にしたがって言えば、シボ族とウィグル族とは二百数十年の間、接触しながら、文化の存続には相互にほとんど影響しないで併存した。イスラム教を基軸とするウィグル族やカザフ族の文化と、ラマ教、シャマニズムを基軸とするシボ族の文化とが余りにも異質であったし、その異質性を他方に対して強圧的に改変を迫るほどの積極的圧力が作用しなかったからである。

ところが、特に近年、中国全土をひとつとするナショナリズムが中華民族としての統一を促進し、内包する諸民族の調和を図る政策が積極的に進められるにつれ、民族間の文化的相異は、たとえば料理、衣服、音楽、舞踊などの諸側面において強調され、異文化の多様性を内包する中華民族の複合性が肯定されるようになった。しかし、民族文化の特徴を規定する（と考えられる）言語と宗教は微妙である。宗教については社会主義社会における位置づけとしてそれなりの配慮はなされているが、ある種の信仰形態は無知と因習に根ざすものとして特別指導の対象となっている。少数民族の言語は双語教育において、基本的にはその相対的意義が認められているものの、少数民族の多い民族学校でも、漢語が教育言語として優先的に使用されるようになり、そのため、少数民族の教師も漢語を身につけなければならなくなってきた。その理由は、学生、生徒が民族語で教育を受けるのは構わないにしても、卒業後、若者たちが漢語を十分に知らないと、完全に文化化されたとは言えない状況が現われてきたからである。
このように、異文化の境界領域においては人びとの実生活に根付いた行動様式の中に、伝統指向性と現代的利益追求指向性とが共に作用し、それは個々人の行動を束ねた文化の動態として表れる。伝統指向と言い、利益追求指向と言っても、それらは単純な一方向ではないし、多くのベクトルが総合的に作用して、その合力として文化の動態が決定すると言えよう。

［注］

（1）単一民族のみから成る国家を民族国家と呼ぶとすれば、おそらく地球上にはそのような国家は存在しないであろう。したがって、ここでは理念的操作概念としてこの言葉を使い、実際には便宜的にカザフ族を中心とするカザフスタンやウズベク族を中心とするウズベキスタンなどを意味している。
（2）マイナーな民族とは、必ずしも少数とは限らず、政治的経済的力学関係において、劣位に置かれた民族のことを指す。その民族は、自らの文化を行動で十分に表現することが妨げられており、それを意識するか否かを問わず、教育による文化の持続性を図ることがなければ、早晩、その文化は衰退の傾向に走ることになる。
（3）憲法の規定には「中華人民共和国国境内の各民族は一律に平等である。国家は各少数民族の合法的な権利と利益を保障し、各民族の平等、団結、互助的関係を維護、発展させる」（第四条）とあるし、また「中華人民共和国の満一八歳（以上）の公民であれば、民族、種族、性別、職業、家庭の出身、宗教信仰、教育程度、財産状況、居住期間を区別せずに選挙権と被選挙権を有する。但し、法律によって政治的権利を剥奪された人を除外する」（同）とある（いずれも著者試訳による）。
（4）劉・何　一九九三：五七頁。
（5）同上　一九九三：六六頁。
（6）毛利　二〇〇一：一二一頁。
（7）同上　二〇〇一：一二二頁。

(8) 費　一九九九。
(9) 宋　一九九九。
(10) 丸山　一九九二a。
(11) 片岡一忠「清朝の新疆統治」(長澤和俊　二〇〇二：一一五頁)。
(12) 一九四九年の中国建国直後、五〇年代初期に政府は早々と全国の少数民族の認定作業を着手し、最終的にその数を五五と定めたのであるが、同時に全少数民族の実情を映像によって記録した。筆者はそのいくつかを中国民族研究所保管の記録映画の中から見る機会があったが、イデオロギー的色づけはあるものの、民衆レベルの生活記録をとろうとする意欲を感じ取ることができた。
(13) 一二ムカムと呼ばれるウィグル族独特の長篇民俗歌謡。
(14) 丸山　一九九二a。
(15) 『人民日報』一九九〇年十一月十四日、中国国家統計局発表。
(16) 「高等教育機関が少数民族の受験生を優先して採用することに関する通知」(教育部、一九六二年八月二日)において、政府は各省・市・自治区高等教育庁に対して、次のような通達をした。
① 少数民族の学生が重点大学や一般の大学に受験した時、一般の学生と同様の成績の場合、少数民族の学生を優先して採用すること。
② 少数民族の学生が本人の所属する高等教育機関を受験した場合、さらに多くの配慮をすることが可能で、教育部が定めた一般大学の学生募集の最低基準に到達していれば、優先してこれを採用することができる。
③ 少数民族の言語で教育を受けた民族中等学校(注：日本の高校相当)卒業生が人文・社会系の学科に応募した場合、古代漢語の受験を免除することができる。
(17) 鄧小平の言う経済発展論に発する新たな市場経済の展開は、東部、東南部から始まり、西部、西南部は遅れる結果となった。それは国内における東西所得格差となり、これが漢民族対少数民族の対峙という構図ともなった。二〇〇〇年三月の全人代において、西部大開発が国家プロジェクトとして正式に決定された。対象地域は新疆ウィグル自治区など一二省市区である。この地域の人口は全体の二八パーセントであるが、一人当たりのGDPは、一七パーセントでしかない。西部大開発のねらいは、このような格差をなくすことにあった。
(18) 一九九二年に福岡のKBC映像に依頼して撮影してもらった映像は、「中国西域の少数民族たち」としてVTRにまとめられた。このビデオテープは、非売品であるが、現在福岡市博物館ビデオルームにおいて公開されている(丸山　一九九二b)。

(19) これは正確な数字ではないが、イリ師範学院の教授数名に対する集団インタビューでの合意である。つまり、シボ族が結婚するとき、都会ではほぼ四〇パーセントが漢民族との通婚であるというものである。
(20) 『中国統計年鑑』二〇〇〇年。
(21) 西日本新聞二〇〇五年一月十七日。
(22) 中国の中学は日本の中学三年制と高校三年制を含む六年制である。
(23) 王振本他 二〇〇一：七三～七四頁。
(24) 漢語水平考試（ＨＳＫ）。
(25) 王振本他 二〇〇一：七四頁。

【参考文献】

長澤和俊 二〇〇二 『シルクロードを知る事典』東京堂出版。
松村嘉久 二〇〇〇 『中国・民族の政治地理』晃洋書房。
丸山孝一 一九九二ａ 「マイノリティ教育民族誌方法論（２）――伊犁錫伯族における民族教育の歴史的背景」『九州大学教育学部附属比較教育文化研究施設紀要』第四三号、二五～四〇頁。
――監修 一九九二ｂ 「中国西域の少数民族たち」（ＶＴＲ）、ＫＢＣ映像制作、福岡市博物館所蔵（非売品）。
―― 二〇〇〇 「シボ（錫伯）族」『世界民族事典』弘文堂、三〇二～三〇三頁。
毛利和子 一九八〇 「中国の少数民族」『国際政治』六五〈社会主義のナショナリズム〉日本国際政治学会。
―― 二〇〇一 『現代中国政治』名古屋大学出版会。
国家民委政策法規司編 二〇〇〇 『中国城市保障少数民族権益法規選編』中国致公出版社。
布赫主編 二〇〇二 『民族理論与民族政策』内蒙古大学出版社。
徐中起・張錫盛・張暁輝主編 一九九八 『少数民族習慣法』雲南大学出版社。
費孝通主編 一九九九 『中華民族多元一体格局』（修正本）中央民族大学出版社。
王振本・阿布拉・艾買提主編 二〇〇一 『新疆少数民族双語教学与研究』民族出版社。
王遠新編 一九九九 『双語教学与研究』第二輯 中央民族大学出版社。

王紅曼　二〇〇〇『新中国民族政策概論』中央民族出版社。
宋蜀華　一九九九『中国民族学理論探索与実践』中央民族大学出版社。
劉鍔・何潤共著　一九九三『民族理論和民族政策綱要』(修訂本) 中央民族大学出版社。
克力・博雅・奇車山編　一九九〇「錫伯族研究」新疆人民出版社。
佟加・慶夫　一九九九『西域錫伯人』新疆大学出版社。
佟克力　一九九六『錫伯族』中国新疆民俗知識叢書、新疆美術撮影出版社。
賀霊主編　一九九五『錫伯族百科全書』新疆人民出版社。
国家民委民族問題研究中心編（赦文明主編）二〇〇一『中国民族』中央民族大学出版社。
『錫伯文化』二〇〇一年三五期　新疆人民出版社。
焦宝華主編　一九九九『察布査爾錫伯自治県』最美的環是我們新疆叢書、新疆人民出版社。

第 4 部

韓国周縁社会の文化力学

祖先の遺徳をたたえて記念碑を建てる（韓国・巨文島）

第1章　周縁文化の持続性
——韓国島嶼社会の事例研究——

1　はじめに

著しい社会文化的変動過程にある社会は、その変化の動向を見定めて新たな方向づけを得るために、どのような方法を採るのだろうか。わが国の明治初期や第二次世界大戦後における混乱期においては、新しい社会の方向づけのひとつを教育改革によって具体化しようとした。そこでは、過去の規制を乗り越えて、新たな価値体系の創造が模索された。近年における韓国の教育事情もまたその好例であろう。教育政策が地方社会においてどのように受け止められているかについて検討を加えたことがある（丸山　一九八二a、一九八二b、一九八五）。そこでは、中央政府による教育行政組織と権力構造のネットワークの中で、地方の具体的な教育行政が吸い寄せられる求心的な過程がある一方、地方文化はその地方に独特な伝統文化を保持しようとする反中央的で遠心的な過程が対置されることを、韓国全羅南道の島嶼社会を事例として考察する。

本章においては、韓国全羅南道麗川郡三山面の巨文島社会を事例として取り上げるが、中央対地方という対置関係のほか、陸地社会対島嶼社会という対比もまた問題としなければならない。特に、著しい人口減少傾向の中での僻地教育はいっそう重要な問題になろうとしている。本章の資料を得るため、巨文島に加え、同郡の鳶島での現地調査を実施した。同島では、中学校義務教育を目指した試行的国民学校・中学校併設学校があり、そこに韓国学校

教育の新しい側面を観察することができた。(1)

2 問題の所在

一九四五年の解放後、韓国が国家政策として最も力を入れ、かつ相当程度実現したと言えるものに教育事業がある。周知の通り、韓国はわが国と同様に、世界でも最も教育熱心な国の一つであり、高校への進学率は九九パーセントに近い(二〇〇四年)。大学進学率も一九八五年当時は三六・四パーセントであったが、二〇〇三年にはピークの九〇・一パーセントとなり、その後二〇〇八年現在で七〇・五パーセントとなっている。ここには世界でもあまり例を見ないほどの強い教育意欲があることが判る。(2)

国の教育政策として、教育制度、組織、並びに諸活動が確実に拡大発展の方向に展開されたこと、そしてその一方では、これを受け止める国民の側に積極的な教育意欲があったという両者の相互作用に関心を向けてみたい。なぜならば、教育意欲という、ある意味では最も個人的、または個別的と思える領域に対して国家が積極的に介入し、しかもこれがかなりの程度に発展しているらしいと思えるからであり、教育をめぐるこのような国家と個人との相互作用の過程こそは、現代社会における最も根源的な課題に対する一つのモデルを提供することになるものと考えられるからである。

しかしながら、この問題は根源的であると同時に、本章で取り上げるにはあまりにも広範であり、かつ多義的であり過ぎる。したがってここでは教育をめぐる国家と個人の関連全般について述べるよりは、むしろ地方社会、それも具体的には韓国全羅南道の島嶼社会、鳶島及び巨文島を事例として、周縁文化の持続性について検討したい。

ここで言う「周縁文化」とは、地理的行政的概念ではなく、むしろ政治経済的概念としての中央文化に対する周縁文化を意味している。筆者はかつて「中央文化」という用語を使ったことがあるが〔丸山　一九八五〕、ここで用いる「中心文化」はこれと同義である。操作的には中央対地方または周縁という二項対立的対置が可能であるが、しかし現実には、これらは相対的な概念として意味されることが多い。たとえば、A地に対してB地は「地方」であるが、B地はC地に対してはより中央に近いという言い方がなされる。ところが、地理的文化的な中心のなかに地方文化的な要素が数多く混在しているし、また逆に地方文化の中に中心文化的要素が内在しているのが普通である。したがって、ここでは中心対地方を地理的概念としてではなく、支配的で優越しているとみなされている中心的文化と、これに時として対立あるいは反逆さえする周縁的文化との対置的構造の中で考えてみたい。

3　四象限の文化配列

韓国の行政区画は道、郡、市、面、邑、洞、里というように、上位から下位へと細かな段階に分かれている。道庁所在地がその地方の中心都市であり、里は地方にある最小末端の行政単位である。ここに中央から地方に至る行政上の系列がある。

また、一方では中心的文化対周縁文化という軸を考え、他方では文化変化の程度を極めて単純化して、静的文化対動的文化という軸を掛け合わせてみる。ここで動的文化とは、単純に流動的で変化の著しい文化のことを意味しており、それは非伝統指向的で、時として未来指向的であると言える。また、静的文化とは、逆に固定的で変化に乏しい文化のことであり、普通それは伝統指向性の強いことを意味している。静的・動的という軸はもちろん相対的な尺度であり、静的な文化などと言っても、それらは操作的概念であり、理念型であることは言うまでもない。

さて、このような中心・周縁および動的・静的という二本の軸を交差させてみると〔図10参照〕、〔I〕の静的中

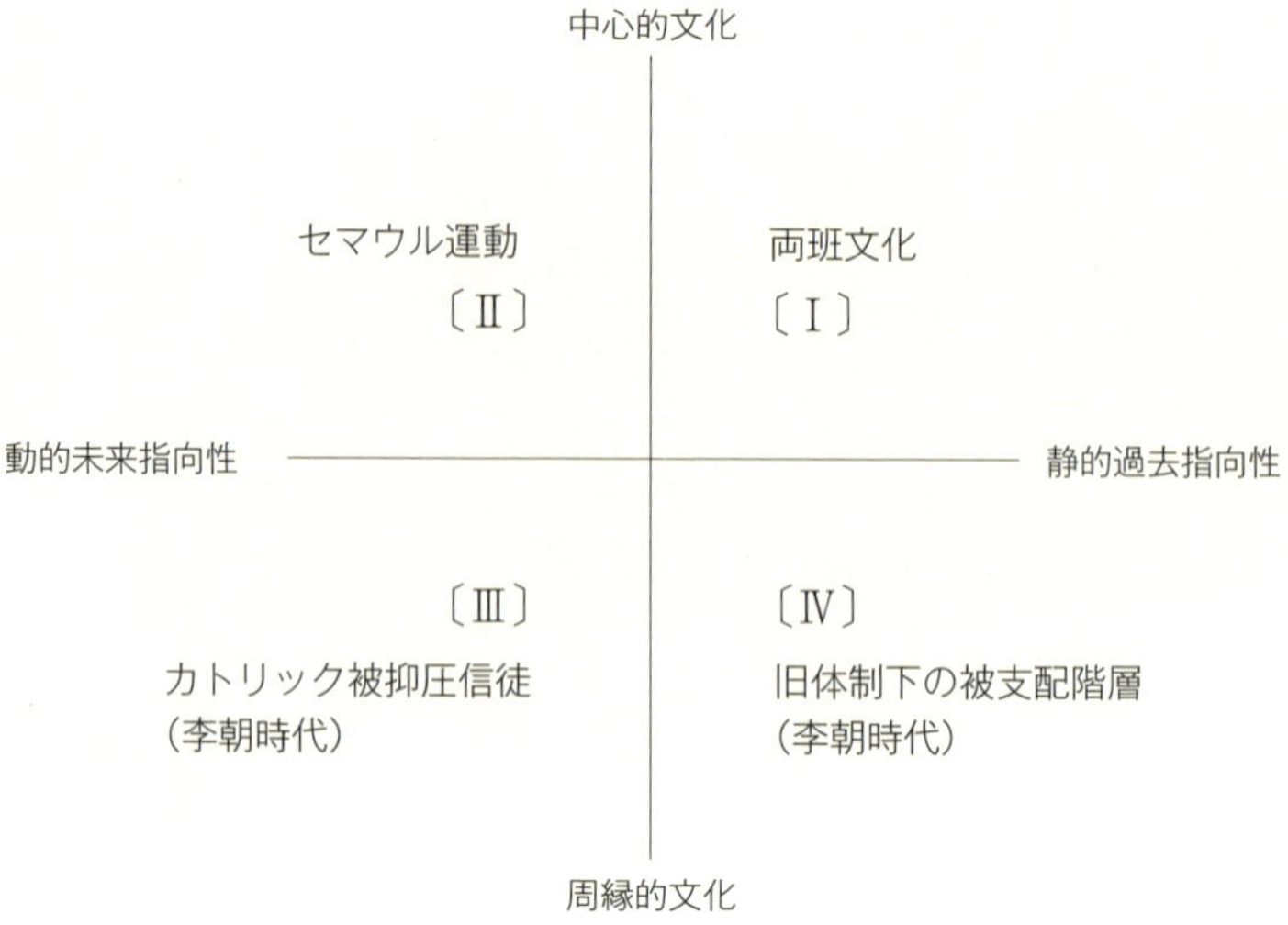

図 10　四象限の文化配列

心文化は、韓国の状況に照らして言えば、伝統的保守的イデオロギーに裏打ちされた両班《ヤンバン》文化に代表される。ここでは、確立された権威を背景として、政治的経済的権力構造が実効性をもつ。前述のように、中心的文化といってもそれは地理的概念ではないので、巨文島のような離島でも、一部、両班文化を重視する価値観がソウルや光州などの大都会と共有されることになる（丸山　一九八二）。それは本来都びとである平家の落人伝説を数多く抱えるわが国の「周縁的文化」（つまり、それは必ずしも奥山や離島にのみあるとは限らない）にも共通するものである。中心文化の権威あるお墨付きが安心の拠り所として機能する。権威・権力の具体的な執行をつかさどる〔Ｉ〕の文化の担い手たちは、自らの権威・権力の拠り所を危うくするような制度的組織的な変更は最小限に留めようとするから、全体としての文化変化も比較的滞りがちとなる。

　しかし、何らかの外圧または内圧的な構造上の矛盾などによって、支配的中心文化に変更が余儀なくされたときには、中心文化の担い手たちは、自らの手によって、あるいは外部の権威を借りることによって、従来からの文化を変化させようとする。たとえば、一九七〇年代から盛んとなったセマウル運動（新しい村作り運動）は自主、自立、自助などをスローガンとし、住民の自発性に訴えたが、それは要するに上からの指導であった。その意味で、セマウル運動は支配的体制内での政府主導型の改良運動である。同一の政治体制内での政権交代であれば、クーデターなども、根本的な文化変化をもたらすものではない。このような動的中心文化は〔Ⅱ〕のカテゴリーに入る。この点についての教育による社会改革に関しては後で述べる。

次に、〔Ⅲ〕の動的周縁文化についてであるが、中心との関係において相対的に周縁という位置づけとなり、中心部を含めた文化の全体系の変化を指向しているので、常にそうであるというわけではないが、時には社会改革運動の形態をとることもある。たとえば、お蔭参りの形態を借りた幕末のええじゃないか運動の中には世直し的な性格をもつものもあった。周縁ということ自体、ドミナントな中心文化からエスノセントリックに見れば、風変わりな人、無気味な危険人物とさえみなされかねない。それはしばしば異端と呼ばれて弾圧されるが、これが変革のエネルギーになることもある。

特に積極的な反中央的傾向でなくても、中心文化から離れているという事実そのものが、既に一種の異端とさえみなされる。いわんや、反権力的政治運動は中央集権的政体から見れば、一種の謀反であり、弾圧の対象となりかねない。我が国におけるキリシタンの活動並びにこれに対する幕府の弾圧はその一例である。

韓国においても、かつてカトリック信徒への苛酷な弾圧が行われていたことがある。すなわち、数多くの信徒が住んでいたソウルで、一七八五年から一八六六年までの八一年間に八回にわたって約一万人の信徒が犠牲になったものとカトリック側では推定する。特に、一八六六年十月二十二日の凄惨な丙寅迫害では多数の殉教者を出した。(3)今日でこそキリスト教信徒総数は韓国全人口の約三割を占める大集団となった（二〇〇五年、韓国総務庁）が、かつては中央権力から認められることのないマイノリティ文化の一つにしか過ぎなかった。そこでは、マイノリティとして存在すること自体、反権力的であり、そこで些かでも何らかの活動をしようとすれば、それは現状改革への指向ないし批判を表明する可能性を意味しているので、体制の現状維持を図る保守的勢力（〔Ⅰ〕の支配的体制側、すなわち両班勢力）にとってはこのようなマイノリティの活動は危険なものとして受け止められたのである。

最後に〔Ⅳ〕の象限であるが、ここで非権力的周縁文化は、文化変化への指向性を欠いており、現状維持的体質をもつ。ここでは、いわゆる民俗文化的土着性を特徴とし、中央の権力に対して相対的な距離が保たれている。中心からの隔離は中心と周縁を包括した全体文化を変革するものではないが、中心文化の主流に流されることなく、自らのアイデンティティを維持してゆくこと自体、主流からの相対的独自性を意味しており、場合によっては中心文化への批判のエネルギー源へと転化する可能性をも秘めている。事実、李朝時代には厳しい身分制度があった。それは土地制度と結びついたものであったが、下層農民は官僚や両班に経済的にも精神的にも徹底して支配されていた。しかし、李朝社会の経済的基盤は、〔Ⅳ〕に属するこの人びとによって支えられていた。

ここで重要なことは、中心文化はその本質において単一的価値原理を有するかまたはそれを指向していること、これに対して、周縁文化はその本質からして諸下位文化として複数存在し得るし、これら諸周縁文化相互間に、そしてまた中心文化と諸周縁文化の間に、それぞれ異なった価値体系が存在するということである。つまり、中心文化に視座をおいて考えれば、エスノセントリックな価値の一元性を基本とすることになるが、他方、周縁文化に視座をおいて考えれば、中心文化を含めた複数の諸文化、あるいは諸サブカルチャー、あるいは諸価値体系の同時的存在を前提としていることになる。そのことは、周縁文化の視座をもつことによって、初めて文化を相対化して考える枠を設定することになるし、価値の多様性に視野を開くことにもなることを意味している。

以上、〔Ⅰ〕静的中心文化、〔Ⅱ〕動的中心文化、〔Ⅲ〕動的周縁文化、〔Ⅳ〕静的周縁文化の各々について簡単に説明した。既に断ったように、これら四つの象限は文化体系の特定の側面を操作的に説明するものであって、現実には〔Ⅰ〕と〔Ⅱ〕、〔Ⅱ〕と〔Ⅲ〕、〔Ⅲ〕と〔Ⅳ〕、そして〔Ⅳ〕と〔Ⅰ〕のそれぞれの関係について詳細に述べなければならないところであるが、本論においては、〔Ⅱ〕と〔Ⅲ〕および〔Ⅳ〕と〔Ⅰ〕各々の関係について若干述べるに止める。

4　韓国の教育史に見る中心文化の展開

周縁的な文化の視点から見ると、主流をなす中心文化から周縁文化への働きかけは、一種の圧力として受け止められることがしばしばである。もっとも、その圧力とは必ずしも強圧的な力づくのものとは限らず、地方文化が中央文化を積極的に吸収するという場合がしばしばである。たとえば、言語や服装などの流行に見られる都市文化の地方文化への波及は、中央から地方への強制と言うよりは、むしろ地方の側からの積極的、意欲的な取り込みによるものと言うべきであろう。しかし、それにもかかわらず、中心・周縁を包括した同一の文化体系の内部において急激な文化変化が生じるとき、権力の中枢部にいる者が直接、間接に強力な指導性を発揮して、文化変化の方向を統御しようとすることがしばしばである。韓国の場合もその例外ではない。

周知の通り、韓国は一九四五年、日本の統治から開放され、一九五〇~五三年の朝鮮戦争による動乱を経て後、新たな社会秩序の確立を図るため、さまざまな試みが連続的になされてきた。一九四八年憲法が発布され、大韓民国が成立した。憲法第一六条において初等教育が義務教育であり、教育の機会は均等であるべきことを定め翌年十二月三十一日制定の教育法において初めて全国民を対象に無償教育の権利と義務を明文化したものであり、これが政府による全国一斉の国民教育のはしりである。

もちろん、それ以前に学校教育が全く行われなかったわけではなく、古くは高句麗の時代において儒教の経典を中心とする「学校教育」が行われていたし、百済や新羅などにおいても事情はほぼ同様だった模様である（韓 一九八三）。特に李朝時代には、成均館などにおいて高級官吏の養成が行われ、地方では一邑一校として郷校において地方の役人（いわゆる郷吏）の後継者養成がなされた。また、特定の儒教者を祖とする多くの書院が各地に競ってできた。そこでは、科挙に合格することを主要目的としていたが、科挙の制度自体、中心文化の意志の集約的表現であり、これに対応する郷校や書院などの教育機関は、地方社会における中心文化側からの仕掛けである。

これを実行に移す機能を付与された書院制度の運営をみると、書院は学校であると同時に一種の擬似親族集団的様相を呈しており、創設者を始祖と見立て、その弟子たちはあたかも息子又はその更に息子たちとして一種の同族、すなわち韓国社会で一般的な父系出自集団を形成するかの如くである。親族集団が相互に自他の異同を明確にし、しばしば排他的競争関係にあったように、書院もまたその構成員の帰属を明らかにし、上位の官職を狙って熾烈な競争が展開された。特に、李朝時代における士林や儒林たちの間の党争は激しく、士禍と呼ばれるように、大規模なものは地方を動員して争う消耗戦のようであった。それは単なる理論闘争だけではなく、事実上の権力闘争の観を呈していた(4)。科挙制度に則り、試験での合格を目標に教育と学習が行われている限りにおいて、この制度を含む中心文化の体制そのものは強化されこそすれ、危いことはない。しかし、競争が集団化し、しかも科挙での成功者が自派に有利な行動をとるようになって、全体の中の部分が個々の目的のために動いたり、外国の侵入といった国難に際しても党争が続いたりすると、全体としてのシステムは機能麻痺状態に陥る。李朝初期における開国の功臣たちは富国強兵を目指していたが、一六世紀になると朱子学が盛んとなり、一七世紀になって再び実学思想が勢力を盛り返した。そして現実において、中心文化を組織化する官僚制度自体が、その部分単位である各種儒林集団相互間において排他的に行動し、これがいわゆる士禍・党争の消耗戦となったのである。[5]

教育内容においても、外国語、医学、法学、図学、天文、地理（風水）、占術、算学などの実学は「雑学」として軽視され、これを学ぶ者は下級官吏以下の子弟に限られていた。武力で敵対者を屈伏させることは否定されていたので、技術や実学など、イデオロギー的に中立的であるものは後回しになり、専ら朱子学における理論的正当性をめぐって論争が行われた。[6]

しかし、もちろん実用性が全く無視されたわけではなく、一四四六年におけるハングル（訓民正音）の発明と制度化によって、多くの史書とともに、『経国大典』のような法典の編纂もなされた。これは国家の基本的法体系を明らかにするとともに、中心文化の権威と権力を正当化するのに貢献したといえる。

一方、高級官僚の後継者を養成する郷校とは別に、庶民教育は書堂を中心に行われてきた。これは学校教育制度が発達してから後もこれと並行して存続した庶民の教育機関である。ここでは漢文の素読や書き方など、伝統的な教育方法は採られていたが、単なる読み書きの知育だけではなく、訓長と呼ばれる指導者によって、しつけや道徳教育がなされた。書堂での教育自体はいわば伝統的な価値観の伝承、再形成を目指したものであり、その意味では、上図における〔Ｉ〕の領域、すなわち静的過去指向性の文化の領域に属すると言える。士林たちの党争の舞台は郷校や書院などの組織で、その同窓会は全国組織になっていたから、終わることのない消耗戦では、未来への指向性が見えないのである。ところが、今日も一部で残存している書堂は決して中心文化の価値だけを忠実に保持し、それを子どもたちに伝達しているわけではない。李朝自体が国際状況の急変についていけずに崩壊し、深く外国の干渉を受けながら、二〇世紀中期になってやっと独立し近代国家として出発するに及んで、書堂では外国語や数学など、一般の公教育に劣らぬ進歩的カリキュラムを組んで未来志向的な〔Ⅱ〕の領域へと移行しているのである。それは従来の中心文化自体がもっていた価値体系が複合化し、少なくともその一部が未来志向的柔軟性をもつようになってきているということができよう。

書堂教育は今日でも私立学校として一部で行われているが、公教育としても、一般教育制度の中に包含されている。学校教育は社会に蓄積された知的、技術的、道徳的財産を次の世代に伝達する役割を担っている。しかし、これらは単なる過去の遺産ではない。親、教師から「財産」受け取った次世代は、これを新鮮なものとして、次世代を築くために使うであろう。これは前世代にとっては古いものであろうが、次世代にとって新しい財産であり、かつて親世代が使い古した財産を、未来を開拓するために、親世代が意外と思うようなかたちで応用し、さらに新たな知的、技術的、道徳的財産を付与して新しい社会を創造するであろう。親が知らない方法で。それは新しい文化と呼ぶことができる。

古い過去の財産（たとえば料理や建築に関する知識・技術やその味わい方・鑑賞法・理解の方法など）を親から伝達された子の世代は、やがてこれを自分のものとし、親に相談もせず、これを工夫、応用して、新たな料理や建築を始めたとすれば、この次世代は、既に〔Ⅰ〕の象限から〔Ⅱ〕の象限へ移行したことになり、やがて親も驚く〔Ⅲ〕の象限へさらに移行するかも知れない。そこは親や過去の権威から外れた世界であり、もしかしたら「異端」の世界となり、既成の価値体系を無視したり破壊して、新たな秩序を創造するであろう。しかし、これが次代を切り開くエネルギーになりうるだろうか。他面、創造力を発揮することのできないものは、未来志向をすることができず、さりとて過去の秩序体系にも戻りきれないで、主流派に乗り切れずに、〔Ⅳ〕の象限に留まるものもいるかも知れない。

未来は時が来れば現在になり、やがて過去になる。この時系列の中で、中心文化はいつか別の文化をもつものに押されて中心からずれ、新しい次の価値体系に席を譲ることになろう。完全に、あるいは部分的に。周縁文化は、それなりに主体性をもつものであると考えれば、位相の異なる諸価値を相対的に見たり見られたりすることによって、新たな照射をうけて輝く可能性もある。〔Ⅰ〕の象限は、〔Ⅱ〕、〔Ⅲ〕、〔Ⅳ〕などの象限と入れ替わることが避けられない。

5　離島における教育の文化的求心性と遠心性

全羅南道には離島が多く、[7] 麗川郡南面鳶島及び道郡三山面巨文島などは、共に甲、乙、丙、普通という四段階の内、最も僻地である甲地に相当する。巨文島は三つの島からなり、合わせて初等学校三校、中学校一校があるが、高校はなく、鳶島には初等学校と中学校の併設校が一校あるだけである。そして、この初等学校とこれに併設された麗南中学校鳶島分教場は、文教部によって実験的に設けられた数少ない示範学校の一つである。

鳶島は陸地部の港町麗水市から島伝いに連絡船で約三時間半南下した最南端の島である。鳶島には鳶島里一五七戸と力浦里一一一戸の二集落がある。一九八〇年代、韓国では中学への進学がほぼ一〇〇パーセントであったが、まだ義務教育ではなかった。しかし、この島に義務教育化の準備段階として中学校が優先的に設置されたのには理由がある。基本的には、離島という地理的要因と、これに関連した経済的要因によると言える。すなわち、島嶼社会の通例として、ここでも人口の過疎化や就学人口の減少傾向が著しく、中学校の新設も困難となっていた。他島への船舶通学は経済的にも時間的にも困難であり、都市の学校への入学（外地留学と呼んでいる）は、いっそうの経済的負担を必要とする。

そこで、麗川郡教育庁では、中学の義務教育化を先取りする意味においても、「初・中併設型」が当地における最適の学校形態であるという研究結果を報告した。[8] その結果、鳶島初等学校は文教部により「初・中併設学校」として認定された。義務ということは無償ということでもある。予想された通りに中学校への進学率は飛躍的に上昇

表12　中学校への進学率の変化

地域／年度	75	76	77	78	79	80	81	82	83	84
全国	77.2	79.5	84.5	91.2	93.4	95.0	95.6	96.2	97.8	98.4
全南	64.8	69.7	77.0	84.0	88.8	93.0	94.7	93.0	96.3	97.1
本郡島嶼	65.7	66.1	66.1	59.0	78.6	84.9	85.9	87.0	89.7	91.0
本島	16.9	10.1	10.1	11.7	21.4	37.7	87.7	93.6	97.3	100.0

資料：鳶島国民学校麗南中学校鳶島分教場　1984，17ページ

した。その変化を表12において簡単に示す。

表12によれば、「初・中併設学校」が設置された一九八一年を境として中学校への進学率が三七・七パーセントであったものが八一年には八七・七パーセントへと増大した。高等学校への進学率も一九八〇年三・八パーセント、八三年には一六パーセント、そして八四年には七三・八パーセントへと飛躍的に上昇し、全国平均八八パーセントにかなり接近してきた。地元に中学校ができたことによって、「外地留学」に必要とされた下宿代約六〇万ウォン、交通費約五万ウォン、追加雑費八万ウォンなどの諸経費（いずれも年額概算）を完全に節約ないし最小限の支出に留めることができるようになった[9]。

このような国家による教育援助は最も「文化落後」の著しい離島から始められ、その結果、教育の「平準化」が効率的に進められることが期待されている。同じ趣旨においてなされている全羅南道島嶼部における教職員人事の円滑な運営のあり方についてはかつて述べたことがある（丸山　一九八五）。学校教育に関する中心文化と周縁文化との間における「落差」を解消しようとするこれら平準化運動は、〔Ⅱ〕の次限における政府の教育政策として積極的に推進されつつある。これは〔Ⅲ〕の世界を〔Ⅱ〕の世界へ引き寄せようとするもので、いわば、教育の世界における文化的求心力がそこに強く作用しているものと考えられる。

一方、急速に都市化し工業化しつつある韓国社会が、その文化変化の行く末に対して重大な関心をもつのは、蓋し当然のことであるとしても、中心文化の側において政策的

に文化的求心性をデザインする場合、何を目標にし、いずれの方向へ自らの中心文化をも含めた総体としての文化体系を導いていこうとするのか。文化変化の舵取りをするのは中心文化の政策決定責任者の権利でもあり義務でもある。新しい産業技術の導入、人口の都市への集中などの結果、価値観の多様化が進行しつつある韓国において、価値体系に新たな意味を付与するために、かえって古い伝統的な文化を再評価しようという動きが見受けられる。温故知新というわけである。

一九七〇年代初頭以来、セマウル運動が盛んになったころ、藁屋根を瓦葺き屋根に変えたり、伝統的な民俗行事の数々、たとえば洞察などの村祭りが廃止されたりした。いわば〔Ⅳ〕の世界の否定であった。ところが、その一方では、韓国民俗総合調査が全国規模で行われ、その報告書が刊行されるとか、全国民俗芸術競演大会が毎年各地を巡回しながら盛大に行われるなど、民間伝承を再評価しようとする傾向も強かった。学校教育の中でも農楽が積極的に取り入れられている。これは中心文化による伝統文化の再評価であり、いわば周縁文化への遠心的指向とも言える。韓国では、各地とも様々な場所に様々なモットーが掲げられることが多いが、その中には、前記の「温故知新」など、表現形式そのものも古いものが数多く見受けられる。新しいものが余りにも急速に導入されたため、新旧の価値観に混乱を生じさせないよう、結局は古い秩序の中に新しい意味を見出そうと試みられつつあるといえる。しかしこの試みの場合にも、そのイニシアティブは中心文化の中にあり、その視点に叶ったものだけが「民俗的」なものとして認定されるという、かつてはなかった過程が進行しつつある。〔Ⅱ〕による〔Ⅳ〕の新たな承認である。以前紹介したような（丸山　一九八五）麗川郡教育庁による訓長制度見直し論などに象徴的に見られるように、一見全く正反対のような中心と周縁、現代と伝統、情報産業と農楽など、二項対立的なものがいわば地下茎によって相通じていると考えることが出来る。そこに、わが国の民俗学者たちが言っていた「常民」の概念が想起される。

[注]

(1) 一九八五年十月に訪問した鳶島では、朴宗根校長はじめ、曹基洪氏、李鉉宗氏など、多くの人々の協力を得た。また、巨文島では、李満圭面長、郭泳甫氏、申明温氏、朴柄南氏、尹大允氏など、多くの方々のご好意に依存した。併せてお礼を申し上げたい。

(2) 「文教統計年報」各年度版。

(3) ソウル市内の切頭山《チョルドサン》という地名は韓国カトリック信徒の血塗られた受難と迫害の殉教史に由来している。現在、そこには殉教者記念博物館が建っている。

(4) 旗田 一九五一。

(5) 金 一九五八。

(6) 一七世紀に台頭した〔事実求是〕の実学思想は一九世紀になって両班に代わって台頭した中人(市民)たちによって主張され始めた。この働きは本論の理論的図式から言えば、〔Ⅲ〕の次元に属することがらである。

(7) 全国にある大小三、四四四の島嶼のうち、有人島が五六一あり、後者の六割が全羅南道に集中している(韓国内務省 一九八一)。

(8) 麗川郡教育庁 一九八〇:六六〜六七。

(9) 鳶島国民学校麗南中学校分教場 一九八四。

[参考文献]

金 達寿 一九五八『朝鮮――民族、歴史、文化――』岩波書店。

旗田 巍 一九五一『朝鮮史』岩波書店。

丸山孝一 一九八二a「文化の周辺性について――韓国全羅南道巨文島の事例研究から――」『九州大学教育学部附属比較教育文化研究施設紀要』第三三号。

——一九八二b「離島文化の求心性と遠心性——韓国巨文島の事例を中心としてみたナショナル・アイデンティティ——」『発展途上国におけるナショナル・アイデンティティへの教育に関する比較研究』昭和五十六年度科研〔総合研究A〕（代表権藤與志夫）報告書所収。
——一九八五「教育における中央文化の遠心性と求心性——韓国全羅南道巨文島の研究事例から——」『戦後アジア諸国の教育政策の変容過程とその社会文化的基盤に関する総合的比較研究』昭和五九年度科研〔総合研究A〕（代表弘中和彦）報告書所収。
韓国内務省　一九八一『島嶼・落島現況』ソウル。
麗川郡教育庁　一九八〇『中学校義務教育先行計画研究』麗川郡。
鳶島国民学校麗南中学校分教場　一九八四『初・中併設学校運営の最適化方案』。
閔　庚培　一九八一『韓国キリスト教史』金忠一訳、新教出版。
韓　基彦　一九八三『韓国教育史（増補）』ソウル：博英社。
韓国教育開発院　一九七九『中学校義務教育化の定着化実行計画研究』ソウル。
韓国文教部編　一九八五『文教統計年報』ソウル、韓国文教部。

第2章　文化動態論から見た地方文化のベクトル

1　問題のありか

　本章において、文化の動態について、韓国の離島および山村を事例として考察する。文化の動態とは、一つの文化の体系が内外の動因によって変貌を迫られているとき、この過程における変動の諸要因を分析し、それらの相互作用の結果として、文化変化の方向性を見ようとするときに有用と考えられる概念である。文化が多少なりとも一定の体系をなすものであるならば、それは他の文化体系との境界が存在することを前提とするはずであるし、文化の境界の内と外の異化を際だたせる指標が相互に認知されているであろう。その際、ある文化体系が、隣接する他の文化体系に対してどう関係するかについて、時間という基軸を導入することによって、文化体系の存続や異文化との緊張関係が文化の過程として問題とされるに至る。

　ここでは、韓国の限られた二つの地域社会を事例として取り上げ、それぞれの社会の対外関係、特に大都市との関係の在り方をめぐって、地方対中央の文化的連続性と非連続性、地方文化の自足性を強調する求心性と中央文化へ引かれる遠心性という二つの相異なる文化の指向性を分析する。すなわち、ここで文化は遠心力や求心力という、いわば物理学的用語で表現すべき力を持っており、力には当然、その規模（大小）と方向性（ベクトル）とがある。ベクトルの概念を考えると、その作用は運動を意味しており、もしそれが安定しているように見えるならば、それはそのベクトルの動きを阻止する逆方向のベクトルが作用しているからである。一つのベクトルは二つ以上のより小さな力の合力の総計であり、逆に一つのベクトルは二つ以上の小さなベクトルに分化することが出来るとも言えよう（図11及び図12）。

図11　相反する2つのベクトル

図12　分化するベクトル

このような力が作用するには、一定の広がり、すなわち場の存在なしには不可能である。再び物理学のアナロジーを援用すれば、磁場において中心的な点と周縁部とがあるように、文化の場においても、力が強く作用する部分とその影響力が相対的に弱い部分とがある。ここにおいて、文化の中心と文化の周縁性とを問題とすることができる[1]。

集団内における心理的緊張、葛藤、調和などの諸関係をK・レヴィン（一九七九）は集団力学として整理したが、諸文化体系の相互間における同様の関係を力学的用語で整序することが可能かどうかを、実際の韓国における事例をもとに検証してみたい。

本章において、筆者は韓国の離島巨文島及び山村の陝川という二つの地域に焦点を当て、都会の「高み」から地方を見おろすのではなく、逆に地方に視座を据え、そこから中央及び他の地方を見る視座を開いてみたいと思う。そのことによって、地方に住む人の主体性を読みとることができるのではないかと考えられるからである。

2　陝川と巨文島

筆者が初めて韓国慶尚南道陝川郡陝川邑（当時は陝川面）内谷里及び金陽里を訪問し、人類学的村落調査を始めたのは一九七四年のことであった（丸山・江嶋　一九七六）。陝川郡からは戦前、多くの人びとが半強制的または自発的に広島へ出て行ったが、特に内谷里及び金陽里から広島へ出た人が多かった。戦後、彼らのほとんどは広島から故郷へ引き揚げて来たが、当然被爆者も少なくなかった。彼らは、帰国後、被爆者としての後遺症に苦しみ、しかも新しい韓国社会には再適応しなければならず、特に日本生まれの人びとは言葉も不自由で、苦労が多かった。その上、一九五〇年には朝鮮動乱に巻き込まれ、一時は全ての村人が村を離れ、避難しなければならなかった。その後、韓国では全国いたる所でセマウル（新しい村づくり）運動が展開され、韓国社会は都市、農村ともに大きく変動していった。その後、全斗煥大統領の退陣と共にセマウル運動は下火になったが、韓国経済の急成長によって都市化現象はますます著しくなり、農村から若い人々が都会へ出てゆき、子どもの数も減少していった。日中は主婦もパートで仕事に出る人が増え、家に残るのは老人と子どもだけという有りさまになっている。

村落社会の人口減少は離島社会において最も顕著で、全羅南道麗川郡三山面巨文島のごときはその典型的な例となっている。そこでは、草島など、周囲のいくつかの島々を含めた三山面全体の人口は、一九六〇年代には約一万二〇〇〇名であったのに、一九九六年時点では、その四分の一に激減しているのである。村落社会における人口の減少は、社会文化的変化の基本的要因である。

以上述べた陜川と巨文島は、前者が山村、後者が離島の漁村という対照的な相違があるにもかかわらず、対外関係という点について言えば、両者は基本的な二つの共通点をもっている。第一に、陜川も巨文島も大都市から最も遠い地点に位置しているということである。すなわち、陜川の金陽里や内谷里は鉄道や幹線道路からはずれ、八萬大蔵経で有名な海印寺へは都会の人々が信仰と行楽を兼ねて訪問するような、そんな遠隔地としてイメージされていた。今でこそ一九八八年開催のオリンピックに際して、従来から地方文化の交流が不振であった慶尚道と全羅道を結合するために設けられた大邱—光州間を結ぶ高速道路（建設年の一九八八年にちなんだ「88（パルパル）道路」）

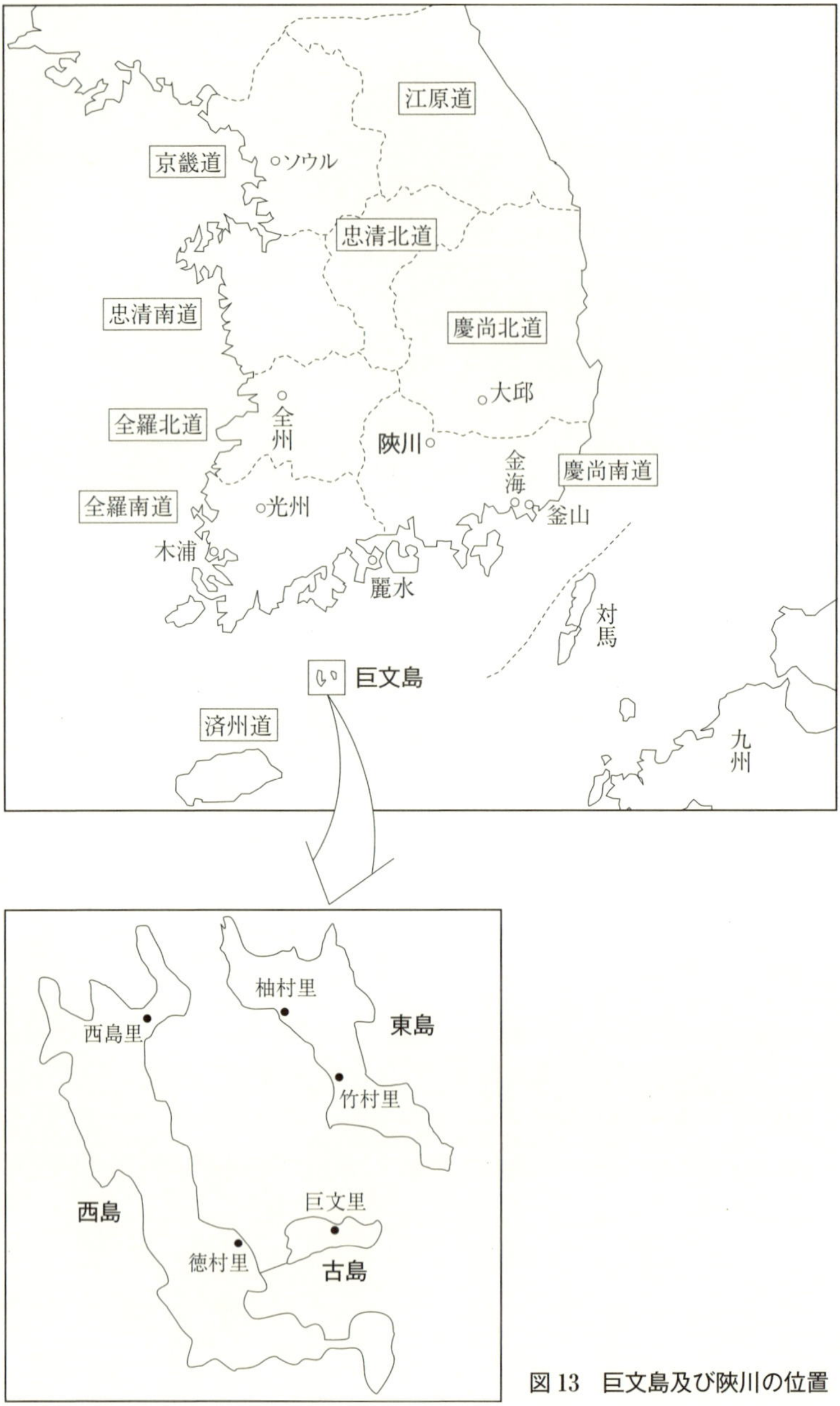

図 13　巨文島及び陜川の位置

が陝川の近くを東西に貫通し、また金陽里と大邱間約六〇キロメートルが舗装されてバスの便も良くなったが、道路の建設が地方文化を充実させている面と、逆にこれが地方文化を吸い上げ、変容させて伝統文化を枯渇させているのではないかと思われる面とがある。前述した地方人口の激減に関しては、交通の便の良さが文字通り農村人口の吸い上げに著しく機能していると見ることができよう。

一方、巨文島は半島部（巨文島などの島嶼部の人びとはこれを「陸地」と呼ぶ）の最も近い港町麗水市からでも海路二時間半ないし六時間を要する。(2) 巨文島は麗水市と済州島の中間にあるが、済州島にはソウル、光州、大邱、麗水などから直行の空の便があるし、釜山、木浦などからの海上定期便もあって、多くの観光客を引き付けている。したがって、地理的には済州島より近い巨文島が、社会的経済的には、済州島よりかえって遠いのである。物理的距離では遠い済州島が社会文化的には巨文島より近いということは、巨文島が中央都市文化から見ていかに遠い離島であるかということを示している。

陝川と巨文島が類似する第二の点は、中央からは遠いけれども、実は両者とも文化的には外部社会、特に日本文化との近接性があるということである。巨文島の場合、かつて日本の漁師が住み込み、アジ漁、サバ漁を中心とする漁業経済で繁栄し、戦後、日本人が去った後も、漁業を通じて巨文島の人びとは、日本の魚市場、あるいは日本の水産会社との関わりが続き、また貨物船や客船の乗組員になった人びととは、陸地の平均的な韓国人に比べ、直接間接に日本やその他の外国文化と触れあう機会がずっと多かった。巨文島では、戦前、「巨文島では烏でさえも日本語を話す」と冗談に言われたほど、日本語を上手に話す人が多かったが、戦後もその伝統は長く続き、しかも彼らの話しぶりは、長崎や福岡の人びとのような流暢さがあった。日本語を解する年配の島民たちは長崎や福岡のラジオ放送を聴き、ニュース、スポーツ、歌謡曲などの日本の放送に大きな関心を払う。その結果、たとえば下関に上陸する人があると聞けば、好みの歌手のビデオテープをみやげに買ってくるよう注文するということになる。特に下関には巨文島出身者が多く、親族や知人は頻繁に交流している。近年は韓国政府によって海外観光が自由化されたこともあって、日本訪問者も多くなった。しかし、巨文島の人びとは、日本訪問をする場合、単なる観光としてではなく、親族へのみやげ物を含む物資を運搬して、実利を図る場合が多い。一九八四、五年頃、日本で米価が高騰したとき、韓国産の米を日本へ運び、利潤を得た人もあった。このように、巨文島は今日でも日本との経済的、社会的、心理的近接性が大きい。

一方、陜川の方は、前述のように被爆者に関係する治療、補助に関するものが多い。被爆者は高齢化しており、その数も少なくなったが、陜川の保健所には原爆被災者診療所が建設されていて、その医者の中には広島の原爆病院で研修を受けた人もいるし、被爆者も市民運動の支援を受けて、相当数の人びとが治療のため長崎、広島の病院を訪問し、短期間ではあるが受診し、治療を受けている。医者や患者が訪日するだけでなく、多くの日本人がこの原爆治療センターを訪問したし、また民間団体やボランティアによる寄付によって治療機器や自動車が寄贈された。近くの名刹海印寺の他、取り立てて注目するほどの特徴のない農村社会陜川に、他の地域にない日本的な雰囲気が観察されるのは、被爆体験という不幸な形ではあるが、注目すべきことである。

以上、巨文島、陜川両者とも、中央社会から見れば、これ以上田舎はないというほどの海の果ての離島、山の奥地の僻地ということになるが、にもかかわらず、翻って考えれば、実は中央文化とは異質の外来文化、日本文化に甚だ近い所に位置しているということを指摘することができよう。

筆者は、これまでに長崎県壱岐島や五島など西南日本の島嶼社会の研究報告をしたことがあるが（丸山　一九七九、一九八二）、これら西九州から韓国、巨文島を見ると、そこは東シナ海を挟んでつい目と鼻の先である。いずれも国境の島で、そこは五島人が言う「みやこ」、つまり都会からは遠く離れた地域である。そこは国境であることから、都会人にはしばしば理解困難な状況があった。それは韓国でも同様で、巨文島などの離島は「落島《ナックド》」とさえ呼ばれ、水平的距離だけでなく、垂直的距離さえあるように見られてきた。

日本の離島と韓国の離島の共通点は、両者とも人口が急激に減少していることである。過疎化のため産業構造さえ変わろうとしている。過疎化の原因を説明することはさほど困難ではない。島を出て行く人、残る人に面接して聞いてみれば、経済的理由、子弟の高校進学の困難さ、医療施設の貧困さ、都市文化への憧れなど、多くの理由を聞くことができるし、それぞれがもっともな理由のように思われる。このような過疎化の傾向をくい止め、従来の生活様式を維持させようとすることは至難の業のように見える。日本の五島列島上五島の場合、そのさらに離島(属島)である初島は、当時の上五島町当局の行政指導もあって、完全な無人島になった(丸山　一九八二)。

3　韓国社会の分節的構造

道、郡、市、面、邑、洞、里など上部から下部へ至る行政単位の各レベルは、下位単位を包括し、上位単位に統合されて一連のまとまりとなる。したがって、各レベルにおいて構成単位となる個人及び団体は、より上位の単位に対しては有意な部分として機能し、全体組織の中心部に対しては単なる一部分であることに徹するが、同じレベルの単位集団に対しては、排他的競合関係、緊張関係をもつことになり、さらに下位単位に対しては、支配的、権威的な地位を主張する。

上位に対して忠実で、下位に対して権威的であり、しかも横の同レベルの単位に対して競合関係にあるというこの構造は、いかにも固定的な権力関係を示しているように見える。しかしながら、各段階の構成単位の主体である「われ」あるいは「われわれ」(韓国語で人称代名詞主格の単数及び複数を共に「ウリ」という)は、容易に上下のスケールを移動することが可能で、それぞれのウリの段階にメンバーシップの加入権を持っている。言い換えると、

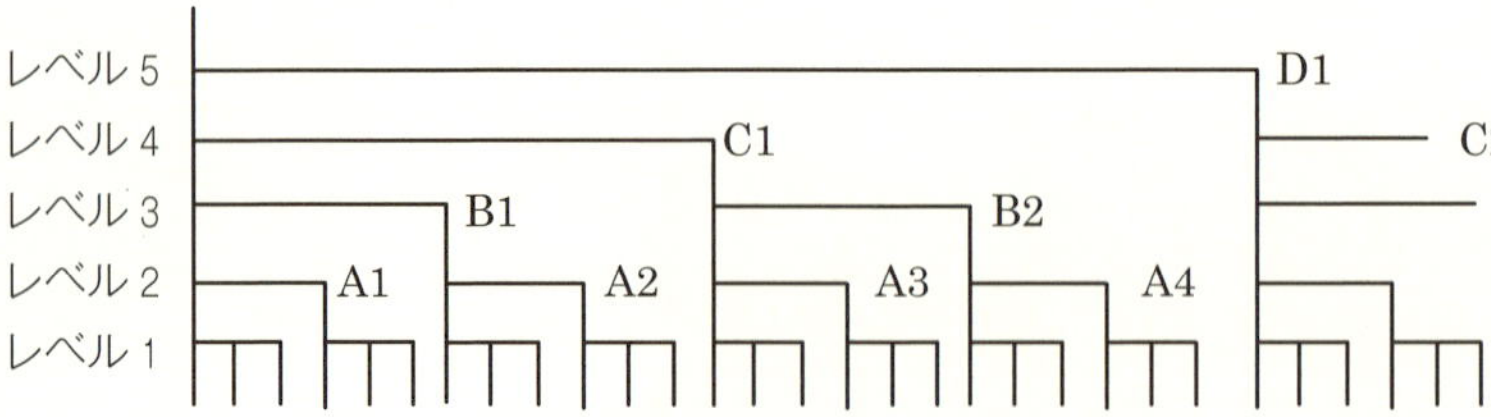

図 14　分節構造モデル

ある段階において競合関係にある諸集団は、上部の単位においては部分的に統合され、統合された部分におけるかつての対立と葛藤は止揚されることになる。他面、かつて統合されていたある体系は、下位単位に降りることによって、それまで潜在していたかつての対立葛藤が顕在化され、「昨日の友は今日の敵」というような関係もありうる。

このような韓国社会の特徴は、分節的構造として把握することが出来る。この概念は、かつてエヴァンス＝プリチャードがヌア族の親族組織を分析したときにモデル化したものであるが、[3] 多層構造をなす体系の中で、ある部分はそれ以下のレベルの部分を統合してまとまり、同じレベルの他の部分とは対置関係に立つ。そして、より上層のレベルに対しては、その一部分としての位置づけをもつことになる。このような分節構造の最大の特徴は、各部分の位置している層が状況に応じて転移することである。

すなわち、図14において、レベル２にあるＡ１、Ａ２、Ａ３などは対峙しているが、レベル３においては、Ａ１及びＡ２はＢ１として統合され、Ａ３及びＡ４はＢ２として統合される。この際、レベル２以下の異質性は同化されて意味を失う。同様に、レベル４においては、Ｃ１及びＣ２が構成単位となり、それぞれがＢ１とＢ２及びＢ３とＢ４（図14には記載されていない）を内包して、レベル３以下における差異を吸収してしまっている。

しかも、このようなレベルの転移は上位に向かって統合がなされるばかりでなく、下方へ向かっても容易に転移され得ることが特徴である。上位に上れば、全体構造の中で統合の程度が高くなり、下位に下れば、より細かな単位に分割され、相互間の異質性、対立点が顕著になる。図14のモデルに関して言えば、Ａ１は、Ａ２の存在があって初めて存在可能であり、意味があるのであって、Ｂ１に糾合されたとき、Ａ１、Ａ２の差異は捨象されて意味を失う。つまり、レベル２にあるＡ１とＡ２とが相互作用している場合、レベル３の一構成要素としてのＢ１の存在意義があるのであり、その際、Ａ３やＡ４は直接的には無関係である。ところが、Ａ１とＡ３とが相互作用をする場合、ことはＣ１全体に関わることになり、Ａ１を内包するＢ１と、Ａ３を内包するＢ２との関係となる。ここで言う相互作用とは、たとえば商取引から政治的行動、訴訟関係など、単なる個人的関係で済まない利害が絡む場合、特に重要な意味をもつことになる。

韓国社会をエヴァンス＝プリチャードが紹介するヌア族と同程度に分節化された社会構造をもつということには、問題がないわけではない。たとえば、ヌア族の場合、父系親族組織が貫徹しており、これがリネージとして社会生活の多くの面において機能していると見られるのに比し、韓国社会では、親族組織が同じく父系原理で、今日なお強く機能している点はヌア族と同様だとしても、都市化が著しく、契約社会としての現代韓国社会がゲマインシャフト的な親族原理だけで動いていると考えるのには無理がある。にもかかわらず、韓国人の集団的アイデンティティの中には、出身地とか門中（父系血縁集団）など、パーソンズ流にいえば、属性主義（ascription）的なこだわりが強く認められる[4]。同姓同本貫不婚の強い規制はインセストタブーとして現在でも極めて厳密に遵守されているし、秋夕（旧暦八月十五日の祖霊祭祀）における全国規模での帰郷、墓参の習慣はいっそう盛んである。都市化現象と祖霊祭祀の慣行とは何の矛盾もすることはなく、それどころか、自家用車の普及、交通網の整備など、テクノロジーの発達が旧正月や秋夕における伝統的祖霊祭祀を強化、促進しているとさえ言うことができよう。

また、韓国人の属地主義とも称すべき出身地域へのこだわりについても、この際言及しておかなければならない。ここで地域といっても、そのレベルは多様であるが、たとえば、慶尚道の者は全羅道の者に対しては一種の構えの姿勢をとるし、その逆もある。構えとは、無条件に相手側に融和することなく、警戒心をもって相手との距離を測定し、なすべき言動のあり方を慎重に吟味することである。もちろん、自他共に属性としての出身地が問われない「一般的」関係の場合には、相互に率直な個人的関係を結べるが、特に全羅道と慶尚道のように歴史的に対立関係にあった地方の者同士が、その地方性を掲げて接触する場合には、このような「構え」の姿勢がしばしば現れる。

筆者が慶尚北道出身の若者と共に全羅南道を旅行していたとき、たまたま慶尚道出身の大統領の汚職問題がマスコミで大きく報道されたことがあった。世論はその話題で持ちきりであったが、そんなとき、全羅南道のある町でタクシーに乗って同伴の慶尚北道出身の青年が手短かに行き先を告げたところ、その発音に慶尚道の訛があったため、運転手はそのことを汚職をした大統領の出身地と結びつけて、大統領とは無関係の客であるわれわれに辛辣な皮肉を言ったのである。

また、オリンピックでは、韓国全体で金メダルをいくつ獲得するかが問題で、特にライバル意識をもつ国々に対する対抗意識が煽られる。もちろん、金メダルの獲得はナショナリズムの高揚に極めて重要な意味をもっている。ところが、韓国内に持ち帰った金メダルは韓国内のどの地方でいくつ獲得したことになるかがあらためて問題とされる。ここで言う「地方」としては道レベルが特に重要であるが、[5]そこに明らかな地方相互間の対抗意識があり、全国一律の金メダル数というだけに止まらない韓国社会に特有な地域性へのこだわり、属地主義の一面が見られる。

オリンピックの勝者を英雄として歓迎し、郷土の誇りと考える出身地の母体は、道レベルにおけるばかりではなく、より下位の社会単位にもある。しかも、行政単位としての郡や面というより、自然村としてのより身近な「ウリ・マウル」（おらが村）、あるいは「ウリ・コジャン」（われわれの故郷）の誇りは、いっそう強烈かつ直接的となると考えられるが、これについてはあらためて慎重な検証をする必要があろう。この際、優勝選手と同郷といっても、同じ道であっても郡や面を異にする場合と、同じ里の住民の場合とでは、誇りとする程度の違いにどのような差異があるかについても検証する必要があろう[6]。

以上述べた父系出自の原理と出身地という地域性の原理とは個人が選択できない属性であり、いわばそれら自体が、属性主義の基本的属性ということになっている。ここで注目すべきことは、これら二つの属性は連続的、段階的なスケールの構造をもっており、同心円の中心に近いほど、父系出自及び地縁的属性の程度が強いと考えられるということである。父系出自及び地縁的属性の連続的、段階的スケールとは、たとえば、エゴ（自分）から見た親族は、オジ（三親等）からイトコ（四親等）、イトコの子ども（五親等）、そのまた子ども（六親等）などと、どこまでも連続的に延びてゆく。一方、地縁についても、里から洞、邑、郡、道など、それぞれの区域が連続して拡大してゆく。これらはいわば血縁（この場合、父系出自関係のみ）と地縁の拡大するネットワークの中に自己を位置づけることになる。ただし、地縁関係のネットワークの場合は、自己を中心に据え置くことが出来るが、父系出自集団においては、集団の結節点の中心は祖先、それも理念としては開祖（あるいは中祖）になり、各個人はこのような特定祖先から数えて何代目になるかによって、その相対的な位置づけが決まる。これが単系出自集団における個人の位置づけの基本的特徴である。

しかし、現実の日常生活では、同じ父系親族集団（門中）の成員相互間においては、親等数や年齢差や性別や世代差[7]によって行動が規制されるし、親族集団の成員間で均質的な規制力が働いているわけではない。確かに、社会学の教科書にあるように、個人は自分の親族集団を選択することは出来ないし、故郷を選ぶこともちろん出来ない。しかし、郷里の範囲を限定することは、その場の状況次第で個人にまかされており、里、洞、市、郡、道など、どのレベルをとってもよい。父系親族集団でさえ、その中から名誉ある人物が傑出したような場合、当然、その人物を同心円の中心として、遠心的に範囲が拡大してゆく。逆に、不名誉な人物が出た場合、「身内」はこれをウリ（われわれ）仲間から疎外し、その結果、その人物の親族集団は、求心的に縮小することになる。

一般的には、同じ親族関係の傘の中では業績を競うよりは、属性主義で既存の秩序を守ろうとする保守的行動が目立ち、親族外に対しては、強い競争意識が働くと言うことが出来よう。しかし、この場合にも、同じ親族集団内部における自己と相手との距離の程度によって、どのような行動の違いが出るのかについては一概に言うことが出来ない。それは、

① 自己中心的、功利主義的行動
② 世代、年齢、等親数、性別などの属性
③ 母方、妻方など、姻戚との関わりをどこまで考慮に入れるか

などの諸要因が絡んでくるからである。そこに、韓国人の複数の集団に対するアンビバレントな忠誠心のあり方が問われることになる。

4 「中央」文化と「地方」文化

社会システムが分節的構造をもっていることの最大の特徴は、社会的枠組みが柔軟であることである。柔軟であるということを、より正確に言えば、社会集団の枠組みが段階的に層をなしており、段階的に容易に切り替えられ、その結果、社会的単位の内と外との境界が大きくも小さくもダイナミックに変動するということである。社会的分節構造の枠組みとして、前節では韓国の地縁社会と父系出自集団を例として述べた。その両者とも、大小さま

ざまに単位を取ることができるし、その社会的単位を柔軟に切り替え、拡大、縮小して社会活動が行われていることを見てきた。

問題は、社会的単位の切り替えがどのように行われているのかという点にある。個人、または最小限の準拠集団が頼りとする者を「内の人」として依存しているとき、突然に社会的枠組みが変化して、その結果、信頼すべき「内の人（われわれ）」の一部が「外の人（彼ら）」になってしまうということは、いうなれば一種の背信行為ともみなされることである。したがって、実はさほど容易なことではない筈である。あるいは逆に、社会的単位の変更によって、今まで疎遠と思っていた人が突然「内の人」になり得るというのは、どのようなことであろうか。ここでわれわれは次の三点を考慮しなければならないであろう。

第一に、現実には社会的単位の最大規模のものが限定されていて、社会的枠組みが拡大しても、その限界を超越することは出来ないと言うことである。

第二に、社会的単位が縮小する際、その極小単位は自己自身、あるいは身近な家族その他の準拠集団に限られるということである。

第三に、内側の者（仲間）が外側の者（競争相手）に転じることがあり、その逆もまたあり得ることであり、それは内外を画する境界線が動くことによって、自己と競争相手とは、所詮、一回り大きな枠組みの中に位置づけられていることを相互に認識するということである。

第一の場合における最大限の社会的単位としては、国家や民族ということになろうし、韓国の親族組織の場合、父系出自集団、すなわち父系祖先を共有する門中が最大リネージとして意味をもつと言える。国家、民族、あるいは最大リネージの枠組みを超えて社会的単位を拡大することは、一般的に、非現実的である。(8)

第二の点は、極小単位の自己といえども、時の経過によって、自己の親族集団（門中）以外から配偶者を得ることになり、共有された親族原理の枠組みの中で、姻戚という異種の親族関係をもつことになる。さらに、時系列的には、出生、婚姻、そして子をもつ過程の中で、方位家族（Family of Orientation）から生殖家族（Family of Procreation）へと移行し、親族の社会的範囲は当然拡大してゆくことになる。

第三の点に関しては、内と外との境界が常に変動する可能性があり、そのため、ある時期におけるある集団の成員たちは、次の時期においては集団のメンバーシップが変更され、内の者が外の者になったり、あるいはその逆の可能性があり得るとの認識がある。従って、ある集団における成員相互の関係は相互不信の不安定さがあるようであるが、しかし、相互に牽制しあう競争関係にあっても、より上位の枠組みの中では、競争・対立関係は止揚されて、たちまち同質的になるとの相互認知があると言える。

社会的単位が最大限になったとき、関係する成員が全て包含され、これに対比される単位としては、外部社会しかない。上記の「第一」では、これを国家、民族とし、親族組織の場合には、最大リネージ（門中）を想定した。この場合、かつての下位集団がもっていた対抗意識やそのレベルでの帰属意識は少なくとも一時的には止揚され、今や全てが統合されてナショナリズムや民族意識、あるいは同族意識が高揚される。全体規模のこの社会を統べるのは中央の権威であり、地方の部分社会がこれを構成する。しかし、この部分社会の間で、意思の不一致や価値観の相違など、何らかの齟齬が生じた場合、全体は部分に分裂し、部分であることの意識が顕在化する。

このような統合と分裂の可能性は分節体系をもつ社会構造の特色であるが、最大限の統合をしたとき、これが最大規模の社会単位となる。その統合の中心をなすのは中央であり、その下にいくつもの部分が層をなして構成単位となっている。ここでは全体が中央でまとまり、部分が地方に分かれて成り立っていると言うことが出来る。

ところで、中央対地方という対置は、実は甚だ一面的で具体性を欠いた概念図式である。中央と言えば、地理的位置として、また政治的、経済的、文化的中心地というさまざまな実体を意味することができる。しかも、中央とは単一の位置なのか、複数あり得ることなのか、絶対的概念か、または相対的概念なのか、などという解釈の仕方に幅がある。他方、地方と言えば更に曖昧な概念である。地方行政として考えれば、それは同心円的重層的構造をなしているところがあるし、「中央」からの相対的距離による地方性の程度に一定の幅があるため、その意味するところについても考慮しなければならないであろう。また、地方文化の相対性を問題とすれば、地方の独自性や主体性は侵すことに出来ないものとしなければならないし、地方と地方との相互関係についても問題としなければならない。

5　地方文化のダイナミックス

実際問題として、一つの中央に対して、一つの地方しかないかのように錯覚され、地方社会の重層性や多様性は無視されることが多かった。韓国の場合、ソウル首都圏が全人口の約四分の一以上を集中させ、国の顔としての都市文化をひとり担っているかに見える。現代における韓国の政治的経済的中央集権ぶりは、日本に勝るとも劣らない実態があり、人口の都市集中も甚だしいものがある。(9) ところが、他方においては、韓国の「地方」は、古く三国時代における高麗、百済、新羅などのなごりがあり、相争うところがあった。その結果は、今日の全羅道（湖南）と慶尚道（嶺南）間における対立として、前に述べたような市民の感情レベルに至るまで残っている。また、本来農業経済に依存するところが大きかった半島部に比し、済州島や西南海岸地帯、それに東海岸地帯など漁業文化圏における地方文化は独自の歴史的発展を経て今日に及んでいる。このほかにも、言語はもちろん、政治、経済からキムチの味に至るまで、それぞれ独特の豊かな地方色を発揮している。首都ソウルに代表される中央都市に対して、多様なこれら地方都市はそれぞれに独自性を主張しており、その対立が、中央の政界では、与党と野党の対立として表れている。
これら地方の多様性は、中央対地方という二元的な発想からは理解することが出来ない。二元論としては、地方概念を抜きにして中央概念はあり得ないが、地方概念は中央や他の地方との関連を抜きにしても、それ自身の土着性や地域性としての意味、存在が可能である。その意味で、中央における地方性、たとえば東京における下町文化としての江戸っ子の地方性がある。もちろん、地方文化の中における中央文化の影響は日常的に見られるところである。

中央が中央である所以は、それが常に地方との対概念として意味をもつからであるが、地方は①中央に対する関係、②他の地方社会（複数）に対する関係、そして③中央を越えた全社会体系圏外との関係という、都合三つの顔を持っている。これら三つの顔は、それぞれ違った方向を向いており、いわば独自のベクトルをもっていると言わなければならない。

普通、地方と言えば、社会的通念として、①で言うように、それは中央に対する対概念であり、メジャーな中央に対して、地方はマイナーな位置づけをされることが多い。政治的には、対外的に中央が全体を代表し、地方はその下部に埋没してしまい、対内的には中央集権的で、同時に権威的でさえある。地方は、地理的には（中央から見て）遠隔地として交通の不便さ、流行の遅れ、保守性が目立つ。それ故に、地方は中央から価値の低いものと見られることもしばしばである。しかしながら、中央の住民の多くは、地方出身者かまたはそれに近い子孫であるため、地方文化を抜きにしては中央文化、つまり当該社会の文化体系自体の存在を考えることは出来ない。たとえば、祖霊祭祀は韓国文化の基盤にかかわる儀礼であり、中央、地方を問わず行われているが、祭祀の場は地方、田舎の墓地や斉閣にあり、中央の権力者も、死後は地方に葬られることが多い。その意味で、韓国の基層文化は地方に基盤をもつといっても間違いではない。

しかし、ここで特に注目したいのは、②と③に関してである。既に述べたように、韓国地方文化の独自性は、三国時代以来、今日でも嶺南（慶尚道）や湖南（全羅道）などのサブカルチャーとして生き続けている。それどころか、今日の政治状況は、嶺南勢力が中央政権にまで及び、これに湖南勢力が対抗しているという、世界でもめずらしい地方対地方という対置の構図が中央舞台で展開している。このような地方性は道（たとえば江原道）や南北両道単位（たとえば南北を含めた慶尚道）での問題であるばかりでなく、それが分節体系を特長としているだけに、より細分化された単位においても、上位単位（たとえば、面から郡や道単位）への働きかけ、同位単位（たとえばある面から同郡内の別の面）への働きかけ、あるいは下位単位（たとえば面から邑や洞）への働きかけなどが頻繁に行われ、その逆の作用も当然行われる。

これを親族体系の中で考えると、いっそうそのダイナミックスが明らかである。すなわち、父系親族体系においては、祖先（原理的には始祖、または中祖）を中心とする縦（超世代）関係と横（同世代）関係のネットワークが広がり、これが族譜に明記され、相互に認知されて、同族としてのアイデンティティが形成、維持される。しかも、分節構造の特色として、システムの本末間にある多くの分岐点は、いずれにおいても分裂・統合の両方の可能性を持っている。事実、門中組織は、共通祖に対しては堅く結合して祖霊祭祀の儀礼を行い、これによって社会的凝集性は強化される。しかし、このような機能主義的思考からしばしば欠落する視点は、共通祖を祀るべき父系出自集団（門中）の構成員であっても、全員がこれに参加するとは限らず、欠席者への制裁も甘んじて受ける、または非難されても、これを無視するという成員が必ずいるし、遠い祖先の祭祀儀礼には欠席してもやむを得ないという暗黙の了解事項が見られるというのも珍しくないという事実である[10]。

分節組織の最末端に位置する最小リネージ、あるいは家族、地域集団で言えば、洞や里などの最小集落は、中央に対しては地理的にばかりでなく、文化的にも最も遠い地点にある（丸山　一九八六、一九九〇）。巨文島で言えば、陸地の大都会との地理的、社会的、経済的距離との落差のために、ソウルから最も遠い韓国の村落社会の一つになる。慶尚南道の山村陜川もまた、そうした僻村の一つである。一九七〇年代、陜川に行く道は、大邱からも晋州からも未舗装の険しい細い山道で、小さなバスが唯一の交通機関であった。陜川の邑内から内谷里まではバスを乗り換えて更に辺鄙な山道を行くのであった。セマウル運動が進み、この地方にも高速バスが通じるようになったが、これらはほとんどが長距離バスで、地方の人びとにとってはローカル便が極端に少なくなり、高速バスの導入によって、地域住民はかえって不便となってしまった(11)。

ところが、最果ての離島巨文島も、たとえソウルからは最も遠いとしても、実はソウルから遠いが故に、逆に外国には最も近い位置にあるとも言える。事実、隣国日本には、古来最も縁が深かった。一九世紀には、東シナ海の国際情勢が緊張して、まずロシア艦隊が巨文島へ一時寄港し、続いて一八八五年、イギリス艦隊が巨文島に不法に上陸、占領してしまった(巨文島事件)。また、一九〇六年には日本人の漁業者がはじめて入島し、以来一九四五年までサバ、アジ漁を中心とする漁業が盛んであった。漁獲物は長崎や下関に水揚げしたので、当然これらの市場との関係が強かったが、戦後も、巨文島の男たちは日本の漁船や貨物船、客船などの乗組員になった者が多く、彼らは日本ばかりでなく、世界各地の港町に出入りして、広い国際的感覚を持つようになった。また、日清戦争以来、巨文島は長崎と海底ケーブルで連絡されていたし、西島に建設された灯台は、巨文島の国際航路における重要な位置づけを象徴するようなものである。

一方、慶尚南道の陜川は、住民の誰かが多少自虐的に陸の孤島だと言うことがあるが、首都ソウルから遠隔地にあるという点では、巨文島に似ていなくはない。内谷里から邑内までバスに乗れば三〇分くらいで着けるとはいえ、そのバスの便が少ないので、五日ごとに立つ邑内での市に出かけようとすれば、一日仕事になってしまう。しかし、前述のように、陜川は戦前から今日に至るまで、広島との関係が深い。戦前、戦中は韓国のどの村落をとっても、日本との関係のないところはなかったが、陜川の場合、日本での落ち着き先がたまたま広島であったため、多くの被爆者が出た[12]。原爆後遺症治療のためという不幸な形ではあったが、陜川は広島だけでなく、長崎、その他の現代日本の各地との関わりが深くなった。巨文島とは違った形での日本との交流である。

巨文島と陜川、いずれも閉塞的ともいえる離島、僻村が大きく回転して、外部社会にベクトルを向けて関係をもつということは、地方社会がもつ文化の動態を遺憾なく示していると言える。これら両社会のような韓国分節社会の末端ともいうべき村落社会でなくても、中間的単位の町村でも、もちろん外部社会と直接交渉をもつことは可能で、事実、近年流行の地方都市の国際的姉妹関係づくりは、韓国の中規模都市でも行われている[13]。しかし、中央から最も遠いと目される僻村社会が、中央政府や首都文化を超越して、外部社会と直接に交流関係をもつという構図は、国境の町や村にしばしば見られるところである。いわゆる最果ての町や村が持つ内と外への二重のアイデンティティは、巨文島や陜川だけでなく、国民国家の枠組みの中にあって、これからの引力に抗がおうともがいている多くの少数民族社会にも妥当するように思われる。

［注］

（1）筆者はかつて韓国の都市と地方社会における文化的連続性に関して、その中心性と周縁性を論じたことがある（丸山　一九八五、一九八六）。

（2）夏期には、高速艇が観光客を二時間余りで運ぶが、一般島民は近隣の島々を巡って行く連絡船で約六時間を要して麗水・巨文島間を往来する。

（3）親族組織の分節システムについては、ヌア族に関するEvans-Pritchard（1940）に詳しい。

（4）リントン（R. Linton）やパーソンズのように、人間の行動を業績主義か属性主義かという単純な二分法で整理することには、

表13　韓国都市人口の増大（各年度国勢調査）

（単位：千人）

年度	全国	ソウル	釜山
1970	31,435	5,433	1,842
1975	34,678	6,889	2,453
1980	37,406	8,364	3,159
1985	40,419	9,639	3,514
1990	43,411	10,612	3,797

一長あるけれども、またあまりにも多くの問題がある。たとえば、韓国人の性格が業績主義的でないと言えば非現実的となる。韓国人は、業績主義的であり、同様に属性主義的であると言うべきであろう。もっとも、パーソンズは、その後、二項対立の図式を大きく修正している（Parsons et al. 1953）。

(5)　地方行政組織には、特別直轄市以外に、京畿道、江原道、済州道の他、慶尚道、全羅道、忠清道がそれぞれ南北に分かれている。南北を包括した慶尚道、全羅道などは地域的、歴史的に共通面を持っており、ある程度の連帯性をもつが、たとえば全羅南道の人が車を運転していて全羅北道に入った場合、こちらの警察は全羅南道のプレートナンバーを付けた車に対しては規制が厳しい、というような話を何度も聞いたことがある。道レベルにおける対立感情の一端と言えよう。

(6)　バルセロナ・オリンピックのマラソン競技優勝者黄永祚は江原道の漁村の出身で、母親は海女をしていた。また、一九九六年度福岡国際マラソンの勝者李鳳柱は忠清道の農家の生まれであった。この二人の共通点は、国際マラソンに優勝し、韓国人としての大きな誇りになったことであるが、さらに二人とも貧しい家庭に生まれたことで、単なるスポーツの英雄であるばかりでなく、地元では親孝行者として賞賛されている。

(7)　これらは開祖からの世代数で決まるが、個人間ではその相対的差が重要となる。

(8)　個人が国家の枠を超える場合としては、通常移民として転出するとき位である。ただし、韓国の父系出自集団で、最大リネージをどこに採るかについては必ずしも一定しているわけではなく、同姓同本貫を一応の基準とするとしても、心理的にも実際の行動の次元においても、これが実際にどの程度個人の行動を拘束するかについては一概に言えない。

(9)　国勢調査によると、一九九五年現在、韓国の都市人口は表13のようであり、それも近年、産業の急速な発達に伴って都市化現象が急速に進行した。

(10)　自己から四代前までの祖先の命日には、遠方にいても必ず帰省し、祖霊の供養をすべきとされるが、規定通りにこれを行おうとすれば、もし両親がいない場合は、両親、祖父母、曾祖父母、高祖父母と四代にわたって、年間八回の命日の供養をしなければならないことになり、従って、今日では実行困難な非現実的規定ということになる。旧正月や秋夕（旧暦八月一五日）の場合は、原則として門中の関係者全員が茶礼という祭祀に参加すべきとされるが、「全員参加」という規定自体、不可能を前提として半ば認めているようなもので、そこに厳しい儒教原理の現実的妥協がある。

(11) 近代的なテクノロジーの導入によって、地域住民の生活がかえって不便になった例としては、北タイ農村でも同様の事例がある(丸山 一九九六)。そこでは、伝統的な水利組織によって、地域農民は在来の灌漑用水をうまく利用していたが、近くにダムが建設され、従来の灌漑用水は下流の都市の上水道や農業用水に用いられるようになって、従来から水利権を持っていた農民たちは、これを利用できなくなってしまった。

(12) 陜川が韓国で全国的に知られている理由が三つあると聞いたことがある。それは、陜川李氏の本貫があること、名刹海印寺の所在地、そして広島からの帰還者、つまり被爆者が多いところ、という三点である。

(13) たとえば、佐賀県唐津市と全羅南道麗水市、福岡県太宰府市と忠清南道扶余市などは、相互に協定を結び交流している。

[参考文献]

エヴァンス＝プリチャート、E・E 一九七八『ヌア族』向井元子訳 岩波書店 (Evans-Pritchard, E. E. 1940, *The Nuer*, Oxford: Clarendon Press)。

丸山孝一 一九七九「勝本浦の社会変化と問題点」吉田禎吾編著『漁村の社会人類学的研究――壱岐勝本浦の変容』所収、東京大学出版会。

―― 一九八二「カトリック土着――キリシタンの末裔たち」日本放送協会。

―― 一九八五「教育における中央文化の遠心性と求心性――韓国全羅南道巨文島の事例研究から」科研総合A報告書 (No. 5730040)、九～一八頁。

―― 一九八六「周縁文化の持続性について――特に韓国島嶼社会を事例として」『九州大学教育学部附属比較教育文化研究施設紀要』第三八号、三五～四六頁。

―― 一九九〇「離島研究の一視座――巨文島を事例として」杉山晃一、桜井哲男編『韓国社会の文化人類学』所収、弘文堂、二一三～二三八頁。

―― 一九九三「離島におけるアイデンティティの再形成――巨文島における英雄づくり運動をめぐって――」『九州大学教育学部附属比較教育文化研究施設紀要』第四五号、一～一四頁。

丸山孝一編著 一九九六『現代タイ農民生活誌』九州大学出版会。

丸山孝一・江嶋修作　一九七六「移民と社会構造——金陽里の場合——」野口　隆編『移民と文化変容』第三部、一九四～二三四頁、日本学術振興会。

レヴィン、K　一九七九『社会科学における場の理論』猪俣佐登留訳　誠心書房（Kurt, Levin 1951, *Field Theory of Social Science, Selected papers* (Ed. by Dorwin Cartwright) Oxford, England : Harpers)。

Parsons, T., R. F. Bella and E. A. Shils 1953, *Working Papers in the Theory of Action.* New York : Free Press.

第3章　巨文島の英雄づくり運動とアイデンティティの再形成①

1　文化の相対性に関する論議

文化の相対性については、文化人類学者の間で古くから議論されてきた。それは一九世紀以来の進化論における社会の発展段階による価値の序列化とそれに反対する考え方で、異文化の接触に伴う摩擦や葛藤の過程を経て、各文化単位が相互に対等な位置関係を持つという考え方に即して形成されたものである。辞書風に定義すれば、文化相対主義とは、「人類学における一つの理論的指向で、全ての文化は独自性を持ち、従って、各文化項目はそれ自体の意味合いの中でこそ理解されるべきであるという考えである」（Hunter and Whitten 1976：582）ということになる。民族間関係論の中では、文化の相対性に関する議論が直接的、間接的に行われるのであるが、今日の錯綜する国際関係の中でも、この議論を避けることは出来ない。かつての宗主国対植民地という国家間の従属関係が止揚されると、次には軍事力を背景とする冷戦構造の中で、外圧としての異文化の押しつけが行われた。一方、国内的にも、多民族国家の場合、民族間で政治的経済的優劣関係が文化の次元においても圧力となるような場合があるし、また、外圧がなくても、自らの文化を放棄し、自発的に異文化を吸収することに熱心な下位集団もある。それは、異文化間関係論においては、常に文化の記述的な側面と規範的な側面とがあることを示しており、フォークやスプーンと箸の違いのほかに、そのいずれをよしとするかという価値の問題が内在するからである（Kilborne et al.

1987：46–47）。

日本における民族的斉一性について議論されるとき、常にアイヌや在日韓国・朝鮮人の存在が引き合いに出されるが、韓国においては日本以上に民族の同質性が語られる。たとえば、檀君神話、巫俗、言語、儒教などの文化要素が現代韓国社会の共通基盤として常に引き合いに出される。ところが、韓国国内における民族的同質性を強調する一方で、同じ言語でも著しい方言の違い、父系出自の原理を同じくする親族体系をもちつつ、門中や本貫の違いや歴史的地理的政治的差異など、「同じ」民族を内的に分化する勢いが極めて強い。そして、文化的、地域的異化の強調は、しばしば異質のサブカルチャー間における価値評価を伴う。そこに、韓国国内における文化の「多様性」とそのサブカルチャー間における相対性を問題にしなければならない事情がある。

2　中央文化と周縁文化——境界文化の概念をめぐって——

文化を体系化された行動の様式で、この様式を維持する価値観に支えられたものとして捉える時、その体系の中心とその影響力が及ぶ限界とがある。その限界を超えたところに、内部の価値観が通用しない「異文化」が隣接する。そこに自文化と異文化を区切る文化の境界線が想定される。

しかしながら、現実には境界は数学的な意味での「線」ではなく、一定の幅をもつ境界領域であり、そこには隣り合う両文化が重複、混在するのが実態である[2]。相接する二つの文化圏が互いに拮抗し、勢力を争う場合は、両文化の異化が進み、文化の境界がより明瞭となるが、一方の文化が強力で、他方の文化が同化、吸収されるような場合は、両文化の境界は流動的となる。

図15において、文化領域Aと文化領域Bとが互いに隣り合い、その周縁部が相互に重なり合っている場合、この

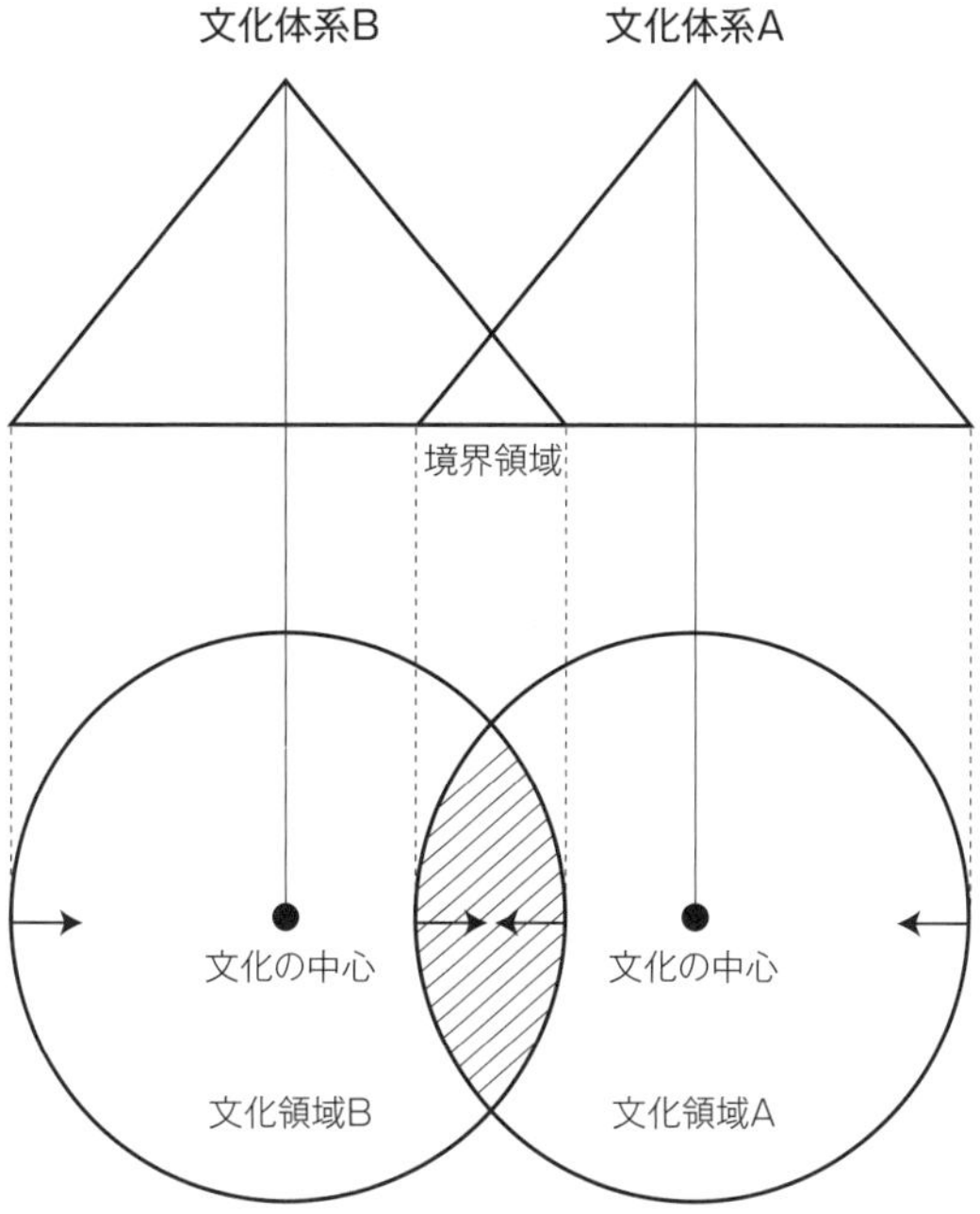

図15　文化の境界領域

境界領域は文化領域Ａの中心からも、Ｂの中心からも、ともに周縁部分とみなされ、しばしば二次的価値しか与えられない。そればかりか、ＡからはＢと重複した周縁部分は、まさにＢと重複しているが故に、それはＢという異文化に染まり、その理由で非Ａ的であり、Ａに忠誠心がないか、または反Ａ的でさえあるとみなされうる。それ故に、周縁部の境界領域は、Ａの中心的価値体系からは憎まれたり、軽蔑されたりさえする。一方、同じ境界領域は、Ｂの中心からは、やはり末端部分でしかなく、それ故に、またＢからも周縁部分とみなされ、Ｂから容易に受け入れられるところとはなりにくい。このように、境界領域は、ＡからもＢからも中途半端な、拠り所のはっきりしない信用できないグレイゾーンの部分としか見なされない。

　異文化の間にある境界領域は、したがって本領とされる文化領域Ａからも文化領域Ｂからも逸脱、離反するものとみなされ、また事実、一部そのような傾向を持つことは否定できない。しかし、複数の異文化が重複し合う境界領域の本質は、図15で言えば、Ａ文化に属しながら、しかもＢ文化の一部をなし、したがって非Ａ文化的要素を持つという矛盾した存在だということである。同時にまた、同じ境界領域の文化は、文化領域Ｂに対しても、Ａに対すると同様の矛盾した性格を持ち、文化領域Ｂに属しながら、一部、文化領域Ａに属し、したがって非Ｂ的であるという矛盾を宿している。

このことは、ＡとＢの両文化の境界領域においては、Ａ文化の周縁部分において文化領域Ｂの方向へ引きつけられながら、依然としてＡ文化に縛られ、また、Ｂ文化には同化出来ていない状態であることを意味している。したがって、本領としてのＡ文化、およびＢ文化それぞれの中心的価値体系からすれば、境界領域の文化は単なる部分文化とか下位文化の概念では捉えきれない。つまり、Ａ文化とＢ文化の境界領域は、それ独自の特性をもつものであり、Ａ文化領域のみからは理解できないし、またＢ文化領域のみからも把捉できない独自の文化複合をもつと考えられる。

中央文化の観点から見れば、その周縁部には中央文化のもつ価値基準から逸脱した行動があり、そのことが境界領域の「質の低さ」を示すものと解釈される。これが民族間関係の脈略においては、自民族中心主義（エスノセントリズム）であり、いわゆる中華思想である。図15において境界領域は、モデルとして、文字通りＡ、Ｂ両文化領域の中間に位置するように描かれているが、この場合、境界領域の文化はＡ、Ｂ両方から「質の低さ」を評価されることがあり得る。

しかし、前述のとおり、もし境界領域の文化が、ＡとＢに関連しつつも、Ａ、Ｂいずれからも制御できない独自性をもつものと相対化して考えるならば、境界領域はＡにもＢにも隷属しない主体性を持つことになる。これは冒頭に述べた文化の相対論に通じる考え方である。境界領域におけるこのような文化の独自性を考えることによって、ひとつには単一の文化体系とみなされている中でも、よりミクロなレベルにおける複数部分文化間の諸関係を流動的な文化の動態としてとらえることが可能であるし、他方ではまた、単一の文化体系とか文化領域と考えられているものが、実はそれ自体、純粋に自己完結的ではありえず、外部から異文化の影響を蒙っているとすれば、独立した文化体系とされるものそれ自体が、相対的独自性を持つにすぎないことになる。このように、境界領域文化の概念を使うことによって、異文化間関係を硬直化したものとしてではなく、より流動的、動態的、多面的に把握することが可能となる。

このような理論的モデルを、韓国巨文島において、具体的に適用してみたい。

3　巨文島の地理的社会文化的位置づけ

韓国で離島を「落島《ナックド》」と呼ぶことについては、前章で指摘した。(3) 文化の中心からの物理的水平距離と文化の「水準」とは逆比例の関係になるという発想である。ソウルに代表される中央文化があくまでも主流であり、地方文化は亜流か中央文化の模倣でしかないという単一の価値尺度で全国的規模での判断がなされる。長年にわたるソウルを中心とする中央集権的な体制は、政治や行政組織のみではなく、今日の国民の社会生活や意識の中でも、大きな意味を持っている。ソウルだけで全人口の約四分の一を占めるという現状は、大都市の持つ多面的機能の重要性を最も端的に示していると言えよう。

しかし、既に述べたとおり、韓国では民族的同質性が強調される一方で、地方文化のユニークさが指摘され、たとえば言語や料理、建築様式の地域的多様性が認められているのは事実である。また、意識的にも地方間の対抗意識が旺盛で、前章で述べたようにオリンピックで外国と金メダルの数を競うナショナリズムがある一方、いったんメダルを国内に持ち帰ると、次に意識されるのは韓国国内における地方間のメダルの数の寡多である。この場合、「地方」の行政的単位は「道」であるが、同じ道の中でも、市、郡、邑、洞、里などに細分化され、オリンピック

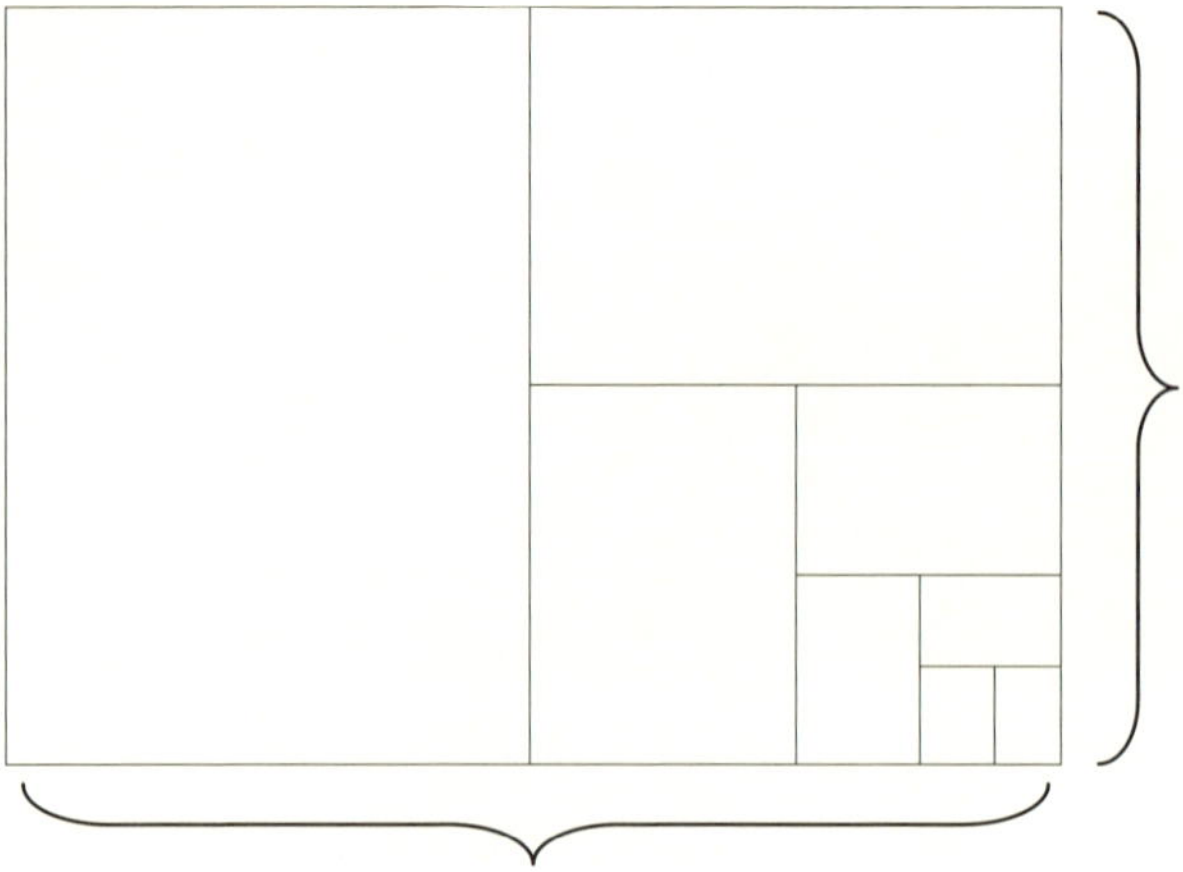

図 16　分節組織のモデル(4)

受賞者の出身単位が小さくなればなるほど、これに関係する人々の誇りはいっそう輝きを増す。そして、単位の縮小化の極限が選手の家族である。

韓国人が「ウリ……」（われわれの）と言うとき、それは集団の内的結束と同時に、しばしば対外的な排他性を意味することがある。「ウリナラ」（わが国）と言えばナショナリズムが意識されるであろうし、「ウリマウル」（私（たち）の村）は生まれ育った村への愛着が意味されている。そのことは、「ウリ」のカテゴリーに入らない人びとへの排他性の表われであり、異質の歴史、価値体系、行政単位などに対する異化の表現である。したがって、下位レベルにおけるあるウリの単位によるアイデンティティは、同レベルにおける他の単位が除外されることを意味しており、より上位のレベルの単位におけるウリのアイデンティティは、その傘下における全ての下位単位集団の包含と統合を意味することになる。このようなウリ概念の相対性は、韓国社会の段階的な集団性とその相対的な関係性の分節的な特性を示していると言える（図16参照）。

さて、中央集権的な社会的政治的、そして文化的な強い求心力と、中央の権威に反発する地方主義との確執は、現代社会においては中央に位置する与党の慶尚道対野党の全羅道という地域的対立として現れる。この力関係は時期によってしばしば変化するし、また与野党対立様式の政治的変容、ソウルにおける地方文化の混入と都市化による超韓国的文化の比重の増大、つまり国際化などの影響により、地方差の相対的希薄化現象が生じ、特に近年、変化しつつあるとも言える。そのような中で、離島巨文島の社会文化的位置づけがどのような変容を遂げようとしているかについて考察してみたい。

全羅南道麗川郡三山面は韓半島の西南島嶼部にある。全羅南道西南部は、いわゆる多島海地方とも呼ばれるが、その中の巨文島は、東方海上の白島と共に多島海海上国立公園に指定され、近年、多くの観光客や釣り客を引きつけている。特に巨文島周辺は豊富な漁業資源で知られており、二〇世紀初頭から日本人漁業者の来島もあった。かつて三島と呼ばれていた巨文島は、文字通り東島、西島、古島の三島からなり、全羅南道の南端の港町麗水と済州島の済州市を結ぶ直線の中間に位置する。麗水からは連絡船が毎日往復しており、途中の島々を経由して行けば約五時間を要するが、高速艇で行けば一時間四五分で到着する。かつて巨文島と済州島の間に、主に観光客や釣り客を対象とする高速艇が就航していたこともあるが、現在はなく、したがって、巨文島の人々が漁船以外で対外関係を持とうとすれば、もっぱら麗水へ出る以外にない。麗水は巨文島への唯一の出口、入り口である。

三山面は巨文島三島の他、草島、巽竹島など有人島九島からなるが、面事務所や水産組合事務所などは巨文里(古島)にあって、ここが人口も多く、行政や経済活動の中心となっている。

三山面全体の人口は、一九九三年三月現在、一二二三戸三七〇三人で、うち農家五六五戸、漁家二六二戸、その他三九六戸となっているが、実態としては、農家といっても巨文島では稲作は皆無で、サツマイモ、麦、ニンニク、ネギの栽培をするだけである。農作物全体を総合しても、一年間のうち、三ヵ月分の食糧確保しかできないと言われている。米を含めて、ほとんどの食料を陸地(本土のことを島嶼部ではこう呼ぶ)に依存しているわけであ

表 14　巨文島の初等学校の生徒数（1993 年 9 月現在）

学校＼学年	幼稚	1	2	3	4	5	6	合計
巨文初等学校	13	13	13	15	20	14	20	95
同校東島分校	-	4	4	4	6	5	6	29
同校徳村分校	14	4	5	4	1	9	4	27
西島初等学校	-	9	9	10	9	15	11	63
合　　計	27	30	31	33	36	43	41	214

表 16　巨文中学校生徒の減少

学年	1980	1993
1	111	29
2	142	27
3	121	33
合計	374	89

表 15　卒業生数の推移（西島初等学校）

年度	男子	女子	合計
1983	—	—	22
1984	9	16	25
1985	11	9	20
1986	4	8	12
1987	9	13	22
1988	4	5	9
1989	6	3	9
1990	4	2	6
1991	4	8	12
1992	4	5	9

る。

人口はこの数年間に激減している。一九八〇年十月、草島、巽竹島などを含む同じ三山面全体で、八二二五人、一六〇四戸であったので、この一三年間に人口で五五パーセント、戸数で二四パーセントが減少している。この傾向は当然初等学校の生徒数にも反映しており、一九八一年、三山面の生徒数は、二中学、八初等学校合計で二二二一名であったが、これはその五年前より三〇パーセント減、三〇年前より五〇パーセントの減少である。巨文島三島だけに限っても（表14）、生徒数の減少により、学校自体が統合されて、東島初等学校と西島の徳村初等学校は、四年前から巨文初等学校の分校となり、一九〇五年の創設で、全羅南道でも一、二を争う古い学校という西島初等学校も、同じく巨文初等学校の分校になろうという状況である。西島初等学校は一九七〇年代、八〇年代には生徒数が最も多くて、三〇〇人以上在籍していた。当時は都会に現在ほど仕事は多くはなく、親の転出も少なかったからである。過去一〇年間における同校の卒業生数の推移を見ると、八〇年代初頭には毎年二〇数名の卒業生がいたが、八八年頃からほぼ一〇人以下になっている（表15）。ちなみに、八八年はソウル・オリンピックの開催年であり、経済投資も盛んであったことから、巨文島からの転出も促進されたと考えられる。一九九三年度現在、西島初等学校は一、二年生が合併クラスであり、全校で六学年五学級でしかない。これが全校で四学級になると、近隣のより大きな学校の分校になるという原則がある。次年度の新入生は四名の予定であり、この歴史のある学校が現在のような独立した初等学校であり続けることができるかどうかについては悲観的になる人が多い。

生徒数の減少は中学でも著しく、表16に見るように、一九八〇年から一九九三年までの一三年間に、実に四分の一以下に激減している。一九八〇年当時、既に中学への進学は一〇〇％に近い高い比率であったが、中学二、三年で、高等学校への進学に有利なように、麗水や順天などの中学へ転校してしまっていた生徒もいた。今日、中学生の高校進学は最も深刻な問題であると巨文島住民は語る。巨文島には高校がないため、子どもの高校進学のためには、麗水、順天、光州、釜山などの都会の高校へ行かなければならないからである。それは家計の負担になるばかりでなく、家庭生活に深刻な影響を及ぼしている。このために、一家をあげて都会へ転出する場合も多い。これが巨文島の人口が減少する大きな原因の一つになっていると指摘する人がこの島には多い。

このような傾向は、島嶼社会が経済的にも教育的にも、いかに陸地に依存しているかを如実に示している。島の中学生は修学旅行にも不利である。全羅南道教育庁では、中学生の修学旅行費を一人五万ウォン以下、二泊三日以内と決めているが、これでは事実上、島からどこへも行けない。巨文中学校ＰＴＡでは、一九九三年に大田エキスポ見学旅行を計画したが、一人一五万ウォンかかることが判明した。麗水の中学生なら四、五万ウォンで行けるところであるが、巨文島から行く場合、宿泊費や船賃や食事代が余計にかかってしまうからである。高校進学についても、巨文島には塾もなく家庭教師もいないため、都会の受験生より明らかに不利である。高学歴を重視する考え方は韓国の共通した価値観といえるが、この点、巨文島でも明らかに同じ価値観が共有されている。ところが、このような高校、大学への進学意欲は、地理的、経済的、そして社会的な諸条件によって阻害されているのが現実である。

にもかかわらず、巨文島では本土、陸地への文化的求心力が強く働いている。本土の文化の中心を仮にソウルに置くとすれば、巨文島は遥かに遠いとみなされている。ソウルからの地理的距離は巨文島よりも済州島の方がより遠いが、済州島からはソウルや大邱への直行の飛行便があり、時間的距離は巨文島～ソウル間の方がはるかに長い。このような地理的遠隔性によるさまざまな困難にもかかわらず、巨文島ではあらゆる意味での「韓国文化」に出来るだけ近づこうとさまざまな努力がなされている。韓国の食文化を代表するのが白菜のキムチであるが、麗水で一個七〇〇ウォンの白菜が、運賃がかかる巨文島では一三〇〇ウォンである。このように、物価が高く、子どもの教育にも不便が多い巨文島から、前述のように他出する者が多くなったとしても不思議ではない。しかし、巨文島に愛着を持ち、社会的、経済的不利不便を忍びつつも、巨文島に留まる人々には、単に新鮮な魚や澄んだ空気というような魅力だけではない巨文島の社会や文化へのこだわりがある。巨文島に生きる者としての誇りがそれであり、これを世間に誇示することが、島人の生きる証であり、自己のアイデンティティを確立することでもある。その意味で地理的辺境における英雄、偉人を再確認し、郷土の誇りとして祭り上げることが、単なる歴史的懐古と言うより、中央文化に対して辺境巨文島において生きる証としての意義があると考えられている。

4　郷土の英雄づくり運動

(1)　柚村里の橘隠（一八一四—一八八四）[5]

巨文島は、平仮名の「い」の字に似た形をしている（二〇〇頁図13参照）。左側のやや大きく長い部分が西島で、右側の小さい部分が東島である。古島は東島と西島の間の西島近くに位置するが、最近、古島と西島の徳村里の間に橋ができて、陸続きとなった。この橋の最大の恩恵を蒙ったのは巨文里（古島）の中学生で、徳村里にある巨文中学校へ徒歩で通学できるようになった。従来は、スクールボートの時間に制約されて、放課後のクラブ活動にも支障があった。こうなった今、東島だけが古島とも西島とも離れたままで、不便をかこっている。

この東島には、柚村里と竹村里という二つの自然村がある。橘隠（金瀏）は一八一四年、柚村里で生まれ、巨文島事件勃発の一年前、一八八四年に莞島郡青山島で亡くなった。七一年の生涯であった。橘隠は全羅南道長城郡珍原面珍原里の高山書院で、実学の北学派に属する有名な儒学者盧沙に師事し、以降四〇余年にわたり、礼楽、射御、兵機、算数、天文、地理など、実学を中心とする教育に専念した。

橘隠の晩年当時、巨文島は英国、ロシア、清国など、国際的緊張関係の中で戦略的に重要な位置を占めており、英艦隊が巨文島（当時は三島）に上陸、占拠した巨文島事件は李氏朝鮮にとっても近代化の幕開けを告げる「黒船」にも似た大事件であった[6]。当時、陸地では儒教文化が爛熟し、儒林たちは党争に明け暮れていた。しかし、橘隠はこの党争を避け、李退渓など韓国の代表的な儒学者の行動パターンがそうであったように、都会から田舎へと引退し、そこで私塾樂英斎を設け、後進の教育に携わったのである。彼の特徴は、単なる文献学ではなく、実学を重んじたことである。それは、巨文島の立地条件と結びついていると思われる。すなわち、陸地の都会では旧態依然として党争をしていたが、官に就くことを拒んだ橘隠は、全羅南道の莞島や巨文島などの田舎で生きることによってかえって世の中の趨勢がよく見えたようである。これは、特に巨文島がソウルから遠く、海外に近いという地理的配置と深く関係があったと言える。

橘隠没一年後（一八八五年）に起こった巨文島事件を契機として、英国、ロシア、中国（清）、そして日本など、諸外国との緊張関係が巨文島周辺で展開することになったが、巨文島の民間における伝承によれば、緊迫した国際関係をよそに、島人たちは古島と東島とを結ぶ堤防工事に従事して賃金を得たり、珍しい果物や肉の缶詰を英海軍からもらったり、友好的な関係であったという。橘隠の門下生であった儒学者、文人たちは、調停に当たった後の清国北洋海軍提督丁汝昌ら、清の知識人たちと詩の交換を楽しむゆとりを見せた。英海軍の占拠は一八八五年二月で、朝鮮政府がこれを知ったのは同年四月であったというが[7]、この間、英海軍は兵舎や砲台や堤防などを設け、着々と占領の既成事実を作った。このような国際侵犯に対して、当時の現地の知識人たちがどのような対応をしたかについては詳しい資料がない。しかし、巨文島事件の三一年前（一八五四年）、橘隠は「海上奇聞」と題して「大朝鮮地方官」宛の一文を書き、当時、「大露西亜」の兵船が来航し、近辺を脅かしていること、既に中国や日本は開港しているなどという情報を進言している[8]。このことは、彼の国際的な危機意識を表している。橘隠が四三歳の時のことである。

巨文島事件が国家的危機状況を象徴する出来事であり、橘隠がこれを三〇年も前に恐れていたとしても、これに関する現地住民の意識が意外に穏やかであり、排他的になるよりは、むしろ異文化を受容する態度であったことは、①島人が漁師として「本土、陸地」に拘泥しない開放性を持っていたこと、②島の知識階層である儒学者たちが、当時としては超国家的儒教文化を中国人知識層と共有していたことなどに起因していたと思われる。橘隠ももちろん儒学者であるが、彼の場合、対中国文人との共通性と言う以上に、対ロシア海軍や和寇などへの警戒心の方が強く、その点で中央政府への忠誠心、ナショナリズムが旺盛であったと考えるべきであろう。

橘隠没後百年に当たる一九八四年に、『国訳橘隠斎文集』（四二二頁）五〇〇部が出版された。郷土の名誉ある儒学者の遺徳を偲ぶという意味もあり、遺族はもちろん、官民あげての出版事業であった。総経費約七〇〇万ウォンは面事務所はもちろん、面内外の各層からの寄付による。例年旧暦九月九日には橘隠先生のための茶礼が催される。これには三種類の人々が参加する。第一は子孫、第二に門弟の子孫、第三に地域の人びとである。遺族は現在地元には住んでおらず、当日はソウルから帰郷する。茶礼は儒教式の作法に則って東島全島をあげて行われる。

（2） 西島里の金相淳と晩悔（陽禄）

金相淳は本貫（父系始祖または中祖のゆかりのあった土地で子孫が魂の故郷として崇める所）は金海で、西島里に生まれた。父金鼎泰（昇泰）は儒学の碩学であった。父親については詳しいことは伝えられていないが、仁洞府使という地方高級官僚で、今日子孫からは「仁洞《インドン》先生」と呼ばれ慕われている。当時の府使としての辞令は、ソウル在住の子孫が持っているという。また、鼎泰より上の世代になるが、同じ一族に金陽禄（一八〇六―一八八五）という儒学者がいた。別名晩悔先生として、今日でも島人によって尊敬され、いわゆる巨儒の一人とみなされている。西島里の裏手に晩悔の墓があり、その墓標には、「贈朝奉太夫童蒙教官金海金陽禄之墓」とある。これは、晩悔の弟子たちが建てたものである。また、西島里には「前仁同府使金公鼎泰恤窮不忘碑」（一八三七年）という鉄製の碑が建てられている。これは、晩悔が飢饉の時などに義捐活動をしたことがあるからである。晩悔の詳しい伝記はないが、父母への孝行を常に強調していたという伝承がある。両班は両班らしく子どもの教育をしなければならないと言い、また悪いことは両班のすることではないと言って、家庭における道徳教育の重要さを強調していたらしいと言われている。晩悔は西島里に書堂を建て、自ら子弟の教育にあたった。その六代孫は現在も西島里に住んでいるが、その家には烈女門がある。

これら金陽禄、金鼎泰らは、西島里の人々が誇りと思う郷土の先達であるが、その他に最も親しまれているのは、おそらく金相淳である。金相淳は西島初等学校の創設者であり、その功績碑が校庭の一隅に建てられている(9)。

彼は数少ない政府奨学金受給者に選ばれ、日本の明治大学法科で学んだ。帰国後、一九〇五年には、故郷の西島里で楽英学校を創設した。楽英とは、前記の通り、東島で橘隠らがつくった私塾楽英斎に由来する名称と思われる。一九〇五年と言えば、まだ学校制度は未発達で、全羅南道全体でも二、三番目であった。カリキュラムも当時としては斬新で、水産関係があったのは当然として納得が行くが、初等学校であるにもかかわらず、英語や日本語など、小学校レベルで、外国語を採り入れた。海外との交流の重要性を十分認識していたからであろう。その後、一九一〇年には、日本の勢力がこの島にも及び、育英学校は西島国民学校となる。その直前に金相淳は小学校から手を引き、官界へ転身する。

以上のように、西島里では金陽禄、金鼎泰、金相淳など、優れた指導者を輩出した。東島の橘隠は慶州金氏であるが、これら三名はみな金海金氏であり、新しく斎閣を建て、三者一括して祀られることになった。ここで興味深いことには、祭祀の主体が、遺族、子孫だけでなく、旧門弟の子孫、及び一般地元民たちということであった。橘隠の場合もそうであったが、非血縁者が他人の祭祀集団の中に参加することは普通はないことである。そればかりか、公共団体が特定個人のための宗教儀礼に公共資金を拠出することは、わが国ではもちろん、韓国でも普通にはあり得ないことである。しかし、西島里では、金氏のこれら三人の偉業を讃えるために、傾斜地ではあるが、眺望の良い八〇余坪の土地を個人から四四万ウォンで買い上げ、そこに三人の金氏を祀る斎閣を建立した。もちろんこれは西島里の共有財産になったが、一番喜ぶのは金氏一門の人びとである。なぜなら、公費負担で祖先を祀ることができるばかりか、祖先の偉大さが公的に承認され、子孫としてこれ以上に誇り高いことはないからである。その斎閣に彩色を施すだけで三〇〇万ウォンかかることになったが、ソウル在住の子孫にある程度だしてもらい、不足分は郡事務所などにも補助を依頼した。祭祀のときには、西島里の人はもちろん、他の村、他の島の人びとも来る。もちろん他村の場合、主だった役職者や指導者に招待状を出す。出席する村民は、血縁者も非血縁者も、めいめいにお賽銭を持ってくる。

（3） 徳村里の朴沃圭（一九〇一―一九七一）

以上、二つの事例に比べて、徳村里で生まれた朴沃圭は現代の人である。彼は現在生きている人びとの記憶にまだ生きているという意味である。彼は本貫が密陽で、父は魯益、字を桂洪、号を一湖翁といった。母は慶州金氏で、朴沃圭はその三男として生まれた。彼は金相淳が創設した楽英学校を卒業した後、日本の関西大学で二年間学び、その後慶尚南道の官立鎮海高等海員養成所を卒業した。一九四五年祖国の独立直後、数万トンもあるアメリカの軍艦の水先案内人として第一人者となった。彼はすぐに海軍に志願し、一九五三年には、海軍参謀長になった。李承晩大統領の時代、韓国海軍の創立に貢献し、韓国海軍の事実上の創設者の一人であると言われている。後年、彼は海軍中将になり、最後には第二次海軍参謀長になった[10]。

朴沃圭は、海軍の他にも大韓海軍公社初代社長、初代港湾庁長、海難審判委員会初代委員長を歴任するなど、祖国の海軍育成と海運界の発展の礎となった。このような功績に対して、大韓民国大極武功勲章、忠武武功勲章、花郎武功勲章、美国銀星武功勲章などを受けた。また、彼は郷里の後進の教育のために、徳村国民学校の石造三教室改築に際して、物心両面で貢献したという。一九五〇年の六・二五動乱に際しては、郷里での飢饉を助けるため、白米や野菜を寄付した。本人は、ソウルの自宅で七一年の生涯を閉じた。酒が好きで豪傑だったというのが、郷里の人びとの評価である。

朴沃圭の死後、一〇年以上を経た後、彼の遺徳を讃えようとする郷土の人びとの運動が起こり、一九八三年に、朴沃圭提督顕頌徳碑が完成した。建設費一〇〇〇万ウォン以上のうち、相当額を海軍が負担し、残りを親族や三山面の地元住民が負担した。頌徳碑建立推進委員会の顔ぶれには、さまざまな有志や著名人が並んでいるが、興味深いことには、面長、警察署支所長、農協長、水産協同組合長、里長などが顧問として参加しており、後援として、海軍三八三九部隊、徳村里民一同、社団法人韓国海技士協会、官立鎮海高等海員養成所同窓会一同、巨文島密陽朴氏門中一同などが多額の寄付金を提供している。一九七一年一月二十八日に亡くなったが、毎年命日には、海軍の主催で祭礼がある。墓はソウルの国立墓地にある。

ここで注目されることは、朴沃圭個人を、提督として海軍が、親族として密陽朴氏の門中が、また郷土の英雄として徳村里およびこれを拡大した巨文島全体が、それぞれの立場から褒め称えているということである。それは、基本的には彼が海軍提督という最高位にまで出世したことによるとはいえ、それは本人が属するあらゆる社会的単位にとって名誉ある出世であり、これを「内なる者」の栄誉として本人と自己とを関係づけるのである。それは、橘隠の場合も金相淳の場合も同様であった。

5 地方文化の視点

巨文島における以上の三事例は、いずれも「おらが村」の英雄を高揚するものである。これらには、いくつかの共通する特徴がある。第一に、これらは一九七〇年から八〇年にかけて突然のように起こった英雄づくり運動であることである。第二に、三つの事例がほとんど同じ時期に起こり、まるで互いに競い合うように見えることである。第三に、各事例における英雄を支持する団体や社会的単位が、先に述べたセグメンタリーな相対的関係にあることである。そして最後に、いずれの場合も、持ち上げられた英雄が、村民、島民の地方人としての誇りを再確認し、韓国という上位の社会単位における巨文島の住民としてのアイデンティティを再形成することに貢献していると言うことである。

一九七〇年代の韓国は、国を挙げて新しい村づくり（セマウル）運動が盛んであった。新しいということは、因習的な非合理性を否定し、近代的社会秩序を確立するという意味があった。ハードウエアとしては、道路、橋梁、建築物の建設、あるいは生産様式の合理化と生産効率の向上などが目標とされ、ソフトウエアとしては、たとえば「前近代的」な信仰体系の否定があり、伝統的な村祭りである洞祭などの廃止がなされたところも多い。しかし、行き過ぎた「近代化」の反動として、個性ある地方文化の再評価、伝統的民俗習慣の見直しがなされるようにもなった。このような全国的なレベルでの中央対地方、近代と伝統という文化評価のうねりの中で、巨文島も例外ではなく、折からこの地方が全羅南道の多島海国立公園の一部に指定されたこともあって、巨文島の地域的歴史的特色を再確認することが要請された。そこで出てきたのが、「巨文島」という島名そのものの由来に関する伝承の再発掘と確認であった。

韓国人で「巨文島」の名前を知らない人はほとんどいない。それは、一八八五年における「巨文島事件」が韓国の国際政治のあけぼのの中で起こった一大事件として教科書に記載されているからである。そのことは、とりもなおさず、巨文島という島名の由来であるこの島の儒学者たちの知的レベルの高さを内外に示すことになり、現代における島人の誇りを満足させることとなった。それは、直接には橘隠とその弟子たちの功績であり、東島、とくに柚村里の誇りであったが、東島の誇りは、西島里の先覚者金相淳の功績を想起させ、全羅南道で二、三番目という一九〇五年の私立楽英学校創設の意義を再認識させることとなった。特に西島里では郷土愛が強く、金相淳への思い入れがある。郷土文化の再評価ということになれば、金相淳は第一級の英雄であり、親族一同の誇りを超えて、郷土の英雄として西島里の共有財産として斎室を建立することになった。

徳村里に生まれた朴沃圭は、現代韓国の新しい英雄で、彼も柚村里、西島里の新たな英雄づくりの余波を受けるようにして、脚光を浴び、海軍の支援を得て、その頌徳碑が建立されることになった。それはあたかも対面する柚村里、西島里に対抗するように、徳村里の海岸の埋め立て地、海軍基地に隣接する最も目立つところに建てられた。言うまでもなく、国内には大統領から長官（大臣）、各種大組織の責任者など、各種の「英雄」たちが多い。しかし、巨文島の各村では、誇るべき郷土の英雄を探り当て、これを天下に誇示した。これは外社会一般に誇示するだけではなく、特に東島の柚村里、西島里、徳村里それぞれの相互間に競い合うように出てきた英雄たちであった。

つくられた三人の英雄は、各村の英雄であるというだけでなく、たとえば橘隠は東島柚村里の生まれであるが、広い意味では西島里、徳村里を含めた巨文島全体の英雄であり誇りである。つまり、英雄の出身母体の社会的単位は、父系親族集団としても、地域集団としても、また海軍や儒林など各種の機能集団にしても、それぞれ大小があり、各単位が柔軟に転換して「ウリ（われわれ）」の英雄というわれわれ集団の範囲が決まる。そのことは、たとえば西島里生まれの金相淳を東島里の人が巨文島の英雄だと考えているとき、西島里の人が自分の村の英雄であると言えば、東島の人は排斥されることになる。そのような相対的でセグメンタリーな操作性が英雄と個人との関連を特徴づけ、ひいては巨文島住民のアイデンティティを決定づけるのに意味を持つことになる。

巨文島という離島の住民は、島の英雄に勇気づけられ、彼らを郷土の誇りとするが、同時に英雄の英雄たる所以が国民的業績の持ち主であり、全国的水準で評価されていることを根拠としていることを島人自身が誰よりもよく知っている。それは、郷土の英雄を通して、地方離島の住民がナショナルなレベルで社会的文化的位置づけを自ら獲得する過程であるとも言える。中央文化の認知を得て、その上で地方人としての位置づけをするが、他面では、中心文化の求心力に引き寄せられてしまうのではなく、あくまでも地方人として、巨文島社会への執着を維持し続けることに、島人としての生き甲斐と誇りを表現しているようである。中央文化の求心力に抗して、その逆のベクトルで郷土の英雄が地方文化のアイデンティティを支えていると言えよう。しかし、今日の巨文島は、一時的な訪問者である観光客を引き付けているとはいえ、離島する住民は後を絶たず、島社会の伝統をどこまで維持できるかという危機に直面していることも事実である。

［注］

（1） 本章の基礎となる資料の一部は、一九九五年度文部省科学研究費補助金（国際学術研究、代表伊藤亜人）による現地調査に依拠している。現地では、面長朴鍾山氏、郷土史家郭泳甫氏、巨文島漁業水産協同組合長尹徳春氏、その他多くの人びとのご協力をいただいた。また、大学院生金俊華君にもお世話になった。併せて感謝したい。

（2） この点については、（丸山　一九八二）で検討した。

（3） 丸山　一九八七a：三二頁。日本で言う離島振興法に相当するものに「落島振興法」という法律がある。韓国では、「落島」が法的に認知された正規の用語といえよう。

（4） 全体が二分割、四分割、八分割され、さらに細分化される。半分に分節化された部分どうしは容易に再統合されうる。本書前章及びエバンス＝プリチャード（一九七八）参照。

（5） 橘隠先生の業績や役割、評価については、（丸山　一九八七a、一九八七b）で述べているので、ここでは簡単に述べるに止める。

（6） 日本に来た黒船は、物理的外圧による国内政治への揺さぶりという点では似ているが、巨文島事件の場合、軍事的不法占拠であった点、日本の場合と根本的に異なる。巨文島事件の歴史的評価については、事件後百年記念に編纂された資料（朱永夏　一九八七）に詳しい。

（7） 三山面、一九四二年「管内状況」。

（8）「海上奇聞」は『橘隠斎文集』に収められている。なお、本文が書かれたのは一八五四年のことであるが、西島里での伝承によると、この年にロシア艦隊の入港があったという。ペリーの浦賀来航の翌年のことである。
（9）金相淳については別に紹介したことがある（丸山　一九八五）。
（10）これらの記述は、徳村里にある朴沃圭提督碑文による。

［参考文献］

エヴァンス＝プリチャード　一九七八　『ヌア族』向井元子訳　岩波書店（Evans-Pritchard, E. E. 1940, *The Nuer*, Oxford : Clarendon）。
丸山孝一　一九八二　「文化の周辺性について――韓国全羅南道巨文島の事例研究から――」『九州大学教育学部附属比較教育文化研究施設紀要』第三三号、三九～五四頁。
――――　一九八五　「教育における中央文化の遠心性と求心性――韓国全羅南道巨文島の事例研究から」『九州大学科研総合A No.57310040 報告書』九～一八頁。
――――　一九八六　「周縁文化について――特に韓国島嶼社会を事例として――」『九州大学教育学部附属比較教育文化研究施設紀要』第三七号、一五～二三頁。
――――　一九八七ａ　「韓国離島社会における儒教の展開に関する一考察」『九州大学教育学部附属比較教育文化研究施設紀要』第三八号、三五～四六頁。
――――　一九八七ｂ　「巨文島文化の二面性について――特に橘隠の文化的役割を中心に」（韓国文）朱永夏（一九八七）所収。
郭泳甫編著　一九八六　『韓末巨文島風雲史』社団法人韓国文化連合会。
イ・ジョンス編　一九九三　『天恵の秘景、巨文島・白島』ソウル：サムヨン文化社。
橘隠斎集成刊委員会編　一九八四　『国訳橘隠斎文集』橘隠斎集成刊委員会発行。
朱永夏監修　一九八七　『一九世紀後半韓・英・露関係：巨文島事件』世宗大学校出版部。
三山面　一九四二　「三山面管内状況、一九四二年一二月末現在」麗川郡三山面。
Himmelfarb, Milton 1978, "Pluralism Ancient and Modern". *Commentary*, Vol. 66, No.6, pp. 64–69.
Hunter, David E. and Phillip Whitten 1976, *The Study of Anthropology*. New York : Harper & Row, Publisher.

Kilborne, Benjamin and L. L. Langness, eds., 1987, *Culture and Human Nature, Theoretical Papers of Melford E. Spiro*. Chicago : The University of Chicago Press.

あとがき

本書は本来、九州大学の定年退職を記念して出版するはずであった。多くの人々に激励され、論文集を出して一区切りしたいと思っていた。しかし、大学を定年退職するということは、もう後は研究生活がないかのような印象があるし、第一、「仕上がった」という実感がまるでなかった。定年後、私学で二度目の勤務を始め、また日本学術振興会の科学研究費補助金を連続して受けるなど、その後も中国でのフィールドワークは連続して止むことがなかった。こんなことを言っては、本書の出版を応援してくださった方々には誠に申し訳ないが、過去を振り返り、今までの論文をまとめて一冊にするというよりは、目前の問題を追究することに関心を奪われてずるずると今日に至ってしまったというのが正直な実態である。

しかし、そうは言っても、この間にさほど調査研究が長足の進歩、発展をしたわけではない。思えば、初めてマイノリティ文化、文化の周縁性、抗いの文化の再生産、民族教育などというテーマに惹かれ、少数民族文化の持続と変容に関する本格的な研究の必要性とその着想への刺激を得たのは米国イリノイ州エバンストンのノースウエスタン大学都市問題政策研究所で多民族都市シカゴの日系アメリカ人や韓国系アメリカ人の調査をしていた一九八〇年頃のことである。その後、南タイのイスラム系マレー族の村落調査や、韓国の離島巨文島での一連のフィールドワークをしているうちに、中国新疆師範大学との縁ができて、以来二〇数年、ほとんど毎年、年間一度か二度、ウルムチ、イリ、カシュガル、ハミなどを訪問し、調査をするようになった。最近では、新疆ウィグル自治区在住のユニークな少数民族であるシボ族への関心を持つようになり、シボ族の源郷である遼寧省瀋陽市の田舎にまで行くようになった。そこでの現地調査は今なお継続中であるため、本書では結果の一部しか収録できなかった。吉田禎吾先生にフィールドワークの手ほどきを受けて今年でちょうど五〇年になる。まことに光陰矢の如しというか、学成り難しというか、陽暮れなんとして道遠し、の実感やしきりである。二〇〇九年七月五日、新疆ウィグル自治区ウルムチで騒乱があった。国際電話が不通になる前、ウルムチ在住の友人らの無事を確認はしたものの、ついに恐れていた事態が現実のものとなった。ナショナリズムと民族性の問題では、他の国ぐにの場合でも同様であるが、人びとの怒りと悲しみとが後を引くことだろう。一日も早く事態が収まることを祈りたい。同時に、本書で取り扱ったマイノリティの人びとの現実的な問題の広がりと深刻さに思いを新たにする次第である。

本書に収めた論考は、これまでに発表したものが多いが、そのすべてに加筆、修正などをしている。初出一覧は以下のとおりである。

序章　周縁文化のダイナミックス（新稿）
第1部　異文化関係論
第1章　文化相対論再考
（『アジア太平洋研究』第二号、三〜一〇頁、一九九八年）加筆修正。
第2章　民族共生の可能性――文化力学的試論――
（片山隆裕編著『民族共生への道――アジア太平洋地域のエスニシティ』アジア太平洋センター研究叢書一三、終章（二六七〜二八四頁）、二〇〇三年、九州大学出版会）加筆修正。

第2部　民族関係の緊張と共生

第1章　南タイ・イスラム社会の民族教育と労働倫理

（「南タイ・イスラム社会における労働倫理の形成基盤」『九州大学教育学部附属比較教育文化研究施設紀要』第四〇号（一九八九）、三一～一四頁）加筆修正。

第2章　文化的多元主義と日系アメリカ人のメリトクラシー

（「教育における文化的多元主義とメリトクラシー（1）日系米人の場合」『九州大学教育学部附属比較教育文化研究施設紀要』三五号（一九八四）三五～五五頁）加筆修正。

第3部　中国少数民族文化の持続と変容

第1章　中国の民族政策と中華民族の概念

（『中国ナショナリズムと少数民族文化の変容過程に関する文化人類学的研究』科研研究成果報告書（研究代表者丸山孝一）（二〇〇〇）五～一八頁）加筆修正。

第2章　中国少数民族の文化と教育の諸問題

（九州大学教育学部附属比較教育文化研究施設編『教育文化の比較研究――回顧と展望――』所収（一九九六）一〇二～一一九頁）加筆修正。

第3章　文化の境界領域に立つシボ族の文化過程

「文化的境界領域に立つ少数民族の文化過程――特にシボ族の場合を中心に――」（『民族文化の境界領域に関する文化力学的研究――中国西域少数民族の場合――』科研研究成果報告書（研究代表者丸山孝一）（二〇〇五）一～二一頁）加筆修正。

第4部　韓国周縁社会の文化力学
第1章　周縁文化の持続性――韓国島嶼社会の事例研究――
（『九州大学教育学部附属比較教育文化研究施設紀要』第三七号（一九八六）一五～二三頁）加筆修正。
第2章　文化動態論から見た地方文化のベクトル
（『九州大学教育学部附属比較教育文化研究施設紀要』四九号（一九九七）一～一五頁）加筆修正。
第3章　巨文島の英雄づくり運動とアイデンティティの再形成
（『九州大学教育学部附属比較教育文化研究施設紀要』四五号（一九九四）一～一四頁）加筆修正。

最後になるが、これまで本書の出版実現を準備し、長らく待ってくださったうえ、多くの助言を頂いた九州大学出版会編集部の永山俊二氏には感謝をささげたい。また、本書の出版について応援し期待された多くの方々に対し、お礼とお詫びを申し上げたい。特に、怠惰な私を叱咤激励し、辛抱強く本日まで待ってくださった九州大学教授坂元一光氏には、お礼の言葉もない。氏の激励がなかったならば、本書の出版は実現していないか、さらにもっと遅れたかもしれない。あらためてお詫びと共に厚くお礼を申し上げたい。

筆　者

著者略歴

丸山孝一（まるやま　こういち）

1937 年福岡県生まれ。九州大学大学院教育学研究科博士課程単位取得後退学。九州大学教育学部附属比較教育文化研究施設助手，広島大学教養部・総合科学部講師・助教授，九州大学教育学部・同大学院人間環境学研究院教授，福岡女学院大学大学院教授を歴任。ハーバード大学大学院文理学研究科社会関係学科留学。ノースウエスタン大学・カリフォルニア大学バークレイ校・カリフォルニア州立大学サクラメント校各訪問研究員，中国中央民族大学及び同新疆大学客座教授。九州大学及び新疆師範大学名誉教授。現在福岡女学院大学大学院非常勤講師。東南アジア，中央アジア，中国における少数民族の教育及び韓国島嶼社会の文化変化に関する文化人類学的研究に従事。

主著『カトリック土着』(1980)，『シルクロード』(共著 1993)，『現代タイ農民生活誌』(1996)，『中国新疆及びカザフスタンにおける少数民族文化の持続と変容に関する基礎的研究』(1998)，『中国ナショナリズムと少数民族文化の変容過程に関する文化人類学的研究』(2000)，『新疆少数民族文化の持続と変容に関する総合的研究』(2001)，『民族文化の境界領域に関する文化力学的研究 ―― 中国西域少数民族の場合 ――』(2005)，『東アジアの労働倫理』(2008) ほか。

周縁文化《しゅうえんぶんか》の視座《しざ》 ―― 民族関係のダイナミックス ――

2010 年 3 月 25 日　初版発行

著　者　丸　山　孝　一

発行者　五十川　直　行

発行所　(財) 九州大学出版会

〒812-0053　福岡市東区箱崎 7-1-146

九州大学構内

電話　092-641-0515（直通）

振替　01710-6-3677

印刷／大同印刷㈱　製本／㈱渋谷文泉閣

ISBN978-4-7985-0008-9